*Enluminure de couverture
David jouant de la harpe
From the Westminster Psalter
BL Royal MS 2 A xxii f. 14v.*

Le Dieu de mon salut

*Lecture commentée des
Psaumes 3 à 8*

Jean-Marc Veran

© 2018, Jean-Marc Veran

Édition : BoD – Books on Demand
2/14 rond-point des Champs-Élysées, 75008 Paris
Impression : BoD – Books on Demand, Norderstedt, Allemagne

ISBN : 978-2-3224-0994-5
Dépôt légal : janvier 2022

Avant-propos

> *"Fais-moi marcher dans ta vérité et instruit-moi car toi, tu es le Dieu de mon salut, j'espère en toi tout le jour."*
> *Ps 25,5*

Au-delà de l'attachement que nous portons au livre des psaumes pour l'apaisement qu'il nous procure dans l'épreuve et l'enrichissement spirituel qu'il nous apporte lors de sa méditation, il n'a cependant jamais cessé de nous interroger tant à propos de son texte qu'au sujet de ses auteurs. Certains diront *"Quoi de plus naturel !"* Nous le leur concédons. N'est-ce pas d'ailleurs la raison qui a poussé, depuis des temps bien lointains, à en faire et refaire le commentaire ?

Aux origines de notre démarche

Toutefois, à l'occasion de certains travaux et de différentes réflexions portant sur l'ensemble du Psautier, il nous est apparu que l'isolement dans lequel l'on maintenait les pièces qui le constituaient ne nous semblait pas rendre compte de sa véritable nature et que l'on ne pouvait exclure le fait que celles-ci puissent entretenir des rapports thématiques pouvant s'étendre sur plusieurs d'entre-elles. Certes, il avait déjà été observé, et ce depuis assez longtemps, l'existence de relations lexicales qui ne pouvaient être le fait du hasard mais ce qui s'esquissait devant nos yeux dépassait largement ces types de rapprochements. Face à cette observation, dont, dans les premiers temps, nous ne pouvions contester le caractère flou et chaotique, nous fûmes conduits à relire à nouveau frais le psautier en cherchant à mettre en lumière, autant que cela nous était possible, les liens qui tenaient unies, les unes aux autres, chacune de ses pièces.

Progressivement ceux-ci se firent de plus en plus visibles et nous commençâmes à voir se dessiner quelques ensembles commandés chacun par un thème propre.

Si cette approche nous avait amenés à modifier le regard que nous portions sur des Psaumes, il s'en fallait qu'elle nous conduise à écrire un livre à leurs propos. Il était nécessaire que quelque chose nous y incite afin de faire passer ce constat du monde des idées à celui du réel. Le fait déclencheur s'est trouvé dans les rencontres que nous animons régulièrement depuis de nombreuses années au sein de quelques communautés paroissiales. Alors qu'à l'occasion de l'une d'entre-elles, nous posions la question *"Pourquoi êtes-vous chrétien ?"*, les membres présents eurent bien du mal à verbaliser leur espérance dans cette action divine et fondamentale de notre foi qu'est le salut de Dieu. Pourtant, celui-ci ne devait-il pas être le centre autour duquel gravitait toute leur foi ? Les certitudes furent bousculées et un doute amer s'insinua : le Christ serait-il mort pour rien ?

Revenant sur cet événement, l'embarras que nous avions vu se manifester était-il si étonnant ? En fait, depuis plusieurs décennies force nous avait été de constater que cette espérance s'était progressivement effacée du discours ecclésial et qu'en outre celle-ci, quoique masquée par la répétition rituelle du mot de salut et du verbe sauver lors des offices dominicaux, s'avérait en fait ne plus vraiment faire sens auprès des fidèles. C'est d'ailleurs, selon notre propre compréhension de la place de l'Église au sein de nos sociétés, la cause première, du moins l'une des plus déterminantes, de la perte de sa visibilité et du désintérêt qu'elle suscite. En effet, si cette espérance s'affadissait alors, elle, qui assurait la médiation de ce salut, devenait pour ainsi dire inutile et dès lors, pour certains, la question même de son existence pouvait se poser. Au demeurant cela se comprend aisément. Si la confiance que nous portons à une personne disparaît comment la relation qui nous liait à elle peut-elle résister à sa dislocation ? L'Église n'y fait pas exception. Aussi, peu à peu, certes avec une conscience très probablement diffuse de cette situation pour la plupart, nous avons assisté à l'éloignement, les uns après les autres, des hommes et des femmes de nos communautés ecclésiales, les plus nombreux allant grossir les rangs de l'indifférentisme, tandis que quelques autres, se réfugiaient dans des spiritualités, parfois de seconde zone, où se mélangeaient à divers degrés, un sentimentalisme tantôt exacerbé, tantôt niais, à des influences mystiques orientales, naturalistes, voire néo-païennes.

Comment réagir ? Cette question n'a cessé de nous interpeller. Alors, il nous est apparu que parmi les moyens de renouer avec cette espérance, nous tourner vers ses expressions et ses témoignages dans les Écritures pouvait occuper une place d'une importance décisive dans ce travail de reconstruction de notre rapport au Seigneur et les Psaumes nous ont semblé en être un lieu privilégié. Notre visée n'était donc ni de faire un diagnostic de l'état de l'Église ou de la foi de ses fidèles face à cette désaffection que nous venons d'évoquer, ni non plus de proposer un traité théologique sur le salut ou sur l'évangélisation mais plus modestement d'aider notre lecteur à ouvrir ce livre et le lire avec attention, dans le détail, afin de découvrir ces moments si particuliers de prière de quelques hommes tendus vers leur salut. Ainsi, serait donné à tout un chacun, au sein de nos communautés, de pouvoir s'approprier leur supplication, mais aussi la joie qui les envahissaient après leurs larmes, pour en faire au fond de leur cœur l'expérience vivante de ce renouveau de leur confiance dans le salut du Seigneur. C'est ainsi que ce livre est né, à la confluence d'une réflexion personnelle et d'un questionnement d'Église.

À propos de cet ouvrage

On comprendra donc qu'en raison de cette origine nous ayons évité de présenter nos réflexions de manière trop technique, même si reconnaissons-le ce ne fut pas toujours facile, et que nous ayons toujours veillé à ce que chacun, même sans compétences particulières en matière d'exégèse ou connaissance des langues bibliques, puisse parcourir ce livre sans se perdre dans des développements trop complexes ou sans être dépassé face à certains sujets. Un bon spécialiste de l'hébreu vétérotestamentaire trouvera peut-être superflu, voire ennuyeux, que nous nous soyons arrêtés aussi souvent que nous l'avons fait sur le sens des mots, mais soucieux de rester lisibles par le plus grand nombre, cela nous est apparu nécessaire au risque que notre lecteur éprouve une certaine lassitude, voire du déplaisir. Notons que c'est dans le même esprit que nous avons à plusieurs reprises commenté certains vocables, non pas que leur connaissance eut été essentielle à la compréhension du texte mais de manière à répondre aux interrogations qu'ils pouvaient susciter auprès d'une personne peu familière avec le vocabulaire biblique.

Ces choix n'ont probablement pas été sans effet sur son écriture et certains pourront considérer que cela n'a pas été sans lui nuire. Nous le leur concédons et c'est d'ailleurs pour cette raison que nous avons choisi le titre de "lecture commentée" au lieu de "commentaire". En effet, alors que ce dernier terme suppose l'élaboration d'une architecture discursive préétablie et oblige à s'attacher à la rigueur logique de l'exposé ainsi qu'à la transversalité de l'analyse, sans oublier une bibliographie, si ce n'est exhaustive, du moins assez conséquente, que ce soit en bas de page ou en fin de l'ouvrage, le terme de "lecture", ouvre à une plus grande souplesse du discours en valorisant ses dimensions de découverte, d'inédit et de surprise. Ainsi est-il permis de faire quelques écarts discursifs que le commentaire ne saurait tolérer. Cela étant, cette liberté, ne pourrait excuser un manque de rigueur dans l'argumentation ou le fait de se dispenser d'une étude attentive de ces écrits originels. Nous nous sommes donc efforcés de tenir l'un et l'autre de ces choix tout au long de ce travail.

Cet intérêt porté au texte original rejoint par ailleurs une aspiration de plus en plus prégnante, parmi les fidèles, d'aborder l'Ancien Testament à partir de la langue hébraïque. En effet, au cours du siècle dernier, le renouveau des études bibliques, avec le recours croissant, si ce n'est systématique aux premiers écrits, une nouvelle attitude à l'égard du texte à la suite du rapprochement des différentes confessions chrétiennes que l'histoire avait séparées et les changements opérés, au sein du christianisme, dans son rapport au judaïsme n'ont certainement pas été étrangers à son émergence. Aussi, une réflexion qui ferait l'impasse sur la langue dans laquelle ils ont vu le jour laisse, la plupart du temps chez de nombreux fidèles, un sentiment d'inachevé. C'est pour ces raisons que nous avons jugé nécessaire de présenter le texte hébreu, de faire le plus souvent possible référence à celui-ci, de commenter le sens des mots ou de certaines notions dont la traduction usuelle ne rend que très rarement compte de la signification originale. Dans tous les cas, nous avons mentionné leur forme translittérée (le terme hébreu en caractères latins), mais en adoptant toutefois des règles de prononciation plus naturelles pour un lecteur francophone que celles normalement en vigueur. Certaines nuances phonétiques en ont certainement pâti, mais ce choix nous a semblé préférable à celui du standard qui exige une indéniable habitude pour être décrypté.

Ce souci d'accès aux écrits originaux a parfois conduit à des développements un peu techniques. Nous avons tenté de les formuler de la manière la plus abordable possible, mais en nous efforçant de ne jamais céder à une simplification abusive.

Pour des raisons de droit d'auteur, mais également pour coller au plus près du texte, les traductions de tous les passages bibliques sont de notre main. Celles-ci présentent donc des écarts de portée variables par rapport à nos Bibles les plus courantes. Si à l'occasion nous avons été amenés à faire des choix s'écartant sensiblement de ceux qui sont usuellement adoptés, nous en fournirons les explications. Dès lors, il ne faudra pas s'étonner que certains versets fassent l'objet de développements plus importants que d'autres. En tout état de cause, nous ne pouvons qu'inviter le lecteur à parcourir d'autres traductions afin de pouvoir juger par lui-même des nuances présentes dans chacune.

Enfin, notre lecteur aurait pu s'attendre à ce que nous choisissions ici ou là quelques psaumes considérés comme les plus représentatifs parmi ceux traitant du salut mais ce ne fut pas le cas. En effet, et c'est l'hypothèse qui gouverne nos réflexions concernant ce livre et que nous avons esquissées au début de cet avant-propos, ceux-ci, au moins pour un certain nombre d'entre eux, ne sont pas disposés de manière aléatoire comme si les éditeurs finaux avaient constitué leur compilation en accolant les unes à la suite des autres des pièces plus ou moins disparates. Nous sommes au contraire persuadé qu'ils ont procédé à un recollement réfléchi, car nous ne saurions douter qu'une telle opération a eu lieu, en de petits recueils commandés par un thème de telle sorte que chaque psaume au sein de sa collection soit en résonnance par rapport à celui qui le précède et anticipe celui qui le suit et cela tout en conservant un projet d'ensemble. C'est donc à l'une de ces collections que nous nous sommes attachés, en l'occurrence les psaumes 3 à 8.

Mais avant d'aborder notre lecture, quelques éclaircissements s'imposent au sujet du couple "psalmiste-orant", c'est-à-dire, le rédacteur du psaume et celui qui le récite ou le prie puis à propos de la rhétorique qui sous-tend ces textes.

Le psalmiste et l'orant

Aujourd'hui, il est très communément admis que David n'est pas l'auteur du livre des Psaumes et que les textes qui lui sont attribués, eu égard au vocabulaire employé ou aux thèmes théologiques développés, dénotent très généralement d'une composition plus tardive. Toutefois, disant cela, il faut aussitôt tempérer notre propos. En effet, si la forme que nous leur connaissons ne permet pas d'envisager leur rédaction durant la période de la royauté naissante, rien n'interdit de penser qu'ils s'inscrivent dans une tradition scripturaire très ancienne, pouvant remonter à l'époque davidique, voire plus haut, et à laquelle adhéraient leurs auteurs. En d'autres termes, les psaumes sont le reflet d'un moment de l'histoire religieuse d'Israël, probablement de la fin de la royauté, de l'Exil puis du second Temple, qui puise dans son passé cultuelle et théologique et, très vraisemblablement, de celui des peuples voisins, les thèmes qui les commandent et les tournures qui les façonnent.

Cela dit, la précision de l'écriture, la profondeur de leur approche théologique et l'élégance de leur style ne peuvent renvoyer à des prières rédigées dans un contexte de spontanéité laudative ou à une situation de tension consécutive à un conflit, une maladie ou une épreuve de la vie comme on a souvent eu tendance à les considérer. Un homme pourchassé par des adversaires farouches, et qui en veulent à sa vie, ne s'installe pas pour composer un psaume mais cherche d'abord un asile qui le mette à l'abri de ses poursuivants. Ce n'est donc pas une écrit de circonstance, mais une œuvre réfléchie, méditée, et sur laquelle l'auteur est très certainement revenu à plusieurs reprises afin d'en parfaire la forme finale. À ce titre, ce que nous nommons du titre générique de "psalmiste" est, au premier chef, un homme dont l'essentiel de la tâche, ou au moins une part significative, est d'élaborer des hymnes liturgiques à l'usage du Temple, des chants destinés à des cérémonies collectives, des prières à usage personnel voire, souvent, des textes ayant vocation à expliciter certaines interrogations théologiques ou spirituelles des croyants. Il se rencontre donc, très vraisemblablement, dans le milieu des scribes en lien avec le Temple de Jérusalem. Ce sont des hommes rompus à la maîtrise de l'écriture, à la fréquentation quotidienne de la Loi et de la tradition scripturaire d'Israël, qui mettent leurs compétences, leurs connaissances et leur spiritualité au service des fidèles du Seigneur tant au plan communautaire qu'individuel.

Ce que nous venons de dire a une conséquence considérable. En effet, si le psalmiste est un homme dont la fonction est de rédiger des prières ou des hymnes liturgiques pour les fidèles ou les assemblées, on ne peut plus le considérer comme le sujet priant et il y a lieu de le distinguer de celui ou ceux que nous nommons "orant-s". On comprendra donc que des commentaires du type *"le psalmiste apparaît comme un homme poursuivi par des individus qui en veulent à sa vie"* ou *"le psalmiste est un homme malade qui s'en remet à Dieu pour retrouver la santé"* ne sont pas recevables et ne reflètent en rien la réalité de sa situation. Cela est particulièrement manifeste dans les psaumes de supplication. En effet, ils ne sont pas, comme l'on peut croire, l'expression d'un moment de désespoir mais une parole que l'expérience spirituelle du rédacteur et sa profonde connaissance de l'Écriture lui permettent de rédiger et qu'il apporte à tout homme qui, face à des difficultés, cherche un réconfort auprès du Seigneur. Si dans son texte il ne précise jamais la nature du drame qui se joue ni ne mentionne l'identité des instigateurs de l'épreuve qu'il évoque, c'est que la vocation de cette prière est de répondre aux inquiétudes de tout homme, en laissant à chacun le soin de trouver en elle les résonances de sa propre détresse. Dès lors, le psalmiste se détache, pour ainsi dire, de son œuvre. Il s'efface pour céder la place à l'orant qui, en se l'appropriant, fait de ce psaume sa propre prière, sa propre parole.

À propos de la rhétorique vétérotestamentaire

Rappelons brièvement que la rhétorique biblique se divise en deux courants bien distincts. Le premier, largement dominant dans le champ francophone, a pour objet de décrire les procédés qui président à la composition des textes en s'appuyant sur le vocabulaire et les structures syntaxiques (parallélismes, chiasmes…)[1]. Nous la qualifions de "rhétorique compositionnelle". Le second, principalement présent dans les pays anglophones, traite de la dimension persuasive du discours et à ce titre est désigné par "rhétorique argumentative".

---

[1] On notera cependant que certain auteurs tel Jan Joosten, s'en distingue. Voir : Discours Prophétique et rhétorique populaire dans la Bible hébraïque."Revue Biblique (1946-), vol. 118, no. 4, 2011, pp. 481–495. JSTOR, www.jstor.org/stable/44092079. Accessed 20 Apr. 2021.

Si au travers de chercheurs tels que Roland Meynet[2], Marc Girard[3] ou Pierre Auffret[4] le premier courant s'attache à l'ensemble du corpus biblique, c'est-à-dire aussi bien à l'Ancien qu'au Nouveau Testament, la situation est, en revanche, bien différente dans les pays de langue anglaise où les travaux portent surtout sur le second. Témoin, l'ouvrage *"Rhetorical Argumentation in Biblical Texts"*[5], édité à la suite de Conférence de Lund en 2000, qui ne présente que deux interventions à propos de textes vétérotestamentaires alors qu'il y en a quatre sur les Évangiles, neuf sur Saint Paul, une sur l'Épître aux Hébreux et une concernant le Pasteur Hermas et les Actes de Pierre.

On trouvera dans la note de bas de page quelques livres en anglais qui traite de ce sujet dans le champ de l'Ancien Testament[6].

On ne s'étonnera guère de cet état de fait dans la mesure où tous les outils d'analyse et les cadres méthodologiques de la rhétorique qui prévalait durant la période de rédaction des Évangiles et des écrits apostoliques, c'est-à-dire la rhétorique gréco-latine, étaient à la disposition des chercheurs. La situation était en revanche bien différente pour le Premier Testament car l'on ne dispose

---

[2] MEYNET Roland, Traité de rhétorique biblique, Lethielleux, 2007.

[3] GIRARD Marc, Les psaumes redécouvert, Editions Fides, 1994.

[4] AUFFRET Pierre, Merveilles à nos yeux, de Gruyter 1995, Là montent les tribus, De Gruyter 1999, Que seulement de tes yeux tu regardes, De Gruyter, 2003.

[5] Rhetorical Argumentation in Biblical Texts: Essays from the Lund 2000 Conference, Anders Eriksson, Thomas H. Olbricht, Walter Übelacker, A&C Black, 2002.

[6] CHARNEY Davida, Persuading God: Rhetorical Studies of First-Person Psalms, Sheffield Phoenix Press Limited, 2017. GITAY Yeshouha, Isaiah and His Audience, Prooftexts, Vol. 3, No. 3 (September 1983), pp. 223-230, Indiana University Press - sur JSTOR. "A study of Amos's art of speech, Rhetorical analysis of Amos 3,1-15", Reflections on the Study of the Prophetic Discourse: The Question of Isaiah I,2-20, *Vetus Testamentum*, Vol. 33, Fasc. 2 (Apr., 1983), pp. 207-221. WENDLAND Ernst, Prophetic Rhetoric – Case Studies in Text Analysis and Translation, Xulon Press, 2009. RENZ Thomas, The Rhetorical Function of the Book of Ezekiel, Brill, Boston - Leiden, 2002. AVIOZ Michael, A Rhetorical analysis of Jeremiah 7,1-15, Tyndale Bulletin 57.2, 2006 pages 173-189. Parmi les thèses de doctorat on pourra citer : BARKER John Robert "Disputed Temple: A Rhetorical Analysis of the Book of Haggai" de 2016. Le livre qui en a été tiré se trouve sur Scribd. COOK Ryan Joseph, "The Rhetoric of Praise : Prayer and Persuasion in the Psalms" de 2014. https://place.asburyseminary.edu/cgi/viewcontent.cgi?referer=https://www.google.com/&httpsredir=1&article=1911&context=ecommonsatsdissertations. BARKER Joel "From the depths of despair to the promise of presence : A rhetorical reading of the book of Joel" de 2011. Cette thèse dont le manuscrit fut un temps en ligne a disparu.

d'aucun document ni d'aucun témoignage antique relatif à la rhétorique sémitique. Et celle-ci est d'autant plus difficile à appréhender que la distance culturelle entre les milieux sémitiques et helléniques est telle qu'il est hasardeux, voire périlleux, d'appliquer la seconde sur la première.

Il s'en suit que cette discipline, dans le cadre de l'Ancien Testament, se trouve contrainte d'en construire ses attendus. Il faut cependant nuancer cette affirmation car si cela est envisageable jusqu'au IIIe siècle av. J.-C., les conditions évoluent alors rapidement sous l'effet de la domination des princes hellénistiques. Les psaumes sont d'ailleurs un parfait témoin de ce changement de paradigme rhétorique qui s'opère dans le milieu israélite du second Temple. Aussi, ce n'est qu'au travers d'une exploration détaillée des textes que la rhétorique propre à chacun peut se révéler.

Il n'est pas dans notre projet d'aborder ce sujet dans le présent ouvrage. Nous aurons très certainement l'occasion d'y revenir dans un autre qui traitera du discours prophétique. Néanmoins, il nous fallait l'évoquer car comme nous le verrons au cours de nos lectures, si le psaume est une prière alors il est porté par une volonté de persuader le Seigneur d'acquiescer à celle-ci et dans ces conditions, il ne peut échapper aux modèles argumentatifs de la rhétorique qui prévalaient au moment de son écriture.

Quelques mots pour conclure cet avant-propos

Avant de clore cet avant-propos, nous voudrions répondre à une question que notre lecteur se posera probablement à propos de cet ouvrage. Mais de plus, nous souhaiterions évoquer les interprétations que nous avançons et qui, on le comprendra aisément, s'inscrivent dans ce changement de perspective que avons mentionné dans la première partie de ce préambule.

En effet, au fur et à mesure que nous cheminerons dans le livre, il s'apercevra que les commentaires gagneront en importance. Cela n'est pas simplement le fruit du hasard mais le résultat d'une exigence à caractère pédagogique. Nous l'avons précisé plus haut, cet ouvrage s'adresse d'abord à des lecteurs peu familiers des problématiques exégétiques. Il nous a alors semblé préférable d'entrer progressivement dans les textes et donc d'adopter une démarche de lecture plus facile d'accès au début et allant en se complexifiant graduellement. Il va sans dire que nous avons veillé à ce que cette simplification n'affecte en rien les idées qui commandent chacune des pièces psalmiques que nous avons analysées.

Enfin, si notre lecteur a déjà parcouru quelques commentaires des psaumes, il ne manquera pas de remarquer que nous sommes très souvent en décalage avec celles qu'il a rencontrées. Aussi, il pourra vouloir faire nombre d'objections, malmener nos arguments, voire même mettre à mal certains des prolongements que nous suggérerons ou certaines des conclusions que nous formulerons, mais cela sera précisément le caractère vivifiant de sa lecture car ce n'est qu'ainsi qu'il s'appropriera le Psautier, faisant perdurer de la sorte la chaîne qui depuis plus de deux millénaires le fait vivre. Pour notre part, nous nous sommes efforcés de justifier nos propos au mieux de nos possibilités, mais toujours conscients qu'en la matière personne ne peut se prévaloir de détenir l'entière vérité et que les avis contradictoires sont monnaie courante. Cela étant, nous avons sans cesse été attentif à la cohérence de nos interprétations avec l'ensemble du texte biblique. Aussi, nous ne pouvons qu'engager nos lecteurs à entrer plus avant dans ces débats en vue de mieux pénétrer dans la compréhension de ces textes fondateurs de notre foi et dès lors nourrir leur prière à l'image d'un très grand nombre de fidèles qui au cours des âges s'y sont repus. Ainsi, en publiant cet ouvrage nous n'avons d'autre ambition que d'épauler et soutenir tout homme et toute femme dans son travail de réappropriation de son salut afin d'en faire, au fond de son cœur, la source vivifiante de sa foi.

À propos de la langue hébraïque

Si certains de nos lecteurs connaissent la langue de la Bible ou en possèdent quelques notions, beaucoup probablement l'ignore. Ce qui suit, qui a d'ailleurs plus la forme d'un excursus que d'un chapitre, a pour objet de les éclairer sur cette dernière mais ne saurait en aucun cas être reçu comme une introduction à l'hébreu biblique.

Les mots

Les mots sont construits à partir d'un alphabet de 22 lettres et s'écrivent de droite à gauche. Les lettres ne sont jamais liées les unes aux autres.

אבגדהוזחטיכלמנסעפצקרשת

Parmi elles, certaines possèdent une graphie différente lorsqu'elles se trouvent en fin de mot. Il s'agit de : כ qui s'écrit ך, מ qui s'écrit ם, de נ qui s'écrit ן, de פ qui s'écrit ף et צ qui s'écrit ץ.

Originellement, l'hébreu biblique ne comporte pas de voyelles, à l'exception de trois consonnes ayant une valeur vocalique : י ה ו

Toutefois, au cours des premiers siècles de l'ère chrétienne, les communautés juives dispersées dans le bassin méditerranéen, et qui de ce fait ne pratiquaient plus cette langue dans la vie courante, ressentir le besoin de préciser la prononciation des mots lors de la lecture de leurs textes sacrés. Des savants grammairiens de la région de Tibériade, appellés "massorètes" s'attelèrent à cette tâche.

Or, dans la mesure où le texte biblique ne pouvait être touché eu égard à son caractère sacré, il fut décidé d'y adjoindre des signes en dessous ou au-dessus des lettres afin d'en indiquer la prononciation. Il s'agit essentiellement de petits traits et de points. Voici le premier verset de Genèse sans point diacritiques et avec :

ראשית בראאלהים את השמים ואת הארץ

בְּרֵאשִׁית, בָּרָא אֱלֹהִים, אֵת הַשָּׁמַיִם וְאֵת הָאָרֶץ :

Le texte ainsi amendé se nomme "texte massorétique".

Des mots à la phrase

Les mots sont très généralement constitués de deux parties, sa racine formée de trois lettres parfois deux et plus rarement quatre et de suffixes ou de préfixes grammaticaux qui viennent compléter son sens.

L'hébreu ne possède pas d'article indéfini, "un roi" s'écrira donc "roi". En revanche, il existe un article défini (ה) mais qui est toujours joint au substantif.

Suffixes et préfixes sont de même accolés au mot.

Ainsi "cheval" : סוס (souse) donnera jument : סוּסָה (sousa) ou "des chevaux" : סוּסִים (sousim), "des juments" : סוּסוֹת (sousotte), "mon cheval" : סוּסִי (sousi), "ton cheval" : סוּסְךָ (sousek)…

De même pour les prépositions avec le mot "Jérusalem" יְרוּשָׁלַיִם (iérouchalim), pour "à Jérusalem", la lettre "ל" sera mise en préfixe לִירוּשָׁלַיִם (lérouchalim) et la lettre "ב" pour dire "dans Jérusalem" : בִּירוּשָׁלַיִם (birouchalim).

Le système verbal diffère très significativement du nôtre. Il est constitué par sept formes de conjugaison : la forme active, passive, intensive active, intensive passive, factitive active, factitive passive et réfléchit. Ainsi : "il brisa", "il fut brisé", "il écrasa", "il fut écrasé", "il rendit grand", "il fut rendu grand" et "il s'est grandi".

Comme dans nos langues, l'hébreu possède six personnes (je, tu, il, nous, vous, ils) plus deux pour le féminin (elle et elles).

En revanche, en matière de temps, la situation est très différente. L'hébreu distingue entre ce qui est fait ou achevé et ce qui n'est pas fait ou du moins pas encore terminé. Le premier temps se nomme l'accompli et le second l'inaccompli. Le premier est généralement traduit par un temps au passé et le second par un temps au futur. Pour exprimer le présent l'hébreu usera assez souvent du participe ainsi pour "il marche"", il dira "marchant" ou "étant entrain de marcher". Notons cependant que ces équivalences ne sont que très approximatives et c'est fréquemment l'analyse du contexte qui permet de décider du temps du verbe dans la langue cible. On notera également qu'il n'est pas rare que l'hébreu utilise des phrases nominales (phrases sans verbe).

Il existe aussi une forme impérative, deux formes d'infinitif, deux formes de participe (actif et passif) et un gérondif.

La phrase

Généralement les phrases sont constituées de propositions coordonnées par la préposition ו (wav) qui signifie "et". Celle-ci sera traduite de manière variée selon le contexte, "puis", "après"… Cela étant l'hébreu biblique n'ignore évidemment pas les propositions subordonnées mais la structure paratactique (juxtaposition de proposition sans liens de subordination) est prépondérante.

Ainsi du sacrifice d'Isaac :

> *Gn 22,3 - Et Abraham se leva tôt et il sella son âne et il prit deux de ses jeunes gens et son fils Isaac et il fendit les bois de l'holocauste et il se leva et il alla vers le lieu qu'avait dit Dieu.*
>
> *Gn 22,4 - Et au troisième jour Abraham leva les yeux et il vit le lieu de loin.*

On comprendra que ce type de structure phrastique associé à un système verbal très différent du nôtre conduit parfois à des phrases dont la traduction peut paraître assez étrange à une oreille occidentale et moderne.

Psaume 3

1 מִזְמוֹר לְדָוִד בְּבָרְחוֹ מִפְּנֵי אַבְשָׁלוֹם בְּנוֹ:

2 יְהוָה מָה־רַבּוּ צָרָי רַבִּים קָמִים עָלָי:

3 רַבִּים אֹמְרִים לְנַפְשִׁי אֵין יְשׁוּעָתָה לּוֹ בֵאלֹהִים סֶלָה:

4 וְאַתָּה יְהוָה מָגֵן בַּעֲדִי כְּבוֹדִי וּמֵרִים רֹאשִׁי:

5 קוֹלִי אֶל־יְהוָה אֶקְרָא וַיַּעֲנֵנִי מֵהַר קָדְשׁוֹ סֶלָה:

6 אֲנִי שָׁכַבְתִּי וָאִישָׁנָה הֱקִיצוֹתִי כִּי יְהוָה יִסְמְכֵנִי:

7 לֹא־אִירָא מֵרִבְבוֹת עָם אֲשֶׁר סָבִיב שָׁתוּ עָלָי:

8 קוּמָה יְהוָה הוֹשִׁיעֵנִי אֱלֹהַי כִּי־הִכִּיתָ אֶת־כָּל־אֹיְבַי לֶחִי שִׁנֵּי רְשָׁעִים שִׁבַּרְתָּ:

9 לַיהוָה הַיְשׁוּעָה עַל־עַמְּךָ בִרְכָתֶךָ סֶּלָה:

Psaume 3

1. Psaume de David quand il fuyait devant Absalom son fils

2. Seigneur, que mes adversaires sont nombreux et nombreux ceux qui se lèvent contre moi.

3. Ils sont nombreux ceux qui me disent : Pour lui, il n'y a aucun salut, en Dieu. Pause.

4. Mais toi, Seigneur, tu es pour moi un bouclier, ma gloire et celui qui redresse ma tête.

5. Ma voix (monte) vers le Seigneur, je crie et il m'a répondu depuis sa montagne sacrée. Pause.

6. Moi, je me suis couché puis j'ai dormi. Je me suis réveillé car le Seigneur me protège.

7. Je ne craindrai rien de la multitude du peuple qui de tous côtés s'est mis contre moi.

8. Lève-toi Seigneur, mon Dieu sauve-moi car tu frappes tous mes ennemis à la joue, tu fracasses les dents des méchants.

9. Le salut vient du Seigneur, sur ton peuple (vienne) ta bénédiction. Pause.

Lecture du
Psaume 3

1 - La fuite de David devant son fils Absalom - verset 1
2 - Des ennemis se lèvent contre moi - versets 2 et 3
3 - Note concernant le mot סֶלָה (séla) qui termine le verset 3.
4 - La confiance dans le Seigneur - versets 4 à 7
5 - Lève-toi Seigneur - versets 8 et 9

Ce psaume, composé de neuf versets, est introduit par une notice historique, celle de la fuite de David devant son fils Absalom (2 S 15,13-37). Cette évocation d'un épisode douloureux de son existence pourrait engager à le lire comme la supplique d'un homme pourchassé par des agresseurs et qui, par désespoir, s'en remettrait à Dieu pour le sauver. Malheureusement, le motif de la poursuite n'est pas précisé et il faut bien reconnaître qu'arrivé au terme de la première lecture de ce texte, l'on éprouve quelques embarras pour déterminer ce qui a pu pousser le psalmiste à mettre son écrit sous le patronage de ce conflit familial. Certes, l'on aura probablement compris que son enjeu est, comme pour David, l'espérance d'un secours divin, mais la raison qui la motive peut paraître bien floue. Dès lors, l'élucidation de ce qui se cache derrière les appels de cet homme est essentiel, au risque de passer à côté des intentions de l'auteur.

Si ce qui justifie cette prière est vague, en revanche, dès que l'on aura remarqué la présence des verbes "se lever" au verset 2 et "se lever" au verset 8, la structure qui commande son organisation s'avère assez simple. Ce psaume apparaît composé de trois parties. Dans les versets 2 et 3, l'orant, au travers du psalmiste, fait part au Seigneur du harcèlement dont il est l'objet de la part de ses nombreux adversaires qui lui déclarent qu'il n'a aucun secours à attendre de Dieu. Mais cela ne l'empêche pas, dans les versets 4 à 7, de lui crier sa confiance, puis dans les deux derniers versets, 8 et 9, de lui demander de se lever afin d'abattre ceux qui le poursuivent.

La fuite de David devant son fils Absalom

Verset 1 :

Psaume de David quand il fuyait devant Absalom son fils.

Absalom est le troisième fils de David, après Amnon, l'aîné, et Kiléave. Au moment de sa naissance, David n'est encore que roi de Juda et réside à Hébron.

2 S 3,2 - Et furent enfantés pour David des fils à Hébron et son premier né fut Amnon de Ahinoam de Izréel.
2 S 3,3 - Puis son deuxième Kilévave de Avigaïl femme de Naval de Karmel et le troisième Absalom fils de Maaka fille de Talmaï, roi de Gueshour.
2 S 3,4 - Le quatrième Adonias fils de Hagguith et le cinquième, Shefatya fils de Avital.
2 S 3,5 - Le sixième Yitéram d'Egla femme de David. Ceux-là furent enfantés pour David à Hébron.

Ce ne sera qu'un peu plus tard qu'il deviendra roi sur Israël (2 S 5,1-4) et que s'étant emparé de Jérusalem, il en fera sa cité (2 S 6-12). Son différend avec Absalom débute par une grave dissension entre ce dernier et son frère Amon. En effet, celui-ci ayant violé sa sœur Tamar, Absalom voulut venger l'outrage et il le fit tuer par ses serviteurs puis prit la fuite (2 S 13,1-38). Trois ans plus tard, il obtint le pardon de son père et put revenir à Jérusalem (2 S 14,1-33). Cependant, il commença à intriguer en vue de lui ravir le pouvoir puis il se révolta ouvertement contre lui. David dut alors s'enfuir car Absalom, qui avait réuni de nombreux partisans, avait décidé de s'emparer de sa cité. C'est cette fuite, qui est retracée en 2 S 15,13-37, et à laquelle fait référence le Psaume 3.

2 S 15,13 - Puis un informateur vint à David et lui dit : « Le cœur des hommes d'Israël (s'est rangé) derrière Absalom »

> *2 S 5,14 - Alors David dit à tous ses serviteurs qui étaient avec lui à Jérusalem : « Levez-vous et fuyons, car nous ne pourrons pas échapper à Absalom. Hâtez-vous de peur que s'il se hâte, il nous atteigne et répande sur nous le malheur. Alors il passera la ville au fil de l'épée.*
> *2 S 15,15 - Les serviteurs du roi dirent au roi : « En tout ce que choisira mon maître le roi, voici tes serviteurs »*
> *12 S 15,16 - Alors le roi sortit à pied avec toute sa maison, mais le roi abandonna dix femmes, des concubines, pour garder la maison.*

Dans sa fuite, David se résolut à passer le Jourdain pour déjouer les plans de ses poursuivants. Absalom décida alors de le pourchasser lui-même et traversa également le Jourdain. Leurs armées se rencontrèrent dans "la forêt d'Ephraïm". Absalom fut défait et, dans sa retraite, il resta accroché par la tête aux branches d'un arbre. Joab, informé par un serviteur, alla le tuer en lui plantant trois javelots dans le cœur.

> *2 S 18,9 - Et Absalom se trouva devant les serviteurs de David et Absalom chevauchant sur un mulet. Le mulet vint sous la ramure d'un grand térébinthe et il accrocha sa tête dans le térébinthe et il se retrouva entre les cieux et la terre et le mulet, sous lui, passa.*
> *…*
> *2 S 18,14 - Joab dit : "Je ne vais pas attendre" et il prit trois bâtons dans ses mains et il les planta dans le cœur d'Absalom encore vivant au milieu du térébinthe.*

Il est évidemment possible de lire ce psaume comme s'il avait été écrit par David lui-même, c'est-à-dire au tournant du second et du premier millénaire avant Jésus-Christ. Rien ne l'interdit. Cependant, une très large majorité des exégètes s'accorde sur le fait que la probabilité de cette éventualité est assez mince. Nous ne reviendrons pas sur cet aspect, nous l'avons évoqué dans notre introduction.

Mais si l'auteur n'est pas le roi David, il s'agira de comprendre, au-delà d'un désir d'asseoir la légitimité de son œuvre, ce qui justifie de la part du psalmiste de faire appel à cet épisode de la vie de cette figure fondatrice d'Israël.

Des ennemis se lèvent contre moi

Verset 2 :

Seigneur, que mes adversaires sont nombreux et nombreux ceux qui se lèvent contre moi.

Le psaume, proprement dit, débute au verset 2. L'orant se présente comme un homme cerné par de nombreux adversaires qui s'avancent contre lui. Face à ce danger, au lieu de crier son effroi, il se tourne vers le Seigneur. Nous aurions pu penser que son appel soit assorti d'une demande d'aide, mais il n'en est rien. L'on aurait également pu imaginer qu'il précise la nature de ces assaillants, leurs motivations ou leurs projets mais, là encore, il n'en dit rien. Le seul élément qu'il nous livre, c'est leur nombre, et encore de manière très approximative : ils sont nombreux. Ce vocable doit toutefois revêtir une certaine importance, car sa répétition dans le verset n'est probablement pas anodine et doit marquer la volonté de l'auteur d'attirer notre attention et celle de l'orant sur cet adjectif. Cela d'autant plus que nous allons le rencontrer à nouveau au verset 3 puis au verset 7. Notons au passage, que ces quatre occurrences font appel à trois formes différentes de la même racine hébraïque, deux fois l'adjectif רַב (rab) "nombreux" au verset 2 et au verset 3, une fois le verbe רָבַב (ravav) "être nombreux" au verset 2 et une fois le substantif רְבָבָה (prononcez révava) "un grand nombre" ou "une multitude" au verset 7.

Verset 3 :

Ils sont nombreux ceux qui me disent : Pour lui, il n'y a, aucun salut, en Dieu. Pause.

Le verset 3 ne nous apprend rien de plus à propos de ces assaillants ni ce qui permet de voir dans leur comportement ou dans leurs actes un quelconque caractère agressif. En revanche, il nous révèle ce qu'ils disent.

Il eut, peut-être, été préférable de traduire cette déclaration par *"En Dieu, il n'y a pour lui aucun salut. Pause"* qui sonne probablement mieux en français que la forme que nous proposons. Nous avons cependant choisi de conserver la position du mot "Dieu" à la fin du verset, comme dans le texte hébreu. En effet, la traduction littérale est la suivante : *"Aucun salut pour lui en Dieu. Pause"*.

Pourquoi cela ? Pour mettre en valeur le fait qu'à l'instar de l'hébreu, le Seigneur occupe la première place chez l'orant, mais la dernière chez ses poursuivants.

En ce qui concerne cette déclaration, celle-ci réclame quelques éclaircissements, car nous trouvons dans certaines Bibles : *"Point de salut pour lui en son Dieu"* ou *"Pour lui, point de salut en son Dieu"*[7]. Or, si אֱלֹהִים (élohim - Dieu) est bien préfixé d'un ב (beth) qui se traduit par "en", "sur", "dans", il n'est pas suffixé par un ו (vaw) qui est le signe du pronom personnel de la 3° personne du singulier (son). La forme "en son Dieu" se rencontre d'ailleurs dans la finale du verset Is 50,10.

- Is 50,10 .... יִבְטַח בְּשֵׁם יְהוָה וְיִשָּׁעֵן **בֵּאלֹהָיו**:
Qu'il se confie dans
le nom du Seigneur
et qu'il s'appuie **sur son Dieu**[8]

בֵּאלֹהִים doit donc être rendu par « en Dieu » et non pas « en son Dieu ». Ce sera d'ailleurs le choix de Jean-Luc Vesco ou Marc Girard mais également Allen Ross ou Erhard Gerstenberger. Ainsi, il serait erroné de voir dans le dieu des poursuivants un dieu différent de celui du psalmiste. Aussi, lorsque les ennemis déclarent qu'il n'y a pas de salut, il ne nie pas que le Seigneur soit incapable de l'apporter, mais que celui qu'ils cernent ne saurait être digne de l'obtenir. En effet, en disant, il n'y a pas de salut "pour lui" c'est bien l'orant, et lui seul, qui est désigné comme ne pouvant en bénéficier.

Dès lors, le contexte de ce psaume se précise. Un homme se désespère auprès du Seigneur d'être pourchassé par un grand nombre d'individus. L'on ne sait qui ils sont, et rien n'est dit de leurs motivations, mais il y a tout lieu de penser que la virulence de leur comportement est liée à une question d'ordre religieux, car le salut de Dieu paraît bien être la raison autour de laquelle gravite l'enjeu de cette poursuite. En outre, dans la mesure où le psalmiste mentionne dans la suscription que cet affrontement lui remémore celui du roi David avec son fils Absalom, il est possible d'envisager qu'il tient à une question relevant du pouvoir royal. En

---

[7] Louis Jacquet

[8] Nous rappelons que l'hébreu se lit et s'écrit de droite à gauche.

conséquence, ce conflit pourrait bien s'interpréter à la confluence de ces deux domaines mais à ce stade rien n'est assuré.

Dès lors, et sous réserve de la suite, l'on pourrait concevoir, d'un côté, un homme qui comme David a été investi d'une autorité de la part du Seigneur et, de l'autre, un groupe important d'individus qui, à l'image d'Absalom et de ses partisans, la remet en cause et prétend même s'arroger le droit de décider de l'octroi du salut ou, en d'autres termes, être le dépositaire de l'autorité divine.

Cette situation n'est pas sans rappeler celle d'un prophète comme Amos (Am 7,10-17) ou celle de Jérémie qui ayant été poursuivi puis avoir été attaché au pilori, crie son désespoir au Seigneur (Jr 18 et 20) :

> *Jr 18,18 - Et ils ont dit : Allons, et fomentons des projets contre Jérémie, car la Torah ne périra pas faute de prêtres, ni le conseil faute de sages et ni la parole faute de prophètes. Allez, nous le frapperons par la langue, sans prêter attention à toutes ses paroles.*
>
> *….*
>
> *Jr 20,2 - Alors Pashehour frappa le prophète Jérémie et l'attacha au pilori à la porte supérieure de Benjamin qui est dans la maison du Seigneur.*
>
> *…*
>
> *Jr 20,7 - Seigneur, tu as voulu me séduire et j'ai été séduit. Tu m'as saisi et tu l'as emporté. Je suis devenu un objet de moquerie, chaque jour tous se moquent de moi.*
>
> *Jr 20,8 - En effet, chaque fois que je parle, je crie "violence", je clame "dévastation" aussi tous les jours la parole du Seigneur est devenue pour moi objet d'insultes et railleries*
>
> *Jr 20,9 - Alors j'ai dit : je ne penserai plus à lui, je ne parlerai plus en son nom. Mais alors, il survient dans mon cœur comme un feu brûlant emprisonné dans mes os. Alors je m'efforce de tenir, mais je ne le peux pas.*
>
> *Jr 20,10 - Car j'ai entendu les propos malveillants de beaucoup de gens. L'épouvante est tout alentour. « Dénoncez-le », « Nous le dénoncerons ». Tous les hommes qui étaient en paix avec moi surveillent ma moindre*

maladresse. « *Peut-être se laissera-t-il séduire et nous prévaudrons sur lui. Alors, nous prendrons notre revanche sur lui.* »

Si nous faisons une juste interprétation de la situation de l'orant, nous commençons donc à voir se dessiner le tragique de celle-ci mais également la pédagogie du psalmiste. En effet, progressivement il l'engage à se tourner vers la mémoire de son peuple, et en particulier vers les épreuves traversées par les prophètes, pour comprendre et surmonter son propre malheur.

Note concernant le mot סֶלָה (séla) qui termine le verset 3.

Ce vocable qui revient à soixante et onze reprises dans le psautier est souvent traduit par "pause", comme s'il s'agissait d'un indicateur récitatif. En fait, son acception est inconnue. Certains l'ont rapproché du verbe סלל qui signifie "élever", "exhausser" ou de סֻלָּם (soullam) dont le sens est "échelle" (Gn 28,12 - échelle de Jacob). Ainsi, il pourrait renvoyer à une élévation de la voix. Pour d'autres, il viendrait de סַל qui désigne une corbeille, ou un panier, que l'on ferait passer pour les offrandes (Gn 40,17). Dans cette perspective, il est interprété comme une pause de méditation durant celles-ci. On notera qu'en dehors des psaumes, il se trouve chez Habaquq en 3,3 ; 3,9 et 3,13. (voir : Les psaumes de Louis Jacquet, Ed. Duculot, 1975, Tome 1, pages 244-245). Nous l'avons traduit par "pause" qui sans forcément être le meilleur choix est, en revanche, le plus répandu.

La confiance dans le Seigneur

Verset 4

Mais toi, Seigneur, tu es pour moi un bouclier, ma gloire et celui qui redresse ma tête.

Alors que l'orant vient de pousser un cri vers le Seigneur pour lui faire part du péril qui le menace, dès le verset 4, le psalmiste apparaît poursuivre son acte pédagogique en l'invitant à transformer ce cri en prière. Celle-ci s'ouvre, au travers d'une adresse personnelle au Seigneur puis par une affirmation de confiance. Même si les ennemis qui cernent l'orant sont nombreux et inquiétants, il doit savoir qu'il n'a rien à craindre, car le bouclier que le Seigneur déploie devant lui le protège de toute atteinte. La manifestation de cette confiance rappelle à nouveau celle de Jérémie.

> *Jr 20,11 - Mais le Seigneur est avec moi tel un puissant guerrier. C'est pourquoi ceux qui me poursuivent trébucheront et ils ne vaincront pas. Ils seront couverts d'une grande honte, car ils n'auront pas réussi. Ils seront déshonorés à jamais. Cela ne sera pas oublié.*

Le vocable de "bouclier", מָגֵן (magane), est utilisé dans les écrits vétérotestamentaires de deux manières, d'une part, principalement, dans les livres historiques, dans sa signification commune d'arme protectrice de l'homme de guerre et d'autre part, dans les Psaumes et chez les prophètes de façon nettement plus métaphorique. Cette catégorisation doit cependant être nuancée car l'une des plus célèbres références de ce terme se trouve en Genèse alors que le Seigneur s'adresse à Abraham pour lui faire savoir qu'il sera le père d'une multitude semblable aux étoiles dans le ciel et avant de sceller avec lui une Alliance éternelle.

> *Gn 15,1 - Après ces événements, lors d'une vision, la parole du Seigneur fut adressée à Abram, il disait : « Ne crains rien. Moi, pour toi, je suis un bouclier. Ta récompense sera plus considérable. »*

Les prophètes l'utiliseront surtout pour exprimer l'imminence d'un conflit, une situation d'une extrême gravité qui engage à se ressaisir face au malheur qui vient (Is 21,5 ; Is 22,6 ; Jr 46,3 ; Jr 46,9 …).

> *Is 21,3 - C'est pourquoi mes reins sont remplis de frissons, des douleurs m'ont saisi comme les douleurs de celle qui enfante. Je me tords (par ce que) j'entends, je suis terrifié (par ce que) je vois.*
> *Is 21,4 - Mon cœur est en déshérence. Un tremblement me terrorise. Mon désir du crépuscule fut pour moi une frayeur.*
> *Is 21,5 - On prépare la table., le guetteur observe. On mange, on boit. Chefs levez-vous (et) oignez d'huile le bouclier.*

Le livre des Psaumes l'évoquera comme faisant parti de l'armement du Seigneur. Ainsi au psaume 18 qui est certainement celui où il est le plus souvent mentionné :

> *Ps 18,3 - Seigneur, mon rocher et ma forteresse et celui qui me délivre. Il est mon Dieu, mon roc. Je me réfugie en lui. Il est mon bouclier et la corne de mon salut, mon refuge.*
> *Ps 18,3 - Loué soit-il ! J'appelle le Seigneur et de mes ennemis je suis sauvé.*
> ...
> *Ps 18,31 - Dieu, son chemin est parfait et la parole du Seigneur éprouvée. Lui, il est un bouclier pour tous ceux qui se réfugient lui.*
> ...
> *18,36 - Et tu me donnes le bouclier de ton salut et ta main droite me soutient et ta douceur me fait grandir.*

Comme ces versets le manifestent, le salut de Dieu est perçu au sein d'une tension conflictuelle à propos de laquelle l'orant exhorte le Seigneur de le défendre contre des ennemis. Toutefois, celui-ci nous apparaît selon deux angles différents. D'une part, au verset 3 du psaume 18, c'est le Seigneur qui est le bouclier, tandis que, d'autre part, au verset 36, il donne son bouclier afin que celui qui lui est fidèle puisse se protéger. Tout se passe comme si d'un côté un homme sur le point de se noyer espérait la venue rapide d'un sauveteur qui à la force de ses bras le ramènerait au rivage ou, d'un autre, attendrait que quelqu'un depuis la rive lui envoie une bouée. Mais dans les deux cas il n'y a qu'un seul sauveur, le Seigneur.

Notons cependant que les demandes de salut ne réfèrent pas toujours à une perspective "conflictuelle". Ainsi au psaume 85, elle s'inscrit dans l'attente de la paix :

> *Ps 85,7 - N'est-ce pas toi qui reviendras pour nous faire vivre et que ton peuple, en toi, se réjouira.*

> *Ps 85,8 - Seigneur fais-nous voir l'action bienveillante de ta fidèle tendresse[9] et donne-nous ton salut*
>
> *Ps 85,9 - Je vais écouter ce que dira le Seigneur Dieu car il dit la paix à son peuple et à ses fidèles qu'ils ne retournent pas à leur folie.*

Cela dit c'est bien dans cette perspective d'un sauvetage à caractère "militaire" que le salut est attendu par l'orant de notre psaume, un secours en acte du Seigneur. Éprouvant peut-être ce sentiment de rejet, se sentant comme Jérémie mis au ban des coupables, il se tourne vers son sauveur et l'appelle afin qu'il intervienne, avec ses armes et que par sa force il le libère de l'emprise de ses ennemis.

Mais si le Seigneur accepte d'agir, c'est qu'il est dans sa nature de sauver. N'est-il pas le bouclier du salut ?

> *Ps 84,12 - Car le Seigneur Dieu est un soleil et un bouclier. Il donne la grâce et la gloire. Le Seigneur ne refuse pas ce qui est bon à ceux qui vont (sur le chemin) de l'intégrité.*

On perçoit ainsi le jeu de vocabulaire entre salut et secours, entre les actions salutaires de Dieu et ce qu'il est. Si Dieu agit, c'est qu'il est le salut, et le signe de ce qu'il est se manifeste dans ses œuvres, dans l'assistance qu'il apporte aux hommes dans l'adversité. Il est à la fois le sauveteur et la bouée.

Sans être courante, l'expression "redresser la tête" ou "redresser le front" se rencontre cependant quelques fois dans les différents livres bibliques. Ainsi, pour "relever la tête" en Gn 40,13 et Ps 27,6 ou dans sa forme négative, "ne pas relever la tête", en Jg 8,28 et Za 2,4 et pour "relever le front" (textuellement, relever les cornes, c'est-à-dire ce qui est sur le front) en 1 S 2,10 et dans les psaumes 75,11 - 92,11 - 112,9 - 148,14.

---

[9] Nous reviendrons sur cette traduction le vocable resed.

> *Jg 8,28 - Et Madian fut abaissé devant les fils d'Israël et il ne releva plus la tête. Alors le pays fut tranquille pendant quarante ans durant la vie de Gédéon.*
>
> *1 S 2,10 – Ceux qui sont contre le Seigneur seront brisés. Dans les cieux, le Seigneur tonnera contre ceux qui sont contre lui. Il jugera les confins de la terre et il donnera la force à son roi et il élèvera le front (la corne) de son oint.*

Cette expression est liée à la puissance et au pouvoir. Ainsi en triomphant de ses ennemis, qui assujettissent ses fidèles, le Seigneur permet à celui qu'il a choisi de ne plus se tenir la tête baissée en signe de soumission, de manifester en relevant son front que sa situation d'asservi est dorénavant terminée.

Ainsi, cerné de tous les côtés, alors qu'il se sent sur le point de devoir capituler devant la fureur de ses adversaires, l'orant demande au Seigneur de le protéger et de lui donner la force de pouvoir résister, c'est-à-dire, de ne point céder en baissant la tête. À l'instar de David qui fuyant Absalom se confie au Seigneur :

> *2 S 16,12 - Peut-être le Seigneur verra mon malheur et le Seigneur fera me retourner un bien à la place du malheur de ce jour.*

Verset 5 :

> *Ma voix (monte) vers le Seigneur, je crie et il m'a répondu depuis sa montagne sacrée. Pause.*

Mais que l'orant se rassure, le psalmiste l'affirme, il a été entendu par le Seigneur et celui-ci lui répond depuis le lieu où il réside, *"sa montagne sacrée"*.

Cette expression appelle trois éclaircissements. Le premier concerne le vocable de "sacré" car dans de nombreuses bibles l'on rencontrera celui de "sainte". Aussi, pourquoi avoir opté pour cette traduction ? Le second tient à "montagne". Quelle est cette montagne ? Et enfin, pourquoi y faire référence ?

Le terme hébreu correspondant à "sacré" est celui de קָדְשׁ (kodéche). Il est toujours assez délicat à interpréter, car il est employé aussi bien pour dire la sainteté, par exemple, celle de Dieu, que pour déclarer qu'une chose est sacrée. Ainsi en Lv 11,45 ou en Ex 28,2 :

> *Lv 11,45 - Car c'est moi le Seigneur celui qui vous a fait monter du pays d'Égypte pour être votre Dieu et vous serez saints, car moi je suis saint.*

> *Ex 28,2 - Et tu feras des vêtements sacrés pour Aaron, ton frère, signe de gloire et de majesté.*

En effet, l'hébreu ne dispose pas, comme nous, de deux termes différents pour exprimer chacune de ces notions. Dès lors, une confusion surgit assez souvent, pour ne pas dire très souvent, car si le sacré renvoie au profane et donc à la séparation, le saint, lui, s'oppose au vice et au péché et donc s'inscrit dans le retour à Dieu ou au prochain qu'opère le pardon. Ainsi du cri d'Isaïe au chapitre VI. Face au "Saint, saint, saint" que chantent les séraphins dans le Temple de Jérusalem, c'est bien sa faute et non pas la manifestation de la puissance divine, qui le plonge dans l'effroi.

> *Is 6,5 - Puis je dis : Malheur à moi, je vais périr, car je suis un homme aux lèvres impures et j'habite au milieu d'un peuple aux lèvres impures et mes yeux ont vu le roi, le Seigneur des armées.*

Et si un doute pouvait persister, la réponse à ce cri vient lever toute équivoque au travers du charbon brûlant posé sur ses lèvres :

> *Is 6,7 - Il m'en toucha la bouche et il dit : "Voilà, ceci a touché tes lèvres, ta faute est écartée et ton péché est expié"*

La sainteté de Dieu se manifeste donc dans sa miséricorde et dès lors l'appel à la sainteté de l'homme est une invitation à ce qu'il se fasse miséricordieux. Le Christ en disant, à la suite des Béatitudes lucaniennes, *"Soyez miséricordieux comme votre Père est miséricordieux"* (Lc 6,36) ne dit pas autre chose, et ce à l'instar du livre du Lévitique qui conviait chaque Israélite à être saint : *"Soyez saints, car moi le Seigneur votre Dieu je suis saint"* (Lv 11,45 ; 19,2).

On comprendra donc que qualifier une montagne de sainte revient à lui accorder les attributs divins et humains du pardon et de la miséricorde, ce qui convenons-le est pour le moins assez étrange pour un fidèle du Seigneur comme le psalmiste.

En revanche, utiliser le terme de sacrée revient à la considérer comme un lieu mis à part, un lieu qui se distingue du monde profane car empli de la présence de Dieu et que l'homme ne peut fouler négligemment, tout comme la terre qui entourait le buisson ardent à l'Horeb :

> *Ex 3,5 - Et il dit : "Ne t'approche pas d'ici, ôte tes sandales de tes pieds, car le lieu où tu te tiens est une terre sacrée".*

Que dans certaines circonstances nous soyons amenés à reconnaître un monde profane pénétré par le péché qui s'oppose à la résidence de Dieu toute emplit de sa sainteté est un autre sujet qui n'est pas, ici, exprimé comme tel.

Ces précisions étant faites, qu'en est-il de cette montagne sacrée ? On comprendra aisément que retrouver la formule "montagne sacrée" dans la Bible n'est pas très facile eu égard au fait que les traducteurs ont une tendance très marquée à employer les adjectifs "saint" ou "sainte" en lieu et place de "sacré" ou "sacrée". Sous cette réserve, l'on trouvera cependant assez de références pour s'apercevoir que cette montagne est celle de Sion. En effet, le lieu de résidence du Seigneur est soit cette montagne soit les cieux comme en témoignent ces quelques versets bibliques :

> *Ps 103,19 - Le Seigneur a installé son trône dans les cieux et sa royauté domine sur tout.*

> *Ps 33,13 - Depuis les cieux le Seigneur regarde. Il voit tous les fils des hommes*
> *Ps 33,14 - Depuis l'endroit où il habite, il observe tous les habitants de la terre.*

> *Jl 4,17 - Et vous saurez que moi, je suis le Seigneur, votre Dieu, demeurant à Sion, sa montagne sacrée. Jérusalem sera sacré et les étrangers ne la traverseront plus.*
>
> *Ps 15,1 - Psaume de David. Seigneur, qui séjournera dans ta tente ? Qui demeurera sur ta montagne sacrée ?*

Rappelons que le mont Sion originel se trouvait entre la vallée du Cédron à l'est de la ville de Jérusalem et la vallée du Tyropoéon à l'ouest. Ce n'est que durant les premiers siècles de notre ère que le nom fut transféré à la colline située entre la vallée du Tyropoéon et la vallée de Hinnom.

Sur ce promontoire était établie une forteresse, tenue par les Jésubites, dont David s'empara et dans laquelle il s'installa.

> *2S 5,6 - Le roi et ses hommes montèrent à Jérusalem, vers le Jésubite qui habitait le pays…*
>
> *2S 5,7 - David s'empara de la forteresse de Sion, la cité de David.*
>
> *…*
>
> *2S 5,9 - David s'installa dans la forteresse de Sion et on appela la ville la cité de David.*

C'est à l'extrémité nord de la crête du Mont Sion, également nommé Mont Morya, là où Abraham se serait rendu pour offrir Isaac en sacrifice, que Salomon construisit le Temple. On trouvera, ci-dessous, une carte indiquant les limites de la ville au début de la période monarchique, étant entendu qu'il ne s'agit que d'un schéma hypothétique. En effet, il ne subsiste aucun vestige de celle-ci et les archéologues s'interrogent toujours sur l'extension réelle de Jérusalem durant les règnes de David et Salomon.

En employant cette expression "montagne sacrée", l'orant faisait donc référence au Temple de Jérusalem, lieu de résidence du Seigneur dans lequel il était très certainement entrain de prier. Aussi, quoi de plus naturel que d'entendre le Seigneur lorsque sa prière monte au sein de sa propre demeure.

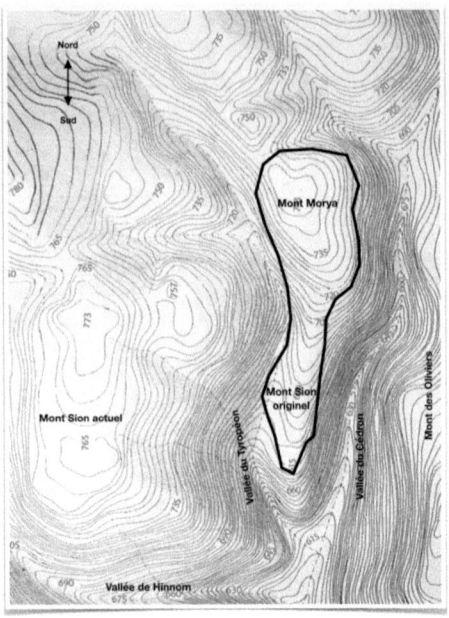

Versets 6 et 7 :

> *Moi, je me suis couché puis j'ai dormi. Je me suis réveillé, car le Seigneur me protège.*
> *Je ne craindrai rien de la multitude du peuple qui de tous côtés s'est mis contre moi.*

Rassuré par l'attitude du Seigneur, l'orant, au travers de l'image de l'endormissement, peut alors s'abandonner à lui en toute sérénité et ceux qui avaient prétendu l'exclure du salut sont désavoués.

L'interrogation à laquelle ce psaume nous avait introduits et engager à méditer commence ici à recevoir sa réponse. Quiconque imaginerait pouvoir disposer du salut de Dieu s'illusionne. Seul le Seigneur, et lui seul, est maître du salut et personne, hormis lui, sauve. On reconnaîtra dans ce texte que le psalmiste exprime la même position que le (ou l'un des) rédacteur du livre de la Consolation :

> *Is 43,10 - Vous êtes mes témoins - Déclaration du Seigneur - et mon serviteur, celui que j'ai choisi afin que vous sachiez et ayez foi en moi et ainsi que vous compreniez que celui-ci c'est moi. Avant moi il ne fut fait aucun dieu et après moi il n'y en aura pas d'autres.*
> *Is 43,11 - Moi, c'est moi le Seigneur et personne en dehors de moi sauve.*

Lève-toi Seigneur

Verset 8 :

> *Lève-toi Seigneur, mon Dieu sauve-moi, car tu frappes tous mes ennemis à la joue, tu fracasses les dents des méchants.*

Si l'orant a entendu la réponse du Seigneur alors cela signifie que celui-ci a accepté d'intervenir en sa faveur. Dès lors, il peut lui faire sa demande : venir combattre ceux qui le poursuivent. Cette sollicitation, il l'exprime par un *"Lève-toi"* qui est très loin d'être unique dans les Psaumes et dans les textes vétérotestamentaires. En effet, nous ne le retrouvons pas moins de soixante-trois fois dont à neuf reprises dans ce livre (Ps 3,8 ; 7,7 ; 17,13 ; 21,14 ; 44,24 ; 74,22 ; 82,8 ; 94,2 ; 132,8). Toutefois cette requête *"Lève-toi Seigneur"* est typiquement psalmique. Car, mis à part Ex 10,35, c'est toujours le Seigneur qui demande à l'homme de se lever (Nb 22,20 ; Ex 8,16 ; Ex 9,13 ; Dt 9,12 ; Jg 7,9 ; Jr 13,4-6 ; Ez 13,22 ; Jon 1,2 ; Jon 3,2).

Cela étant ce verbe "se lever" (קוּם - prononcer koum) mérite quelques précisions. Nous l'avons déjà rencontré au deuxième verset à propos des ennemis. Or, comme nous venons de le voir, soit c'est l'homme qui exhorte le Seigneur à se lever soit c'est le Seigneur qui le lui commande. Aussi, pour lui, l'acte de "se lever" s'inscrit toujours dans une situation de subordination, celle de l'homme désespéré qui appelle le Seigneur à son secours ou celle de Dieu qui le lui ordonne. Celui-ci ne saurait en prendre l'initiative de lui-même sans marquer par cet acte qu'il se conduit indépendamment de Dieu. Si donc les ennemis sont montrés, au deuxième verset, comme "se levant", cela signifie qu'agissant de leur propre initiative, ils s'octroient un privilège qui n'appartient qu'au Seigneur. Leur comportement se précise alors. Non seulement ils décident du salut mais ils s'arrogent également la prérogative d'user des attributs d'autorité propre au Seigneur. Par ce "lève-toi" nous atteignons le sommet du conflit. Celui-ci ne se présente plus simplement comme la poursuite d'un homme par une troupe d'assaillants mais à l'égal d'une agression envers le Seigneur. C'est donc à lui que ces individus auront à répondre de leurs actes et à lui qu'il revient de les frapper.

Les expressions "frapper sur la joue" et "casser les dents" sont rares dans les textes bibliques, quatre occurrences pour "frapper sur la joue" (1 R 22,24 ; Is 50,6 ; Mi 4,14 ; Jb 16,10) et deux pour "casser les dents" (Ez 23,24 ; Ps 58,7). Si cette demande peut nous heurter, cela tient à ce que nous la lisons de manière littérale. En effet, ces deux expressions possèdent un sens métaphorique qu'il est nécessaire d'éclairer si nous voulons comprendre les intentions du psalmiste en les mettant dans la bouche de l'orant.

Frapper sur la joue est toujours lié à une insulte que ce soit pour offenser quelqu'un ou en réponse à une injure. Ainsi lors de l'entretien entre Miché et le roi Achab, en 1 R 22,24. Ce dernier trouvant insupportable la parole du prophète, l'un de ses conseillers, Tzidqiyahou, le gifle au visage. Ou bien chez Job qui vit dans la douleur et la révolte les malheurs qui le frappe :

> *Jb 16,9 - Sa colère me déchire et il me hait. Il grince des dents contre moi. Mon adversaire porte sur moi ses yeux tranchants.*
> *Jb 16,10 - Ils ouvrent leur bouche (comme pour me dévorer). En m'insultant, ils frappent mes joues. Ensemble, il se regroupent contre moi.*

En invitant le Seigneur à gifler les ennemis de l'orant, le psalmiste veut signifier à ce dernier que les assaillants n'injurient pas simplement cet homme en prière mais lui-même et donc qu'il ne saurait rester insensible à leur attitude.

Pour comprendre l'expression "casser les dents", il faut préciser l'imagé de la métaphore de la dent. Si les dents sont ce qui permet à l'homme de manger et, pour les animaux, de déchirer leur proie (Dt 32,24 ; Jl 1,6) alors elles sont l'image de ce qui détruit c'est-à-dire des armes et c'est d'ailleurs le plus souvent à elles qu'elles sont comparées :

> *Ps 57,5 - Moi je suis couché au milieu des lions, ceux qui détruisent par le feu les fils d'Adam. Leurs dents sont une lance et des flèches. Leur langue une épée tranchante..*
>
> *Pr 30,14 - Génération dont les dents sont des glaives et les mâchoires des couteaux afin de dévorer le pauvre de la terre et l'indigent du genre humain.*

Métaphore des armes, "casser mes dents" signifie donc "briser les armes". Il ne s'agit plus de détruire l'ennemi en lui faisant subir différentes atteintes à son intégrité corporelle, mais de le désarmer, lui ôter ces armes dont il use à l'encontre de l'orant en les brisant. Celles-ci, on l'aura compris, sont à leur tour une nouvelle métaphore qu'il va falloir éclairer.

Verset 9 :

> *Le salut vient du Seigneur, sur ton peuple (vienne) ta bénédiction. Pause.*

La conclusion tombe alors. Cette requête de salut que nous avions vu s'ébaucher dans la demande de l'orant se révèle, pour ainsi dire, au grand jour mais surtout le psalmiste lève le voile sur son origine. Le salut vient de Dieu et de lui seul.

Dès lors, cette prière loin de nous renvoyer au cri d'un homme inquiet pour sa survie face une troupe d'individus malveillants, en qui certains verront même des "gens de guerre", nous invite avant tout à méditer sur le salut, le salut comme béatitude de l'homme et don de Dieu.

À propos des ennemis

Nous voici donc arrivés au terme de la lecture de ce Psaume et pourtant avant de clore celle-ci, une question reste en suspens. Qui sont vraiment ces ennemis ? Se dispenser d'y répondre risquerait bien de donner à ce parcours un goût d'inachevé et cela d'autant plus que ces derniers se retrouvent à de nombreuses reprises dans les psaumes suivants.

Si nous mettons à part l'ennemi au sens du pays ou de la nation auquel nous sommes opposés en temps de guerre, cette interrogation peut se décliner selon différentes perspectives. C'est le plus souvent, dans l'ordre de la vie ordinaire, celui qui veut nous nuire, ou à qui nous voulons faire obstacle, quelles qu'en soient les raisons, des plus légitimes aux plus basses. C'est typiquement le cas dans certaines relations d'affaires ou de pouvoir, ou encore dans les rapports amoureux. Mais quittant cet ordre commun et nous élevant à des notions plus générales, ce peut être celui qui déteste une valeur, ainsi parlera-t-on de l'ennemi du peuple, de la démocratie ou de la religion. Enfin, dans un champ plus métaphorique, c'est l'expression de l'incompatibilité entre deux choses. On dira ainsi que l'eau est ennemie du feu, les rides de la beauté, l'obscurité de la clarté.

Aussi, en disant que quelqu'un est notre ennemi c'est signifier qu'il est, selon l'angle sous lequel nous le regardons, celui qui nous cause du tort, dont nous ne supportons pas la présence et dont la nature s'oppose à la nôtre. Ces trois attitudes sont rarement exclusives l'une de l'autre car il est bien rare que nous n'ayons pas en aversion celui qui nous nuit et que nous jugeons sa nuisance à l'aune de la manière dont nous le considérons. Nous sommes ainsi renvoyés aux trois dimensions de cette notion : existentielle, relationnelle et substantielle. Comprendre ce qu'est un ennemi, c'est donc évaluer le regard que nous portons sur chacune d'elles.

Notons cependant que si celui-ci est une personne, elle n'est pas nécessairement extérieure à nous-mêmes. Combien de fois dans la vie, n'avons-nous pas fait l'expérience de l'action de celui qui demeurant dans les replis de notre être, nous fait sentir sa présence au travers du remords, de la honte ou du repentir. N'est-il pas comme le disait Saint Paul, celui qui nous fait faire ce que nous ne voulons pas et ne nous fait pas faire ce que nous voudrions ? Il s'en suit que dans ce Psaume, l'élucidation de sa nature ne peut se limiter à la recherche de l'identité de quelqu'un ou d'un groupe d'individus qui pourraient porter tort à l'orant mais doit s'étendre également à cet ennemi intérieur contre lequel, souvent, nous sommes plus désarmés que vis-à-vis de celui qui se dresse en face de nous.

À la recherche de l'ennemi qui fait face à l'orant

Que sait-on d'eux ? Outre qu'ils sont nombreux, le texte nous révèle que l'hostilité qui caractérise leur relation à l'orant tient au salut de Dieu. Dans ces conditions, il n'y a guère à chercher du côté de ceux qui seraient motivés par la jalousie ou l'ambition, de gens qui en voudraient à la réussite de l'orant.

Toutefois, et le verset introductif à propos de David permet de l'entrevoir. À côté de cette question du salut il y a celle du pouvoir. Mais de quel pouvoir s'agit-il ? Celui qui empoisonne la relation entre l'orant et l'ennemi ou bien celui de Dieu ? Mais si c'est celui du Seigneur, de l'exclusivité de son salut comme le déclare le dernier verset alors ce conflit qui traverse le rapport de l'orant avec ses ennemis est également un différend qui les opposent au Seigneur. Dès lors, l'on ne saurait trouver leur identité sans rechercher ceux qui le sont aussi de Dieu.

Qui donc s'oppose au Seigneur ?

Les écrits vétérotestamentaires ne laissent à ce sujet guère d'ambiguïtés. Il y a d'abord, que ce soit dans les livres historiques ou prophétiques, ceux qui rejettent ou dédaignent le Seigneur, en un mot les idolâtres. Ces derniers, outre que par leurs paroles et leurs actes ne cesse de l'outrager, ils manifestent de surcroît leur refus de reconnaître sa souveraineté et donc son pouvoir tant sur le monde que sur le salut de l'homme. Rejet allant même jusqu'à que certains disent : *"Dieu n'existe pas"* même si cette formule doit être replacée dans le contexte culturel et religieux de l'époque.

> *Ps 14,1 - Du chef de chœur, de David.*
> *L'insensé a dit dans son cœur : "Dieu n'est pas". Ils sont corrompus. Ils font des actes abominables. Aucun d'eux ne fait ce qui est bon.*

Mais même si cela était le cas, il ne serait donc pas étonnant qu'ils puissent dire *"Pour lui il n'y a pas de salut en son Dieu"* mais, comme nous l'avons vu, ce n'est pas le cas !

L'on pourrait alors penser que ce sont des "méchants". Mais eux aussi se sont détournés du Seigneur. Dès lors, comment pourrait-il juger du salut de l'orant dans la mesure où pour eux-mêmes celui-ci leur est indifférent ? En effet, si le Seigneur revêtait quelques importances à leurs yeux c'est qu'ils auraient déjà pris conscience de leur comportement agressif à l'égard d'autrui et, de fait, ils seraient rentrés dans une logique de repentir les amenant nécessairement à reconsidérer leur rapport au salut de Dieu. Pouvaient-ils dans ses conditions dire à l'orant « *Pour lui, il n'y a aucun salut en Dieu* » ? Certainement pas.

À cela se rajoute le fait que l'on ne comprend pas très bien qu'est-ce qui pourrait motiver ces individus à pourchasser l'orant ? Rien n'est dit des griefs qu'ils lui portent hormis cette question du don du salut. À moins que nous voyons dans l'orant un homme comparable à Jérémie chez qui nous avons pu trouver une clé de lecture de la douleur qui le traverse. Dans ces conditions serait-il poursuivi à cause de la proclamation de sa fidélité au Seigneur et pour la dénonciation de la folie peccamineuse de ses semblables ? Mais un tel homme serait-il un individu ordinaire ? Ce n'est pas certain. Aurait-il l'envergure du prophète d'Anatoth ? Mais si encore tel était le cas, s'il partageait cette dimension prophétique avec lui, qu'aurait-il alors besoin pour s'adresser au Seigneur d'une prière toute faite ? N'aurait-il pas le mot juste qui bouleverserait le Seigneur et le ferait se lever pour le défendre contre ses détracteurs ?

Non, l'orant est un homme ordinaire qui, comme nous tous, dans la prière, a la bouche empâtée, se sentant incapable de trouver le mot correct pour exprimer son désarroi au Seigneur. Il en appelle alors à une parole autorisée, là où son Dieu demeure, pour espérer être entendu. Mais dès lors qui peut bien prétendre s'opposer au Seigneur, être son ennemi, refuser son pouvoir tout en reconnaissant son existence, sans se manifester physiquement tels des adversaires en chair et en os, si ce n'est le péché ? Mais dans ces conditions l'ennemi n'est plus extérieur à l'homme et les poursuivants de l'orant ne sont autres que la métaphore de ce péché qui le pourchasse, l'assaille ne le laissant ni respirer ni dormir et dont le nombre l'affole.

Du désespoir à la paix du cœur

Le drame de l'orant se précise alors. Conscient de la multitude de ses péchés, il se décourage en ne voyant aucune issue pour échapper à cet ennemi insidieux qui à chaque occasion tombant sur lui, comme en embuscade, le terrasse à chacun de ses assauts, le détruisant petit à petit, jour après jour, de manière irrésistible.

Que lui reste-t-il à faire ? Se pensant sans doute trop loin du Seigneur pour qu'il entende son cri ou perçoive son désarroi, il vient à sa maison, son Temple, et là il espère, étant tout proche de lui, sur sa montagne sacrée, que sa plainte arrivera jusqu'à ses oreilles ? Les prêtres l'inviteront alors, au travers de ce psaume, à s'adresser à lui, peut-être même que l'un d'eux l'y aidera en le faisant répéter les paroles que lui-même ne sait pas déchiffrer. Le disant à haute voix mais également en le murmurant et le ruminant en lui-même à l'instar de l'homme heureux du Psaume 1, il découvrira d'abord, à la lumière de l'Écriture qu'il n'est pas le seul à avoir traversé un tel découragement. Qu'il sache qu'avant lui Jérémie a vécu ce même abattement et que le Seigneur ne l'a jamais abandonné. Qu'il relise le livre de la Consolation, ou l'entende lire, et il trouvera la confirmation que seul Dieu détient le pouvoir du salut. Aussi, tout comme le prophète d'Anathot avait découvert la preuve éclatante de sa présence dans cette brûlure qui lui montait dans les os, de même la douleur qui l'avait saisi lui attestera que le Seigneur ne l'a jamais quitté et qu'il suffit de lui parler pour qu'il réponde car il ne délaisse jamais celui qui est torturé par ses péchés.

Il ne doit donc pas être épouvanté, il peut se coucher et s'endormir en toute sérénité sans être hanté par la crainte de tomber à nouveau, l'essentiel est qu'il s'en remettre au Seigneur, car c'est à la mesure de la confiance qu'il placera en lui qu'il verra s'ouvrir ou se fermer les portes de sa béatitude salutaire.

Psaume 4

1 לַמְנַצֵּחַ בִּנְגִינוֹת מִזְמוֹר לְדָוִד:

2 בְּקָרְאִי עֲנֵנִי אֱלֹהֵי צִדְקִי בַּצָּר הִרְחַבְתָּ לִּי חָנֵּנִי וּשְׁמַע תְּפִלָּתִי:

3 בְּנֵי אִישׁ עַד־מֶה כְבוֹדִי לִכְלִמָּה תֶּאֱהָבוּן רִיק תְּבַקְשׁוּ כָזָב סֶלָה:

4 וּדְעוּ כִּי־הִפְלָה יְהוָה חָסִיד לוֹ יְהוָה יִשְׁמַע בְּקָרְאִי אֵלָיו:

5 רִגְזוּ וְאַל־תֶּחֱטָאוּ אִמְרוּ בִלְבַבְכֶם עַל־מִשְׁכַּבְכֶם וְדֹמּוּ סֶלָה:

6 זִבְחוּ זִבְחֵי־צֶדֶק וּבִטְחוּ אֶל־יְהוָה:

7 רַבִּים אֹמְרִים מִי־יַרְאֵנוּ טוֹב נְסָה־עָלֵינוּ אוֹר פָּנֶיךָ יְהוָה:

8 נָתַתָּה שִׂמְחָה בְלִבִּי מֵעֵת דְּגָנָם וְתִירוֹשָׁם רָבּוּ:

9 בְּשָׁלוֹם יַחְדָּו אֶשְׁכְּבָה וְאִישָׁן כִּי־אַתָּה יְהוָה לְבָדָד לָבֶטַח תּוֹשִׁיבֵנִי:

Psaume 4

1 Du maître de chœur, avec instruments à cordes, psaume de David.

2 Quand je crie, réponds-moi, Dieu de ma justice.
Dans la détresse, tu m'as fait me détendre, fais-moi grâce et entends ma prière.

3 Fils d'homme, jusqu'où ma gloire sera-t-elle une honte ? Jusqu'où aimerez-vous le vide, chercherez-vous le mensonge ?

4 Sachez que le Seigneur met à part celui qui lui est fidèle.
Le Seigneur entend quand je crie vers lui.

5 Tremblez et n'allez pas à la perdition. Sur votre lit, parlez dans votre cœur, puis taisez-vous. Pause.

6 Offrez des sacrifices de justice et faites confiance au Seigneur.

7 Ils sont nombreux ceux qui disent "Qui nous fera voir ce qui est bon ?". Fais lever sur nous la lumière de ta face, Seigneur.

8 Tu as mis plus de joie en mon cœur qu'au temps où leur blé et leur moût étaient abondants.

9 En même temps que je me couche en paix, je m'endors car toi seul Seigneur, tu me fais demeurer en sécurité.

Lecture du Psaume 4

1 - La suscription, à propos des instruments de musique - verset 1
2 - La supplique de l'officiant - verset 2
3 - La réprimande aux fils d'homme - verset 3
4 - Exhortation à la conversion - versets 4 à 6
5 - L'action de grâce - verset 7
6 - La joie de l'officiant face à la conversion - versets 8 et 9

Ce psaume a souvent été compris comme l'action de grâce d'un homme qui ayant bénéficié durant tout le jour de la protection du Seigneur, se couche, pour la nuit, plein de confiance, sachant que sa présence écarte de lui tout danger. Aussi, il sera parfois utilisé pour l'oraison du soir.

Or, cette interprétation, pour satisfaisante qu'elle puisse paraître à certains, ne nous semble pas rendre compte du texte. En effet, nous voudrions montrer que sa visée est bien différente. Comme nous allons le voir, il présente tous les signes d'une prière faite dans le cadre d'une liturgie pénitentielle durant laquelle le célébrant, après avoir engagé les fidèles à reconnaître leurs péchés, les invite à se tourner vers le Seigneur pour retrouver la paix et la sécurité par le recueillement et un sacrifice de justice. Il diffère donc de manière très substantielle du psaume précédent car, il ne s'agit plus de la supplication d'un homme effrayé par ses fautes mais d'une demande de pardon médiatisée par un prêtre.

Afin de faciliter sa lecture, il nous a paru préférable d'en exposer le plan. On y distingue deux fois deux temps séparés par une pause méditative.

Dans le premier verset (verset 2) l'officiant implore le Seigneur d'entendre sa prière et de lui faire la grâce de l'exaucer. Toutefois, à partir du verset 3, son interlocuteur change, il ne s'adresse plus à son Dieu, mais à des "fils d'homme", c'est-à-dire à l'assemblée des fidèles, dont il nous révèle l'impiété sous forme d'une vive réprimande à propos de leur comportement et qui se termine par une exhortation les invitant à délibérer intérieurement sur leur péché (versets 3, 4 et 5). Au terme d'un temps de silence et de recueillement, l'officiant les incite alors à manifester leur conversion au Seigneur par un sacrifice de justice et une déclaration de confiance sereine (verset 6). Puis à partir du verset 7, il se tourne à nouveau vers le Seigneur car, les pénitents ayant fait preuve de leur repentir, il peut entonner une action de grâce dans laquelle il l'implore de leur accorder de faire briller sur eux la lumière de ses faces. Confiant dans l'exaucement de cette demande, il peut alors déclarer qu'ayant vu se manifester son salut par la contrition des fidèles, eux et lui peuvent dorénavant s'endormir en toute quiétude, car dans cette paix nouvelle qui règne maintenant dans leur cœur, ils ont trouvé leur propre joie et la sécurité. Le schéma est donc le suivant :

> *# 1 Supplique de l'officiant*
> *(officiant => Seigneur)*
> *# 2 Réprimande de l'officiant*
> *(officiant => Assistance)*
>
> *Pause méditative*
>
> *# 3 Exhortation à la conversion*
> *(officiant => Assistance)*
> *# 4 Action de grâce finale*
> *(officiant => Seigneur)*

La suscription, à propos des instruments de musique

Verset 1 :

> *Du maître de chœur, avec instruments à cordes, psaume de David.*

Ce psaume s'ouvre sur un incipit peu fréquent. En effet si, souvent, ils sont simplement introduits par la formule *"Psaume de David"* (Ps 15; 23; 25; 26; 29...) ou *"Au maître de chant, psaume de David"* (Ps 13; 31; 41...), parfois, comme ici, elle est plus développée par l'indication d'un instrument de musique ou, encore plus rarement avec la mention de l'air sur lequel il doit être psalmodié (Ps 9 ; Ps 22...).

Ps 22,1 - Du maître de chœur sur "La biche de l'aurore". Psaume de David.

La musique qui accompagnait les Psaumes, et plus généralement la récitation des textes bibliques, ne nous est pas parvenue. Ce n'est qu'au siècle dernier qu'une musicologue française, Suzanne Haïk-Vantoura (1912-2000), a proposé une solution à son déchiffrement à partir de certaines annotations figurant dans le texte massorétique. Si son travail a reçu un accueil favorable, certains spécialistes émettent cependant des réserves sur la reconstitution qu'elle a envisagée.

Cela étant, les écrits vétérotestamentaires nous permettent d'identifier un assez grand nombre d'instruments.

Parmi ceux à cordes, on distingue le nevel (נֶבֶל) et le kinor (כִּנּוֹר) qui sont des sortes de cithare ou de lyre que l'on rencontre, citées ensemble, en Ps 150,3 :

Ps 150,3 - Louez-le au son du cor (chofar). Louez-le avec la cithare (nevel) et la lyre (kinor).

Puis deux harpes, la néginah (נְגִינָה) qui est mentionnée dans notre Psaume et la chémini (שְׁמִינִי) qui semble, du fait de son nom, posséder huit cordes (Ps 12,1 ; Lv 25,22 ; 1 Ch 15,21). On rencontre également au Psaume 150,4 le מֵן (méne) que certains assimilent à un luth.

Au nombre des instruments à vent, on reconnaît deux sortes de flûtes, l'hougave (וּגְבַע - Ps 150,4 ; Jb 21,12 ; Ps 150,4) et le ralil (חָלִיל - 1 R 1,40 ; Jr 48,36) puis la trompette, c'est-à-dire la ratzotzerah (חֲצוֹצְרָה - Ch 20,28), la trompe ou yovel

(יוֹבֵל - qui signifie également le bélier - Ex 19,13 ; Is 27,13) enfin le cor, dit chofar (שׁוֹפָר - Lv 25,9 ; Jos 6,20 ; Is 25,13 ; Ez 33,3 ; Jl 2,1).

Pour les percussions, on rencontre le tof (תֹף - Ps 81,3) ou tambourin et les cymbales, les metzilétayim, (מְצִלְתַּיִם – Ps 150,5 ; 2 Ch 5,13).

> Ps 150,4 - Louez-le avec tambourin (tof) et danse. Louez-le avec le luth (méne) et la flûte (hougave).

> 2 Ch 5,13 - Et voici qu'ensemble, les sonneurs de trompette et les chantres firent entendre une seule voix pour louer et célébrer le Seigneur. Puis comme s'éleva le son des trompettes, des cymbales et des instruments (pour) le chant, on loua le Seigneur car il est bon, car éternel est sa fidélité. Alors la maison fut emplie par la nuée de la maison du Seigneur.

Il faut également citer le nériloth (נְחִלוֹת) qui est peut-être une sorte de flûte, mais rien n'est assuré. En effet, cet instrument ne se rencontre qu'une seule fois au Psaume 5. Puis pour terminer cette liste, la guittith (גִּתִּית) qui est mentionnée en Ps 8,1 ; 81,1 et 84,1. À propos de cette dernière, si certains pensent qu'il s'agit d'un instrument de musique, d'autres y voit une mélodie chantée lors des vendanges et, d'autres encore, "un pressoir", car le vocable גַּת (gat, les deux premières lettres hébraïques de guittith sont identiques) signifie pressoir pour le raisin. Nous reviendrons sur ce terme au cours de notre lecture du Psaume 8.

La supplique de l'officiant

Verset 2 :

> Quand je crie, réponds-moi Dieu de ma justice. Dans la détresse tu m'as fait me détendre, fais-moi grâce et entends ma prière.

L'en-tête est immédiatement suivi par un verset en forme d'appel. Celui-ci est constitué de trois membres : deux exhortations qui invitent le Seigneur à répondre aux cris de l'officiant qui encadrent le souvenir de l'une de ses interventions, sans doute à l'occasion d'une cérémonie pénitentielle passée.

Le premier des trois fait référence à la justice. Même si l'évocation de la justice de Dieu est fréquente dans l'Ancien Testament, cette expression *"Dieu de ma justice"* est unique. Nous n'entrerons pas dans une analyse détaillée de ce vocable, d'autant que celui-ci étant particulièrement bien représenté dans les Psaumes, il suffit de les parcourir avec un peu d'attention pour progressivement enrichir et nuancer son acception. En effet, sur les cinq cent quatre occurrences du verbe (צדק - tsadak), de l'adjectif (צַדִּיק - tsadik) et des deux substantifs (צְדָקָה - tsédaka et, צֶדֶק - tsédek), cent trente-sept se trouvent dans les Psaumes.

Ce mot est délicat à définir car, s'il renvoie toujours, que ce soit de manière directe ou indirecte, au champ juridique, selon les conditions dans lesquelles il est employé, il est l'objet de variations de sens parfois très significatives. Il y a d'abord lieu de différencier la justice de Dieu de la justice des hommes.

Très schématiquement, il est possible de dire qu'Israël distingue, dans l'ordre juridique relevant des hommes, entre la justice en termes de droit et la justice en termes d'attitude. Bien que rien ne soit systématique, dans le premier cas, il usera du terme de מִשְׁפָּט (michepate) et, dans l'autre, celui de tsédaka. Ainsi, la michepate réfère plus généralement au droit (Dt 10,18), aux commandements, à la cause à juger et même au procès, alors que la tsédaka renvoie à une attitude de vie, celle de l'homme dont le comportement et les paroles sont vrais, justes et conformes à ce que le Seigneur attend de ses fidèles. Aussi, autant la première est extérieure à l'homme et s'impose à lui, autant la seconde lui est intérieure et sa mise en œuvre se fait de sa propre initiative : "il fait justice". Le verset 3 du Psaume 106 fait bien ressortir cette distinction avec les deux verbes "garder" et "faire".

> *Ps 106,3 - Heureux celui qui garde le droit (michepate), celui qui fait justice (tsédaka) en tout temps.*

L'homme "garde" le droit que la tradition juridique d'Israël lui a transmis, en revanche, il "fait" œuvre de justice envers ceux qui l'entourent selon la foi qui l'anime.

Le même type de nuance se retrouve en Is 32,1 avec, d'une part, le roi perçu comme celui qui, régnant avec justice, "fait la justice" et, d'autre part, ses vassaux ou gouvernants qui en sont ses dépositaires et qui l'appliquent selon ses instructions.

> *Is 32,1 - Alors le roi régnera avec justice et les chefs gouverneront selon le droit.*

Cela étant, cet écart doit être relativisé car souvent ces deux vocables entretiennent une telle proximité de sens qu'il est bien difficile de départager leur signification respective. Cela tient au fait que l'homme considéré comme juste (tsadik) est celui qui met en œuvre ce qu'exige la michepate. Dès lors, la tsédaka, au travers de ce respect des ordonnances divines, va se confondre avec l'attitude religieuse de celui qui est fidèle aux commandements du Seigneur et pourra devenir synonyme de foi. Ce sera d'ailleurs ce vocable de tsédaka qui sera employé à propos de la foi d'Abraham :

> *Gn 15,6 - Abraham mit alors sa confiance dans le Seigneur et il lui compta cela comme justice.*

Qu'en est-il de la justice de Dieu ? Le sujet est vaste et nous ne saurions avoir la prétention de le traiter en quelques lignes. À grands traits la situation se présente de manière à peu près similaire à celle que nous venons d'évoquer à propos de la justice dans le champ humain. Ainsi en Is 5,16 où la michepate est étroitement liée à la puissance de Dieu, c'est-à-dire à son pouvoir de juger tandis que sa tsédaka se manifeste dans sa sainteté.

> *Is 5,16 - Le Seigneur des armées sera exalté par sa "michepate" et le Dieu saint sanctifié par la "tsédaka".*

Or, comme nous l'avons vu en commentant le verset 5 du psaume précédent, à propos du Trisagion d'Isaïe (Is 6,3), la sainteté de Dieu est d'abord une puissance de pardon et c'est dans cette grâce qu'il affirme sa sainteté à ceux qui se tournent vers lui. Dès lors, si sa tsédaka sanctifie le Seigneur, alors c'est dans sa tsédaka que se manifeste sa miséricorde. Ainsi, nous pourrions en conclure que la michepate de Dieu condamne et sa tsédaka pardonne mais, là encore, la prudence s'impose. La situation n'est pas toujours aussi tranchée comme le montre ces versets d'Osée où il semble bien que la justice renvoie à la fidélité et le droit à la miséricorde :

> *Os 2,16 - C'est pourquoi, moi en la séduisant, je vais la conduire au désert et je parlerai à son cœur.*
>
> ...
>
> *Os 2,21 - Je te fiancerai à moi pour toujours et je te fiancerai à moi en justice et en droit, en fidélité et en miséricorde.*

Cela étant, en nommant Dieu, "Dieu de ma justice", il s'agit moins d'en appeler au Seigneur face à une iniquité, de l'exhorter à rétablir un droit qui aurait été bafoué, que de le supplier de témoigner de sa miséricorde, d'affirmer sa tendresse et, à n'en pas douter, c'est précisément là que la demande de grâce du psalmiste prend toute sa profondeur.

Dans le second membre du verset, nous rencontrons l'expression *"tu m'as fait me détendre"*. Celle-ci mérite quelques explications concernant le verbe רָחַב (rharave) qui signifie "élargir", "agrandir". Il est employé dans trois circonstances. D'abord au sens d'agrandir quelque chose, un territoire (Ex 34,24 ; Dt 12,20) ou sa tente (Is 54,2). Ensuite au sujet de la bouche, où il apparaît à propos de son ouverture en grand (1 S 2,1 ; Ps 81,11) comme pour la bouche de la Shéol[10] qui est outrageusement béante (Is 5,14).

> *Is 5,14 - C'est pourquoi la Shéol ouvre sa gorge démesurément et sa bouche sans limites. Alors sa gloire, sa richesse et son tumulte y descendent et elle jubilera.*

Enfin, dans le cas du cœur, à l'image des liens que l'on relâche pour réduire leur contrainte sur les poignets ou les chevilles d'un prisonnier, il a le sens de desserrer ou détendre la tension née d'une angoisse ou d'une terreur (Ps 119,32 ; Is 60,5). C'est à l'évidence dans ce dernier sens qu'il est employé ici.

---

[10] En hébreux, "Shéol" est un mot féminin et ne saurait se confondre avec l'enfer (mot masculin) tel que nous le connaissons.

> *Ps 119,32 - Je cours (sur) le chemin de tes commandements car tu élargis mon cœur.*[11]
>
> *Is 60,5 - Alors tu verras, tu seras radieuse. Et ton cœur frémira, s'élargira car vers toi sera détourné l'abondance des mers (et) les richesses des nations viendront vers toi.*

Toutefois, et au-delà de la signification de ce verbe, la question qui nécessairement surgit est la raison qui engage, l'officiant, de cette cérémonie, à évoquer cette détente. L'on pourrait répondre qu'il formule, à la place des membres de l'assistance, leur aspiration à s'affranchir de la détresse qu'ils traversent. Pourquoi pas mais alors il faudrait que le temps de ce verbe "détendre" nous renvoie au présent de cette célébration. Or ce n'est pas le cas. Tel qu'il exprime sa demande au Seigneur, il réfère à un passé, dont on saurait dire s'il est proche ou lointain mais en tout état de cause à un événement non actuel. En somme, il ne l'implore pas de soulager les membres de l'assistance de l'épreuve qu'ils endurent mais lui rappelle la compassion dont il avait fait preuve antérieurement et qui, en conséquence, devrait l'engager à ne pas rester sourd à la prière qui va venir. Peut-on aller plus loin ? Probablement pas car, à ce stade, le motif de la requête qu'il évoque à la fin du verset n'est pas précisé et il va falloir attendre qu'il le révèle pour mieux discerner les raisons qui l'on poussé à remémorer cela au Seigneur.

La réprimande aux fils d'homme

Verset 3 :

> *Fils d'homme, jusqu'où ma gloire sera-t-elle une honte ? Jusqu'où aimerez-vous le vide, chercherez-vous le mensonge ?*

Mais alors que nous aurions pu nous attendre à ce qu'il livre la raison qui motive sa supplication, soudain, il change d'interlocuteur. En effet, il se tourne vers des "fils d'homme" pour leur déclarer sans ménagement leur impiété.

---

[11] Rappelons que le cœur est pour l'homme biblique le lieu de la pensée et de l'intelligence à l'image de notre cerveau.

L'expression "fils d'homme" est présente dans un certain nombre de livres bibliques et tout particulièrement chez Ezéchiel, chez Daniel et dans les Psaumes. Toutefois, elle traduit le plus souvent la locution בֶּן־אָדָם (ben-adame) c'est-à-dire littéralement "fils d'adame[12]". En revanche, la tournure que nous rencontrons dans notre psaume בְּנֵי־אִישׁ (béneï-iche) est bien plus rare et, la plupart du temps, comme ici, elle est au pluriel (Ps 62,10 ; Lm 3,33). Sa forme araméenne "bar-énache" se trouve chez Daniel (Dn 7,13).

> *Ps 62,10 - Oui ! Un souffle les fils d'adame, un mensonge les fils d'homme (iche). Sur la balance, s'ils montaient ensemble, ils seraient moins qu'un souffle.*

La signification la plus courante de "iche" est "homme" avec son féminin אִשָּׁה (icha), "femme". "Iche" se rencontre mille neuf cent cinquante-quatre fois dans les livres bibliques et désigne l'homme adulte dans ses dimensions sociohistoriques et tout particulièrement familiales, à la fois membre de la communauté humaine et l'époux de la femme. On le trouvera donc traduit par "mari" ou "époux". C'est d'ailleurs à partir du moment où le "adame" reconnaît la compagne que le Seigneur lui a faite, que le rédacteur du livre de la Genèse le nommera "iche" :

> *Gn 2,23 - Et l'adame dit : voici cette fois les os de mes os, et la chair de ma chair. Pour cela elle sera appelée "femme" (icha), car d'un homme (iche) celle-ci a été prise.*

Dès lors, il pourra signifier "mâle" et son féminin "icha" "femelle".

Mais au-delà du sens de ce vocable, c'est la déclaration qui suit qui est ici importante. Elle est constituée de deux temps. Dans le premier, le psalmiste fait part de la honte dont il est saisi et, dans le second, il désigne l'objet de cette honte, l'amour du vide et l'attirance pour le mensonge.

---

[12] Il y a lieu de ne pas confondre "Adam", qui est un nom propre, et le substantif אָדָם "adame" qui signifie "homme" ou "humain". Voir pour plus de détail le psaume 8.

Pourquoi la gloire de l'officiant serait-elle honteuse ? Pour comprendre cette expression, il faut revenir à ce que l'homme biblique considère comme sa gloire. Nous l'avons déjà rencontrée dans le psaume précédent où le psalmiste déclarait que la gloire de l'homme c'est le Seigneur qui, tel un bouclier, le protège et lui permet, face à ses ennemis, de se tenir la tête haute :

> *Ps 3,4 - Mais toi, Seigneur, tu es pour moi un bouclier, ma gloire et celui qui redresse ma tête.*

Le psaume 62 va, en outre, préciser que si le Seigneur est la gloire de l'homme, celle-ci se trouve auprès de lui.

> *Ps 62,8 - En Dieu mon salut et ma gloire. Le rocher de ma force, mon abri est en Dieu.*

Aussi, la gloire de l'homme ne se conçoit que dans la proximité divine, par laquelle le Seigneur participe de manière active à sa vie, en le protégeant et en lui accordant sa grâce. Et quoique la terre soit remplie de celle de Dieu (Ps 72,19), il ne la confère cependant qu'à ceux qui lui sont fidèles, ceux qui marchent dans l'intégrité :

> *Ps 84,12 - Car le Seigneur est le soleil et le bouclier. Le Seigneur donne grâce et gloire. Il ne refuse pas le bien à ceux qui vont (sur le chemin) de l'intégrité.*

On comprendra dès lors ce sentiment de honte que ces individus suscitent au célébrant. Si la gloire de l'homme procède de la gloire de Dieu, alors le fait de se détourner de lui est un affront à cette gloire. En conséquence, vivant l'attitude de ses frères comme une indignité et une insulte envers le Seigneur et étant, de par sa nature, semblable à eux, il ne peut qu'éprouver une gêne insupportable à son égard.

Comme nous l'avons mentionné un peu plus haut cette déclaration est suivie de deux reproches : le premier relatif à l'amour du vide ou de ce qui est vain et le second au mensonge.

Généralement le goût du rien et du mensonge renvoie à l'idolâtrie comme en témoignent ces versets de Jérémie :

> *Jr 51,17 - Tout homme sans connaissance est stupide, tout fondeur, à cause de sa statue, est honteux, car sa statue de métal (n'est que) mensonge, il n'y a aucun souffle en elle.*
> *Jr 51,18 - Ce sont des choses vaines, des œuvres risibles, au jour du châtiment elles périront.*

Il serait cependant prématuré d'en déduire que le péché de ces fils d'homme est celui de l'idolâtrie, car les vocables employés pour "vain" et "mensonge" ne correspondent pas à ceux que l'on trouve habituellement lorsque celle-ci est évoquée. Ce sont certes des synonymes mais il est prudent de ne pas en tirer une conclusion trop hâtive. La seule chose dont on peut être assuré à ce stade, c'est que la faute de ces hommes relève du dédain de Dieu et du mensonge. Aussi, tout porte donc à penser que la supplique introductive doit les concerner sinon comment comprendre ce changement dans le discours de l'officiant ? Dès lors, l'on saisit également mieux qu'il fasse appel à la justice de Dieu dans sa dimension miséricordieuse eu égard aux péchés de ceux qui se tiennent devant lui.

Exhortation à la conversion

Versets 4 et 5

> *Sachez que le Seigneur met à part celui qui lui est fidèle.*
> *Le Seigneur entend quand je crie vers lui.*
> *Tremblez et n'allez pas à la perdition. Sur votre lit, parlez dans votre cœur, puis taisez-vous. Pause.*

L'exhortation adressée aux fils d'hommes qui suit la réprimande est divisée en deux parties bien distinctes. La première (verset 4) engage à reconnaître la fidélité et la prévenance du Seigneur, la seconde (verset 5) est une invitation à la méditation.

Le verset 4 peut s'interpréter de deux façons différentes selon que l'on attribue le pronom démonstratif "celui" aux "fils d'homme" ou à l'officiant. En effet, dans le premier cas, il encouragera à lire le verbe "mettre à part" comme une promesse à l'adresse des fils d'homme tandis que dans le second, il s'agira de le penser d'une manière pour l'officiant de légitimer son intercession auprès de son assistance. Il paraît donc opportun de commencer par préciser le sens du verbe פלה (pala) "mettre à part".

Celui-ci est assez rare dans les textes vétérotestamentaires. Il ne se rencontre, en tout et pour tout, qu'à sept reprises : quatre fois dans le livre de l'Exode (Ex 8,18 ; 9,4 ; 11,7 ; 33,16) et trois fois dans celui des Psaumes (Ps 4,4 ; 17,7 ; 139,14). En Exode, il réfère à la "mise à part", à la "séparation" du peuple d'Israël de sorte qu'il ne soit pas atteint par trois des dix plaies qui frappent les Égyptiens. Ainsi de la terre de Goshen, sur laquelle vivent les Hébreux, qui n'est pas affectée par l'invasion des moustiques (Ex 8,18), puis de leurs troupeaux qui ne sont pas touchés par une maladie fatale (Ex 9,4), et enfin de cette vague mortelle qui fauche tous les premiers-nés d'Égypte (Ex 11,7). C'est cependant en Ex 33,16 qu'il trouve une intensité tout à fait particulière. Ce verset appartient au passage qui, au Sinaï, relate le dialogue entre Moïse et le Seigneur à propos du départ pour la terre de Canaan juste avant qu'il lui laisse voir sa gloire (Ex 33,18ss). Alors qu'il vient de prescrire à Moïse de "faire monter" son peuple vers la contrée qu'il lui a destinée, ce dernier lui demande qui l'accompagnera dans cette mission, car le Seigneur se refuse à prendre la tête d'Israël. En effet, c'est un peuple "à la nuque raide" (Ex 33,3) et il craint, s'il est en permanence auprès de lui, de ne pouvoir supporter ses multiples infidélités. Mais Moïse insiste en objectant que s'il a bien trouvé "grâce à ses yeux", il ne peut abandonner cette nation qui est "son peuple". C'est là où apparaît l'expression "mise à part" :

> *Ex 33,16 - Et à quoi verra-t-on que moi et ton peuple nous avons trouvé grâce à tes yeux ? N'est-ce pas quand tu marcheras avec nous et que l'on nous distinguera[13] (פלה), moi et ton peuple, de tout peuple qui est à la surface de la terre.*

---

[13] c'est-à-dire que nous serons considérés comme à part.

Le Seigneur, ne pouvant résister à la détermination de Moïse et à son argument selon lequel "il a trouvé grâce à ses yeux", acceptera de marcher à la tête d'Israël.

Moïse réitérera ce même argument de la grâce après l'épisode du veau d'or et le don des secondes Tables de la Loi pour engager le Seigneur à pardonner son peuple :

> *Ex 34,9 - Et il dit : "Seigneur, si j'ai effectivement trouvé grâce à tes yeux, viens s'il te plaît au milieu de nous, car c'est un peuple à la nuque raide, mais tu pardonneras nos fautes et nos péchés et tu feras de nous ton patrimoine."*

En ayant mentionné le fait que le Seigneur lui a fait grâce au verset 2 et en évoquant au verset 4 la mise à part, le célébrant paraît inscrire de manière délibérée sa prière dans celle de Moïse, c'est-à-dire, dans une demande de pardon et, dès lors, vient éclairer le motif de la supplication du verset 2. Ces fils d'homme sont à l'image du peuple hébreu qui s'est détourné du Seigneur. Aussi, à l'instar de Moïse, l'officiant en éprouve honte et colère mais, comme lui, il se sent solidaire de ce peuple et implore donc la miséricorde divine.

Cependant en nous manifestant cette dépendance avec la prière de Moïse, c'est la perception de la mise à part qui, par voie de conséquence, est précisée. Nous l'envisagions comme pouvant s'appliquer aux fils d'homme ou à l'officiant, nous renvoyant ainsi soit à une promesse soit à une légitimation. Mais dans la mesure où ce texte de l'Exode déclare expressément que cette mise à part n'est ni celle de Moïse, ni celle du peuple hébreu, mais celle de l'un et de l'autre, "*moi et ton peuple*" et si l'on reconnaît cette filiation entre notre psaume et l'entretien de Moïse avec le Seigneur, alors cette mise à part doit s'entendre également tant à l'adresse du célébrant qu'à celle des fils d'homme. Cette solidarité que nous avions vue se mettre en place au travers de la honte trouve ici son accomplissement. À l'instar de Moïse qui appartient au peuple hébreu, l'officiant relève pareillement de cette communauté d'hommes pécheurs et assumant, de ce fait, leur condition, il ne peut rester silencieux. Aussi tout en leur criant son déshonneur, il fait monter ce même cri vers le Seigneur, assuré que celui-ci ne demeurera pas insensible à l'amertume qui l'a atteint.

Au premier abord l'expression *"parler dans son cœur"* pourrait ne pas poser de difficultés et nombreux considéreraient, sans doute, pouvoir la commenter aisément. Pourtant, il y a de fortes chances pour que leur discours s'écarte de manière substantielle de la visée de notre auteur. Cela tient au fait que la conception que nous nous faisons de lui diffère significativement de celle de l'homme biblique. Comprenons bien qu'en disant cela, nous ne nous référons pas au cœur matériel, celui dont les contractions périodiques au milieu de notre poitrine, assurent la circulation du sang et manifeste dans ses battements que nous sommes en vie, mais à ce celui qui au sein de nous-mêmes porte nos sentiments et nos affects. Cependant, si, comme nous, l'homme biblique distingue un cœur physique et un cœur "métaphorique", il accorde à ce dernier des rôles bien différents de ceux que nous lui attribuons, car pour lui ses fonctions sentimentales et affectives n'en sont qu'une part mineure. Pour l'homme biblique, celui-ci est avant tout le siège de la pensée et de l'intelligence et remplit la même fonction que celle que nous donnons au cerveau. Ainsi, *"parler en son cœur"* ne renvoie pas à un quelconque propos sentimental, mais à une méditation intérieure, à cette langue intime que nous pratiquons de manière ordinaire lorsque nous pensons. En somme, *"parler en son cœur"*, c'est dialoguer avec soi-même, en un mot réfléchir.

Par cette exhortation à parler en son cœur, l'officiant invite donc les membres de l'assemblée qui sont venus à cette cérémonie pénitentielle à entrer en eux-mêmes et se questionner sur leurs péchés afin de discerner l'impasse dans laquelle ils ont plongé leur existence en s'éloignant de celui qui leur donne la vie. D'autant qu'ils savent que ce recueillement ne sera pas vain, car ils ont appris que lorsque l'on crie vers le Seigneur celui-ci ne reste pas insensible, à l'instar de leurs pères en Égypte qu'il n'avait pas abandonnés en intervenant contre Pharaon, ses chars et ses cavaliers.

La pause (le séla) indiquée à la fin du verset 5 est très probablement la marque de ce temps de méditation et de réflexion.

Verset 6

Offrez des sacrifices de justice et faites confiance au Seigneur

Au terme de ce recueillement silencieux, l'officiant exhorte alors les membres de l'assemblée à s'engager sur un chemin de conversion. Pour cela il les invite à faire un "*sacrifice de justice*" puis à faire confiance au Seigneur.

L'expression "sacrifice de justice" est très rare dans l'Ancien Testament. Rappelons que le code sacrificiel d'Israël, que l'on trouve dans le livre du Lévitique, mentionne cinq grands types de sacrifices. On rencontre d'abord, l'holocauste (Lv 1) dans lequel la victime est entièrement consumée, vient ensuite l'offrande végétale (Lv 2) puis le sacrifice de paix (Lv 3) où les parties grasses de l'animal sont brûlées et sa chair partagée entre les prêtres et l'offrant. Suit le sacrifice pour les péchés (Lv 4-5) dont, comme pour le sacrifice de paix, seules les graisses sont offertes tandis que le reste revient aux prêtres et, enfin, le sacrifice de réparation (Lv 5) qui n'est effectué qu'après avoir remédié au préjudice que l'offrant a fait à son prochain. En revanche, on ne rencontre aucune description du "sacrifice de justice". Toutefois, deux textes, l'un du Deutéronome et l'autre du livre des Psaumes nous livrent quelques indications. Dans le passage du Deutéronome (Dt 33,18-19) consacré à la bénédiction des douze tribus d'Israël par Moïse, lors de ses adieux, nous apprenons que le "sacrifice de justice" est pratiqué par le clan de Zabulon, sur une montagne, au cours d'une assemblée à laquelle la communauté est appelée.

> *Dt 33,18 - Et pour Zabulon il dit : Lors de tes expéditions, réjouis-toi Zabulon et (toi) Issakar sous tes tentes.*
> *Dt 33,19 - Ils appellent les peuples à la montagne, et là ils sacrifient des sacrifices de justice car ils se nourrissent de l'abondance des mers et des réserves cachées dans le sable.*

Il apparaît donc comme un sacrifice collectif probablement assez ancien car, en faisant référence à une montagne, il devait se rapporter à un temps où le Temple de Jérusalem n'avait pas encore acquis le statut de seul lieu agréé par le Seigneur pour les cultes sacrificiels tel que cela ressort de la réforme de Josias (2 R 23).

Le Psaume 51 vient compléter cette description. Il nous fournit deux informations. Il a très vraisemblablement la forme d'un holocauste, c'est-à-dire lorsque la victime, en l'occurrence un taureau, est intégralement consumée (voir ci-dessus) comme le mentionne son verset 21 :

> *Ps 51,21 - Alors tu prendras plaisir aux sacrifices de justice, un holocauste, une offrande que l'on brûle entièrement. Alors monteront, sur tes autels, des taureaux.*

Mais également un sacrifice pratiqué pour le pardon des péchés car, dans ce psaume 51, il s'inscrit dans la repentance de David pour son amour coupable envers Bethsabée et la demande de grâce qu'il adresse au Seigneur :

> *Ps 51,1 - Du chef de chœur, psaume de David.*
> *Ps 51,2 - Lorsque le prophète Nathan vint vers lui alors qu'il était allé vers Bethsabée.*
> *Ps 51,3 - Seigneur fais-moi grâce, selon ta fidélité et selon ton abondante miséricorde efface mes révoltes.*
> *Ps 51,4 - Lave-moi abondamment de mon désordre et purifie-moi de mon égarement.*

Donc, après avoir engagé ces hommes à entrer en eux-mêmes, le célébrant les invite à offrir un sacrifice de justice afin d'inciter le Seigneur à effacer leurs fautes. S'ils avaient encore des doutes sur sa clémence, qu'ils regardent les péchés de leurs pères au désert qui ont adoré un veau d'or comme leur dieu et ils s'apercevront que, bien qu'ils en aient accumulé un nombre considérable, ils ont pourtant trouvé son pardon. Qu'ils tournent également leurs yeux vers David et ils verront que la miséricorde divine ne saurait les abandonner au péché. Aussi, qu'ils s'en remettent à ses conseils, comme leurs pères s'en sont remis à Moïse, qu'ils placent leur confiance dans le Seigneur alors le pardon leur sera accordé au terme de leur sacrifice.

Les choses auraient pu en rester là mais le psaume rebondit par une nouvelle adresse de l'officiant au Seigneur.

L'action de grâce

Verset 7

> *Ils sont nombreux ceux qui disent "Qui nous fera voir ce qui est bon ?".*
> *Fais lever sur nous la lumière de ta face, Seigneur.*

Ce *"Qui nous fera voir ce qui est bon"* résonne alors dans la bouche de l'officiant comme le signe de la conversion de ces hommes qui avaient abandonné le Seigneur. Il peut dès lors se tourner vers lui et l'engager à répondre à leur demande de pardon en faisant lever sur eux la lumière de ses faces.

L'expression *"la lumière de ta face"* est assez rare dans les livres vétérotestamentaires. Elle ne se rencontre essentiellement que dans les Psaumes (Ps 4,7 ; 44,4 ; 89,16 ; 90,8).

> *Ps 44,4 - Car ce n'est pas avec leur épée qu'ils ont pris possession du pays et ce n'est pas leur bras qui les a sauvés mais ta main droite, ton bras et la lumière de ta face car tu trouvais plaisir en eux.*

Il faudrait cependant rajouter à ces occurrences la formule "fais briller ta face" qui lui est très proche (Ps 31,17 ; 67,2 ; Nb 6,24 ; Dn 9,17).

La lumière est un thème important des livres bibliques et apparaît d'ailleurs pas moins de cent quatre-vingt-deux fois dans la Bible de Jérusalem. Rappelons que ce mot de lumière est le premier que le Seigneur prononce en ouvrant l'œuvre de sa Création et par là toute l'histoire du monde.

> *Gn 1,3 - Et Dieu dit : Que la lumière soit et la lumière fut.*
> *Gn 1,4 - Et Dieu vit que la lumière était bonne et Dieu sépara la lumière de l'obscurité.*

Perçue aux origines du monde, elle sera donc comprise comme source de vie :

> *Ps 36,10 - Car auprès de toi est la source de la vie. Dans ta lumière, nous voyons la lumière.*

Aussi nous ne serons pas étonnés qu'elle fût choisie, dans la métaphore "voir la lumière", pour dire la naissance d'un enfant (Ps 58,9; Jb 3,16) :

> *Jb 3,11 - Pourquoi ne suis-je pas mort dès que je fus sorti des entrailles ? Que n'ai-je expiré en sortant du ventre ? ...*

> *Jb 3,16 - Ou bien comme un avorton que l'on aurait enfoui, je ne vivrais pas, comme les nourrissons qui n'ont pas vu la lumière.*

Manifestant la vie, elle est la "lumière des vivants" (Ps 56,4; Jb 33,30) qui s'oppose aux ténèbres de la Shéol (Ps 88,13), ce lieu de mort et d'oubli. Dès lors, c'est par elle que se dissipe l'obscurité et que, par elle, le Seigneur se révèle et donne à voir son salut :

> *Is 9,1 - Le peuple qui marchait dans les ténèbres a vu une grande lumière. Sur les habitants du pays de l'ombre a brillé une lumière.*
>
> ...
>
> *Is 9,3 - Car le joug qui pesait sur lui, le bâton sur son épaule et le gourdin de celui qui l'opprimait, tu les as brisés comme au jour de Madian.*

Mais si cette lumière révèle le salut de Dieu, elle donne à découvrir aussi sa gloire car c'est grâce à elle que l'homme peut contempler son Seigneur. En effet, elle est, à la fois, ce qui, tel un manteau qui l'enveloppe, lui cache ce qu'il ne saurait regarder sans mourir et qui, pourtant, est ce qui le lui fait voir dans toute sa splendeur et toute sa majesté.

> *Ps 103,1 - Bénis-moi Seigneur. Seigneur mon Dieu, tu es grand, revêtu de majesté et de splendeur.*
> *Ps 103,2 - Enveloppé de lumière comme d'un manteau, tu déploies les cieux comme une tenture.*

Ainsi, avec la manifestation de la "lumière de la face", c'est tout ce monde du péché plein de ténèbres et d'obscurité qui est soudain mis à nu. La gloire divine qui, par cette clarté céleste, se répand sur les hommes, leur donne dorénavant à voir toute l'horreur de leurs fautes et donc ce qui est bon. Mais plus que cela, cette lumière, qui se déploie et enveloppe ceux qui se sont tournés vers lui, leur apporte le salut. Ils découvrent ainsi la tendresse miséricordieuse de son pardon dans laquelle le verset 2 nous avait introduits.

La joie de l'officiant face à la conversion

Versets 8 et 9

> *Tu as mis plus de joie en mon cœur qu'au temps où leur blé et leur moût étaient abondants.*
> *En même temps que je me couche en paix, je m'endors,*
> *Car toi seul Seigneur, tu me fais demeurer en sécurité.*

Les deux derniers versets fonctionnent comme la conclusion de cette supplication. L'officiant en est assuré, il a la certitude que le Seigneur ne restera pas sourd à son appel et que ceux avec qui il a prié trouveront cette lumière qui leur fera découvrir son pardon et son salut. Aussi, son cœur peut se remplir d'une joie semblable à celle de ces hommes, toujours inquiets pour leur survie, qui voient rentrer une généreuse récolte de blé et de raisin qui les affranchira de toute disette. Il peut alors se coucher en toute sérénité, les angoisses du lendemain qui le tourmentaient sur son lit à l'entrée de la nuit ne le harcèleront plus. Il peut s'allonger, le sommeil viendra immédiatement car c'est dans le Seigneur qu'il s'endort, en sachant également que cette joie, ce calme et cette paix c'est lui qui les lui donne et ceux avec qui il a prié, les partageront avec lui.

Le psaume précédent nous avait mis devant la question du salut. Il nous avait déclaré que l'homme ne pouvait l'attendre que de Dieu et n'en bénéficierait qu'en lui étant fidèle, en s'abandonnant à lui. Avec celui-ci, nous faisons un pas supplémentaire, un pas à certains égards surprenant, car la problématique est ici complètement inversée. Si l'homme n'a aucun pouvoir sur lui, il dispose, en revanche, d'une force prodigieuse, celle de la prière. En effet, le Seigneur ne peut rester insensible à celle de l'homme qui espère en son salut et quiconque lui demanderait de le manifester, d'autant plus s'il s'agit de celui d'un frère, il ne pourrait lui refuser cette grâce. Ce pas est déterminant car dorénavant l'homme sait que, quelle que soit sa chute, s'il se tourne vers le Seigneur avec confiance et repentir, celui-ci ne demeurera pas indifférent à son désarroi et il peut être assuré qu'il lui prodiguera son pardon.

Le salut

Depuis le début de cette lecture, tant de ce psaume que du précédent, nous avons évoqué le salut à de nombreuses reprises. L'on conviendra que la chose n'a rien de surprenant, car c'est le sujet même de cet ouvrage. En revanche, certains, et à juste raison, pourraient s'étonner que jusque là nous ne l'ayons pas aborder de front, en laissant de côté la perception que s'en fait l'homme biblique. Il paraît temps de remédier à ce manque et c'est donc à lui que nous consacrerons cet excursus au terme de ce psaume.

Celui-ci sera constitué de trois alinéas, le premier concernant les mots hébreux relatifs au salut, le deuxième détaillera son expression dans la foi d'Israël et le troisième tentera de comprendre les perspectives qu'il ouvre dans sa pensée théologique.

Les mots du salut

En parcourant les textes bibliques l'on rencontre essentiellement cinq vocables pour exprimer le salut : le plus connu et le moins polysémique est יָשַׁע (yacha) qui présente cent quatre-vingt-quatre occurrences, le plus fréquent (191 occ.) mais dont le sens est plus large que le précédent est נָצַל (natzal) puis viennent par ordre d'importance numérique גָּאַל (ga'al) présent cent trois fois, פָּדָה (padah) cinquante-huit fois et enfin מָלַט (malate) vingt-huit fois.

Nous essayerons dans les lignes qui suivent de caractériser chacun mais sachant qu'ils présentent cependant une certaine interchangeabilité et que, selon le contexte d'emploi, ce qui les singularise peut être plus ou moins accusé.

Yacha - יָשַׁע

La racine de ce vocable est attestée dans de nombreux noms propres de l'Orient ancien que ce soit dans les royaumes ougarites, nabatéen ou ammorite. Israël n'y échappe pas et on la retrouve dans des noms tels Isaïe יְשַׁעְיָהוּ (Yécha-ahou) ou Osée הוֹשֵׁעַ (Ochéa). Sa grande ancienneté paraît donc fort probable.

Tout porte à penser qu'il tire son origine de "cri", "appel", au sens de cri de détresse. Il paraît donc assez logique qu'il fut employé pour les demandes de secours adressées au Seigneur dans des situations éprouvantes.

> *Jg 3,9 - Et les fils d'Israël crièrent vers le Seigneur. Le Seigneur fit se lever un sauveur (מוֹשִׁיעַ - mochia) pour les fils d'Israël et il les sauva (verbe יָשַׁע). Otniel fils de Qenaz, frère cadet de Caleb.*

> *1 S 9,16 - Demain, à cette même heure, j'enverrai vers toi un homme du pays de Benjamin et tu l'oindras comme guide pour mon peuple Israël et il sauvera (verbe יָשַׁע) mon peuple de la main des Philistins car j'ai vu mon peuple de la main des Philistins car son cri est venu jusqu'à moi..*

Ces deux versets rendent assez bien compte de son sens, d'autant que, comme ici, il renverra souvent à un danger militaire, celui d'un adversaire qui cherche à asservir Israël.

Généralement, à la suite, il sera assorti d'une demande de victoire dans la bataille qui se profile. Dès lors ce salut connotera le plus souvent la réussite et le succès face à une épreuve et par extension, à remporter le combat contre la maladie mais surtout à l'encontre du mal et du péché.

> *Jr 17,14 - Guéris-moi Seigneur et je serai guéris. Sauve-moi (verbe יָשַׁע) Seigneur et je serai sauvé (verbe יָשַׁע) car toi, (tu es) ma gloire.*

Cela étant, ce verbe a toujours le Seigneur comme sujet et c'est même ce qui le caractérise par rapport à ses synonymes qui eux peuvent trouver leur emploi aussi bien dans des situations de détresse spirituelles que profane.

> *1 S 7,7 - Les Philistins entendirent que les fils d'Israël s'étaient réunis à Miçpa. Alors les princes des Philistins montèrent contre Israël et les fils d'Israël (les) entendirent et ils eurent peur des Philistins.*
> *1 S 7,8 - Alors les fils d'Israël dirent à Samuel : "Ne reste pas silencieux. Ne (reste) pas éloigné de nous sans crier vers le Seigneur notre Dieu.*

> *Alors il nous sauvera* (וְיֹשִׁעֵנוּ - véyochihénou - verbe יָשַׁע) *de la main des Philistins."*

Enfin nous voudrions citer le verset 25 du psaume 118 qui outre qu'il s'inscrit également dans cette perspective, réfère à une expression bien connue. En effet, le *"sauve (nous) s'il te plaît"* est la traduction de הוֹשִׁעָה נָּא, prononcer "ouchia-na", que nous rencontrons au cours des offices sous la forme : "Hosanna".

> *Ps 118,25 - De grâce Seigneur, sauve (nous) s'il te plaît !* (הוֹשִׁעָה נָּא - *Ouchia-na). De grâce Seigneur, fait (nous) réussir, s'il te plaît !*

Natzal - נָצַל

Étymologiquement ce vocable renvoie à la séparation au sens d'enlever, prendre et dans sa forme intensive, arracher, dépouiller.

> *Gn 31,16 - Car toute la richesse que Dieu a enlevé* (verbe נָצַל) *à notre père, cela est pour nous et pour nos fils Aussi, maintenant, tout ce qu'à dit Dieu, toi, fais-le.*

> *Os 2,11 - C'est pourquoi je viendrai et je prendrai mon blé en son temps, mon vin nouveau en sa saison et j'enlèverai* (verbe נָצַל) *ma laine et mon lin pour couvrir sa nudité.*

> *2 Ch 20,25 - Et Josaphat vint (avec) son peuple pour piller leur butin. Et ils trouvèrent chez eux quantité de biens, de cadavres et des objets précisuex. Alors ils les en dépouillèrent* (verbe נָצַל) *à ne plus pouvoir porter. Ils furent trois jours à piller le butin car il était abondant.*

Aussi, il évoquera la sortie et donc la délivrance. Ainsi en 1 S 30,18 suite à un rapt.

> *1 S 30,18 - Et David récupéra* (verbe נָצַל) *tout ce qu'avait pris Amaleq et délivra* (verbe נָצַל) *deux de ses femmes.*

Cependant, à côté de ce sens profane, il renverra à des objets plus spirituels. Ainsi, il sera utilisé pour exprimer la fracture que la mort introduit dans la vie de l'homme. Toutefois, si avec la "népheshe"[14] il a bien le sens de délivrance, en revanche avec la mort, dont on ne peut être libérée car inéluctable, il prend le sens d' "être protégé".

> *Is 47,14 - Regarde, ils seront comme de la paille. Un feu les brûlera et ils ne délivreront* (verbe נָצַל) *pas leur néphéche de la main de la flamme. Ce ne sera pas une braise pour se réchauffer, un foyer pour s'asseoir devant.*
> *Ps 33,18 - Regarde, l'œil du Seigneur est sur ceux qui le craignent, sa fidélité sur ceux qui l'attendent.*
> *Ps 33,19 - Pour protéger* (verbe נָצַל) *leur néphéche de la mort et pour les faire vivre lors d'une famine.*

Ga'al - גָּאַל

Il semblerait que ce verbe et son substantif "goel" trouvent leur origine dans le devoir de vengeance. Ainsi, lorsqu'un individu provoque la mort de l'un de ses semblables, l'un des parents de la victime "se doit" de venger son sang. Cet homme était nommé "goel" ou plus précisément *"goel hadam*[15]*"* c'est-à-dire "vengeur du sang". Si l'on avait affaire à un meurtre, ces représailles apparaissaient comme normale aux yeux de tous, en revanche, en l'absence d'intentionnalité, si le décès était consécutif à un accident, certaines villes dites villes-refuges devaient accueillir le responsable de ce drame afin de le soustraire à la vindicte du goel.

---

[14] Nous reviendrons sur ce terme qui originellement signifie "gorge" et qui renvoie donc à ce par quoi l'homme est vivant. En effet, la gorge est la médiatrice de la vie dans la mesure où elle permet à l'air et aux aliments d'entrer dans le corps assurant ainsi la subsistance de l'homme et de sa respiration.

[15] hadam signifie sang.

> *Jos 20,2 - Parle aux fils d'Israël. Donnez-vous des villes refuges dont je vous ai parlé par l'intermédiaire de Moïse.*
> *Jos 20,3 - Pour que là s'enfuie un meurtrier ayant frappé quelqu'un par erreur, sans le vouloir. Elles seront pour vous un refuge contre le vengeur (goël) de sang.*

Mais la signification de ce terme ne se limite pas, au sein de cette solidarité tribale, à la vengeance, il renvoie également à deux pratiques, celle du rachat d'un parent tombé en esclavage et celle de l'engagement à épouser la veuve de l'un des frères décédés.

> *Lv 25,47 - Quand la main d'un émigré, habitant chez toi, aura atteint (la prospérité), que ton frère chez lui sera ruiné et qu'il se vendra à l'émigré habitant chez toi ou à un descendant du clan de l'émigré,*
> *Lv 25,48 - Après qu'il aura été vendu, un rachat (substantif - géhoula) sera (possible) pour lui. (Alors) un de ses frères le rachètera* (verbe גָּאַל).

Concernant la loi du lévirat, c'est-à-dire l'engagement à épouser la femme d'un frère décédé, on pourra se reporter à l'histoire de Ruth et de Booz dans le livre de Ruth ou encore à la question des Sadducéens à Jésus à propos de la résurrection des morts.

Si, pour ce qui concerne le rachat d'un homme tombé en esclavage, son frère se doit de le racheter, le roi le doit également vis-à-vis des pauvres pour les libérer de la violence ou de l'oppression (Ps 72,12), tout comme le Seigneur le fait avec ceux qui ne trouvent en personne leur libérateur. Il devient dès lors compréhensible que ce verbe fut employé par le rédacteur du livre de l'Exode pour signifier la libération d'Israël de la servitude égyptienne.

> *Ex 6,6 - C'est pourquoi dis aux fils d'Israël : C'est moi le Seigneur et je vais vous faire sortir de sous le joug égyptien et je vous délivrerai de leur servitude. Je vous rachèterai* (verbe גָּאַל) *avec la puissance de mon bras et de grands châtiments.*

Padah - פָּדָה

Padah, dont le sens est proche de celui du verbe précédent, a une origine probablement juridique comme cela ressort d'un certain nombre de lois dont le contexte pastoral porte à penser qu'elle remontent assez haut dans l'histoire d'Israël.

> *Ex 21,29 - Et si un bœuf frappant de ses cornes depuis hier et avant-hier et que son maître en ayant été averti et ne l'a pas surveillé, s'il fait mourir un homme ou une femme, le bœuf sera lapidé et son maître mis à mort.*
> *Ex 21,30 - Si une compensation lui est demandée, il donnera en rançon (verbe פָּדָה) de sa vie tout ce qui lui sera demandé.*

Proche en termes de sens du verbe ga'al, on le retrouvera employé dans des contextes similaires et donc pour exprimer l'affranchissement d'Israël de la servitude égyptienne.

> *Dt 7,8 - Car c'est parceque le Seigneur vous aime et parcequ'il garde le serment qu'il a juré à vos pères que le Seigneur vous a fait sortir d'une main forte et vous a racheté (verbe פָּדָה) de la maison d'esclavage, de la main de Pharaon, roi d'Égypte.*

Toutefois, leur proximité n'en fait pas des verbes interchangeables. En effet, si le verbe padah évoque un changement d'appartenance, l'objet passant d'un propriétaire à un autre, le verbe ga'al exprime certes ce même transfert mais dans ce cas, l'acheteur n'est pas étranger à l'objet qu'il acquiert car il en a été le propriétaire dans le passé. Ainsi, padah nous renvoie plutôt à l'achat tandis que ga'al réfère au rachat. C'est d'ailleurs tout à fait le cas avec la loi du Lévirat ou du rachat d'un frère tombé en esclavage.

Ainsi, connotant à la délivrance de l'esclavage il deviendra également le synonyme des verbes exprimant la libération ainsi en Jr 15,21 :

> *Jr 15,21 - Et je t'arracherai (verbe נָצַל) de la main du mauvais et je te libérerai (verbe פָּדָה) de la main des violents*

Malate - מָלַט

Généralement ce verbe signifie "s'échapper" et plus particulièrement face à un danger. Ainsi lorsque l'ange dit à Loth de s'échapper de la ville de Sodome avant que le Seigneur fasse tomber sur elle le feu du ciel.

> *Gn 19,17 - Comme ils les faisaient sortir, il dit : "Échappe-toi pour (garder) ta vie. Tu ne regarderas pas derrière toi et tu ne t'arrêteras pas dans (quelque lieu de) la région. Échappe-toi dans la montagne de peur d'être exterminé.*

On retrouve ce verbe avec le même sens à propos de David que Saül vient de tenter de tuer avec sa lance :

> *1 S 19,10 - Alors Saül chercha à frapper David avec sa lance contre le mur. David se déroba et s'échappa* (verbe מָלַט) *lors de cette nuit-là.*

Dès lors, il signifiera également "tirer d'un danger", "libérer" ou encore "sauver" comme au chapitre 49 d'Isaïe ou dans le psaume 22.

> *Is 49,25 - Car ainsi a dit le Seigneur : "Le prisonnier du guerrier sera repris et la prise du tyran lui échappera* (verbe מָלַט) *et je chercherai querelle à ton querelleur et, moi, tes fils je les sauverai* (verbe יָשַׁע).

Le verset suivant du second Isaïe vaut la peine d'être cité car on y retrouve les verbes "iacha" et "ga'al" :

> *Is 49,26 - Et je ferai manger leur chair à tes oppresseurs et ils s'enivreront de leur sang comme du vin nouveau. Alors toute chair saura que moi, le Seigneur, (je suis) ton sauveur* (verbe יָשַׁע) *et ton racheteur* (verbe גָאַל), *le puissant de Jacob.*

Enfin, et comme nous venons de le voir, il ne faudrait pas se laisser aller à penser que le vocabulaire du salut soit fixé selon les contextes d'emploi. Le verset ci-dessous illustre la plasticité de tous ces verbes avec l'emploi de "malate" dans un sens très proche de "iacha".

> *Ps 22,6 - Vers toi ils ont crié et ils ont été sauvé* (verbe מָלַט). *Ils ont eu confiance et ils n'ont pas eu honte.*

Les formes du salut

Cette présentation du vocabulaire du salut a pu paraître ennuyeuse à certains mais elle était nécessaire pour pouvoir se faire une idée assez claire des manières dont l'homme biblique, au moyen des mots, exprime ses pensées et les notions qui habitent son esprit. Aussi, dans les lignes qui suivent nous allons faire une synthèse de ces sens en s'attachant à préciser les différentes conceptions qu'il se fait de lui au travers des formes qu'il prend dans son langage.

Le combat divin

Selon cette première perspective, le salut apparaît souvent comme une délivrance dans l'ordre matériel aussi bien à la suite d'une maladie, ou d'une famine ou encore d'un ennemi. Toutefois, cette victoire n'est jamais celle de l'homme accablé mais, à l'instar de ce que nous avons vu au psaume 3, c'est celle du Seigneur car c'est lui et lui seul qui a la capacité à porter un secours efficace dans le malheur.

Le thème du Seigneur victorieux des ennemis d'Israël traverse la plupart des textes bibliques même si parfois sa présence peut paraître plus discrète. Cela étant, l'issue du siège de Jérusalem par Sennachérib est un exemple très représentatif de cette approche.

> *2 R 18,28 - Et le messager se tint debout et cria d'une voix forte en Judéen. Il parla en disant : "Entendez la parole du grand roi, le roi d'Assyrie.*
> *2 R 18,29 - Ainsi a dit le roi : "Qu'Ezékias ne vous abuse pas car, de sa main, il ne pourra pas vous délivrer.*

2 R 18,30 - Qu'Ezékias ne vous confie pas au Seigneur en disant : Le Seigneur vous délivrera et cette ville ne sera pas donnée dans la main du roi d'Assyrie."

…

2 R 18,33 - Chacun des dieux des nations a-t-il pu délivrer son pays de la main du roi d'Assyrie.`

…

2 R 18,35 - Lequel parmi tous les dieux de ces pays a pu délivrer leur pays de ma main pour que le Seigenur délivre Jérusalem de ma main.

…

2 R 19,14 - Ezékias prit les lettres de la main des messagers et les lut puis monta à la maison du Seigneur et Ezéchias les déroula devant le Seigenur.

2 R 19,15 - Ezékias pria devant le Seigneuir et dit : "Seigneur, Dieu d'Israël, siégeant sur les chérubins, toi seul est Dieu pour tous les royaumes de la terre. C'est toi qui a fait les cieux et la terre.

2 R 19,16 - Seigneur tends ton oreille et écoute. Seigneur ouvre tes yeux et vois. Entends les paroles de Sennachérib qu'il a envoyé pour insulter le Dieu vivant.

…

2 R 19,19 - Et maintenant, Seigneur notre Dieu, sauve-nous s'il te plaît de sa main et tous les royaumes de la terre sauront que toi le Seigneur, tu es le seul Dieu..

2 R 19,20 - Isaïe fils d'Amotz, envoya dire à Ezéchias : "Ainsi parle le Seigneur, le Dieu d'Israël : Ce que tu m'as demandé au sujet de Sennachérib, le roi d'Assyrie, j'ai entendu.

…..

2 R 19,32 - C'est pourquoi ainsi parle le Seigneur au sujet du roi d'Assyrie. Il n'entrera pas dans cette ville et là il ne tirera pas une flèche. Il ne l'affrontera pas au bouclier et il ne déversera pas contre elle de remblai.

2 R 19,33 - Le chemin par lequel il est venu, il retournera et dans cette ville il n'entrera pas. Déclaration du Seigneur.

> *2 R 19,34 - Et je protégerai cette ville pour la sauver, à cause de moi et à cause de David, mon serviteur.*
> *2 R 19,35 - Et durant cette nuit le messager du Seigneur sortit et frappa le camp des assyriens, cent quatre-vingt mille hommes. Le matin tôt, en se levant, voici qu'eux tous étaient des cadavres, des morts.*
> *2 R 19,36 - Sennachérib, roi d'Assyrie partit et s'en retourna demeurer à Ninive.*

Son schéma vaut d'être noté car c'est un classique de l'intervention salutaire de Dieu :

1 - L'expression du danger - (2 R 18,28 et ss)
2 - Le cri de détresse et la prière - (2 R 19,14 et ss)
3 - La promesse divine de secours - (2 R 19,19 et ss)
4 - La délivrance par la victoire de Dieu sur l'ennemi - (2 R 19, 35)
5 - Le retour de la paix - (2 R 19,36)

Ce déroulement de cette action salutaire de Dieu se retrouve en l'état dans tout le livre de Juges. Avec chaque homme que le Seigenur appelle pour délivrer Israël, on assiste au même scénario : Israël ayant sombré dans le péché, ses ennemis prennent le pas sur lui alors tombant sous leur emprise il s'enfonce dans la misère. Aussi, il crie son désespoir au Seigneur qui, l'entendant, exauce sa prière en lui envoyant un juge qu'il va le mener à la victoire contre ses adversaires. Mais retrouvant la paix et la sécurité, progressivement Israël oublie l'action salvatrice de son Dieu et replonge dans le péché. Dès lors le cycle recommence, s'étant à nouveau enfoncé dans la misère suite à son assujettissement à un peuple étranger, il en appelle à son Dieu qui le pardonnant lui envoie un nouveau juge.

Alors que le salut de Dieu aurait pu nous apparaître comme l'expression de sa puissance et de son pouvoir sur le monde et les nations, cette vision tombe d'elle-même dès que l'on découvre que cette force, loin d'être au service de la gloire d'Israël, se déploie dans le pardon. Penser le salut dans la victoire c'est penser le pardon car le Seigneur est d'abord et avant tout un Dieu de pardon, un Dieu infatigable en miséricorde. Quant aux conséquences de son salut, celles-ci ne se manifestent ni dans la richesse, ni dans la domination mais dans la paix. Mais l'homme est-il un être avide de paix pour aspirer au salut de Dieu ?

Le salut par le rachat

Le salut par le rachat est un thème qui apparaît essentiellement dans le livre du Deutéronome et celui du second Isaïe.

Dans le Deutéronome il s'inscrit dans la mémoire de la libération de l'esclavage égyptien. Israël doit entretenir la mémoire de cette servitude car c'est en elle qu'il actualise la liberté que lui donne la Loi. D'ailleurs ce n'est pas à moins de cinq reprises que ce thème du souvenir est exprimé pour signifier à Israël que le rachat dont il a été l'objet est intimement lié à ce don de la Loi : en Dt 5,15; 15,15; 16,12; 24,18; 24,22.

> Dt 5,15 - Tu te souviendras que tu as été esclave dans le pays d'Égypte et que le Seigneur ton Dieu t'a fait sortir de là d'une main forte et un bras tendu. C'est pourquoi le Seigneur ton Dieu t'a ordonné de pratiquer le sabbat.

> Dt 24,18 - Et tu te souviendras que tu as été esclave en Égypte et que le Seigneur ton Dieu t'a racheté (verbe padah). C'est pourquoi moi je t'ordonne de mettre en pratique cette parole.

Il doit en être d'autant plus conscient que :

> Dt 7,7 - Ce n'est parce que vous êtes le plus nombreux parmi tous les peuples que le Seigneur s'est attaché à vous mais il vous a choisi car vous êtes le plus petit de tous les peuples.

La raison d'une telle attitude qui peut paraître assez surprenante nous est révélée au verset suivant que nous avons d'ailleurs déjà mentionné un peu plus haut :

> Dt 7,8 - Car c'est parce que le Seigneur vous aime et parce qu'il garde le serment qu'il a juré à vos pères que le Seigneur vous a fait sortir d'une main forte et vous a racheté (verbe padah) de la maison d'esclavage, de la main de Pharaon, roi d'Égypte.

Dès lors, Israël doit savoir que ce qui l'unit à son Seigneur tient aussi bien à l'amour et à la fidélité qu'il lui porte qu'à cette "transaction d'achat" qu'il a conduit de manière particulièrement difficile avec Pharaon. S'il en est venu à abattre son armée, noyer dans les eaux de la mer ses chars et ses cavaliers, cela ne relève pas, comme précédemment, d'une volonté propre d'écarter un ennemi en le défaisant militairement mais à son entêtement que les textes expriment au travers de l'endurcissement de son cœur. Ce n'est donc qu'au terme d'une succession d'arguments matériels, toujours douloureux pour l'Égypte, que Pharaon finira par céder et encore il reviendra sur l'accord qu'il a donné en se mettant à la poursuite d'Israël, poursuite qui le mènera au désastre.

Ainsi, le rachat d'Israël, ou plus tôt son achat à Pharaon car rien ne laisse entrevoir que dans le passé Israël ait été abandonné par le Seigneur à Pharaon ressort donc d'un choix. Dès lors, on comprendra que ce thème du salut dans le Deutéronome soit très intimement lié à celui de l'élection. Israël est l'élu du Seigneur.

La perspective est en revanche très différente chez le second Isaïe même si cette thématique du rachat est tout aussi présente. En fait, dans ce livre, le Seigneur rachète Israël non parce que ce dernier lui appartient, d'ailleurs pourquoi Israël lui appartiendrait-il, mais comme le révèle Isaïe dès le début du chapitre 43 parce qu'il l'a façonné.

> *Is 43,1 - Et maintenant ainsi parle le Seigneur. T'ayant créé Jacob, t'ayant façonné Israël ne crains rien car je t'ai racheté, je t'ai appelé par ton nom, tu es à moi.*

> *Is 44,21 - Souviens-toi de cela Jacob et Israël car toi, tu es mon serviteur. Je t'ai façonné pour moi comme serviteur, toi Israël tu ne seras pas oublié.*

Ainsi, Israël n'est plus perçu au sein d'une élection mais dans le cadre d'une création-filiation. Dès lors, le vocable de rachat est parfaitement justifié car c'est bien celui que Seigneur avait façonné de ses mains qui lui a été enlevé et dont il reprend possession. Mais quel est donc la cause de ce rapt ? Le second Isaïe le dira au chapitre 44, à cause de ses révoltes, à cause de ses péchés.

> *Is 44,22 - Comme un nuage j'ai effacé tes révoltes et comme la nuée tes péchés. Reviens vers moi, je t'ai racheté.*

Ainsi pardonné, Israël peut à nouveau se tourner vers son Seigneur, peut se convertir.

Dès lors, si le rachat dans le Deutéronome renvoyait à l'élection, chez Isaïe le salut est envisagé sous l'angle de l'appel à la conversion dont l'accomplissement se manifestera dans la bouche de Jean-Baptiste sur les bords du Jourdain puis dans celle de Jésus lorsqu'il revient du désert en Galilée :

> *Mc 1,14 - Après que Jean eut été livré, Jésus vint en Galilée, proclamant l'Évangile de Dieu,*
> *Mc 1,15 - en disant que le temps était accompli et le royaume de Dieu s'était approché : "Convertissez-vous et croyez en l'Évangile."*

Que ces deux manières de percevoir le salut diffèrent l'une de l'autre, cela ne fait pas de doute. Toutefois, elles ont un point commun essentiel et qui les différentient de la première perspective : celui du désir qu'a le Seigneur de sauver. En effet, si dans les livres historiques le salut s'entend principalement comme la réponse à un appel de l'homme, ici les situations du sauveur et du sauvé se trouvent totalement bousculées. C'est le Seigneur qui appelle l'homme et ce dernier qui l'entend. Et cet appel est d'autant plus puissant qu'il va jusqu'à prendre des accents passionnés par la présence des quatre chants du serviteur souffrant qui manifeste toute la douleur de celui qui *"a créé Jacob qui a façonné Israël"*. Aussi, près à tout pour regagner ceux qu'il *"a formés dès le sein maternel"* (Is 44,24) rien ne pourra entraver son action et au terme de celle-ci, au jour de ce rachat, la joie et l'allégresse ne pourront qu'éclater.

> *Is 44,23 Cieux, criez de joie car le Seigneur a agi. Lancez des acclamations profondeurs de la terre. Montagnes éclatez de joie, forêts et tout arbre de même car le Seigneur a racheté Jacob et en Israël il a manifesté sa splendeur.*

Justice et salut

Cette troisième expression du salut de Dieu est plus rare et c'est sans nul doute chez Ezéchiel, au chapitre 33, qu'elle se rencontre de la manière la plus aisée à appréhender.

Nous avons vu que selon la première perspective l'initiative du salut revenait à l'homme au travers de son cri, dans la seconde elle venait de Dieu à cause du lien de création-filiation par lequel l'homme était uni à lui, dans la troisième celle-ci s'inscrit dans la responsabilité individuelle de l'homme, dans cette exigence à entendre la parole du Seigneur et la mettre en pratique.

> *Ez 33,1 - La parole du Seigneur me fut (adressée) en disant :*
>
> *Ez 33,2 - Fils d'homme parle aux fils de ton peuple et tu leurs diras : Quand je ferai venir une épée à l'encontre d'un pays, les (gens) du peuple du pays prendront un homme parmi eux et ils se le donneront pour guetteur.*
>
> *Ez 33,3 - Alors il verra venir l'épée contre le pays et il sonnera de la trompe et il avertira (ainsi) le peuple.*
>
> *Ez 33,4 - Et celui qui (doit) entendre la voix de la trompe, il l'entendra. Et s'il n'écoute pas l'avertissement alors l'épée viendra et elle le prendra et son sang sera sur sa tête.*
>
> *Ez 33,5 - Il a entendu la voix de la trompe mais s'il n'écoute pas l'avertissement son sang sera sur lui, en revanche celui qui aura entendu l'avertissement sa néphesh échappera (verbe malate) (au malheur).*

Il suit de cela que le choix du guetteur et la conscience qu'il doit avoir de l'importance de son rôle sont essentiels pour le salut du peuple.

> *Ez 33,6 - Et le guetteur quand il verra l'épée venir et qu'il ne sonnera pas du cor et qu'alors le peuple n'a pas pu être averti, l'épée viendra, elle prendra parmi eux une néphesh mais je demanderai son sang à la main du guetteur.*

Mais que l'on ne s'y trompe pas, si le peuple prend un guetteur, celui-ci a été appelé par le Seigneur. Dès lors, il n'apparaît plus comme un simple vigile, un surveillant ordinaire mais comme le médiateur du salut entre Dieu et son peuple.

> *Ez 33,7 - Et et toi fils d'homme, je t'ai établi comme guetteur pour la maison d'Israël. Tu entendras la parole (sortant) de ma bouche et tu les avertiras de ma part.*
>
> *…*
>
> *Ez 33,9 - Et toi quand tu auras averti un méchant de revenir de son chemin et qu'il n'est pas revenu de son chemin, à cause de sa faute il mourra mais tu protègeras ta nèphesh (verbe natzal).*

L'on pourrait donc être amené à penser que le Seigneur, regardant du haut des cieux les hommes s'agiter sur la terre, tiendrait la comptabilité de leurs bonnes et de leurs mauvaises actions mais il n'en est rien. Comme le mentionne Ezéchiel dans la suite de cet oracle, le Seigneur n'attend qu'une chose la conversion de celui qui s'est perdu afin qu'il vive.

> *Ez 33,11 - Dis leu : Moi vivant, déclaration d'Adonaï, le Seigneur, je ne désire pas que le méchant meure mais qu'il revienne de son chemin. Alors il vivra. Revenez, revenez de vos mauvais chemins !*
>
> *Ez 31,12 - Et toi, fils d'homme dis aux fils de ton peuple : la justice du juste ne le délivrera pas au jour de sa révolte et à cause de sa méchanceté le méchant ne trébuchera pas le jour où il reviendra de sa méchanceté. Et le juste ne pourra vivre grâce à elle le jour où il péchera.*
>
> *…*
>
> *33,15 - Si le méchant rend le gage, restitue son vol, s'il va selon les prescriptions de la vie sans commettre d'injustice, il vivra, il vivra !*
>
> *33,16 - car ses péchés (ceux par lesquels il a péché) ne lui seront pas rappelés. Il a accompli le droit et la justice, il vivra certainement.*

Nous retrouvons donc au cœur de la théologie du salut d'Ezéchiel les mêmes thèmes, que nous avions rencontré dans le livre du Deutéronome et chez le second Isaïe, le désir continuel du Seigneur de voir l'homme se convertir. Mais là où les saluts deutéronomique et isaïen soulignaient l'engagement résolu du Seigneur, le prophète du fleuve Kébar (Ez 1,1) reprend, au travers de cet agir de conversion, ce que l'expérience d'Israël dans sa relation au Seigneur lui avait révélé à propos de l'initiative de l'homme, faire de son existence une vie de salut par sa présence continuelle auprès du Seigneur.

Temps et salut

Après avoir parcouru les mots qui expriment le salut puis les formes dans lesquelles il se manifeste, dans ce dernier alinéa nous allons nous attacher au rapport qu'il entretient avec le temps.

L'actualisation de la mémoire du salut

Nous l'avons vu, pour l'homme biblique, le salut, s'enracine dans la mémoire de la libération de la servitude égyptienne, dans la victoire sur Pharaon, ses chars et ses cavaliers. Aussi, face à l'adversité, il manquera rarement de ne pas argumenter sa demande de secours en évoquant le souvenir de cet événement salutaire.

Le livre des Juges est exemplaire à cet égard, qu'il s'agisse de Gédéon, de Samson ou d'Otniel que nous avons rencontré à propos du verbe "yacha". Au chapitre 6 de ce livre, on trouvera le texte de l'appel de Gédéon qui est probablement le plus emblématique de cette question de l'actualisation du salut.

À la suite de la défaite de Sisera et sa mise à mort par Yaël, l'épouse de Héber, Israël connut avec la prophétesse Débora une période de paix. Mais tombant à nouveau en faisant ce qui est mal aux yeux de Dieu, il fut vaincu par Madian est resta sous sa coupe durant sept ans. Supportant de plus en plus difficilement leur assujettissement, les fils d'Israël crièrent vers le Seigneur leur découragement :

> *Jg 6,8 - Alors le Seigneur envoya un homme, un prophète, vers les fils d'Israël et il leur dit : "Ainsi a parlé le Seigneur, le Dieu d'Israël. Moi, je vous ai fait monter d'Égypte et je vous ai fait sortir de la maison d'esclavage.*

> *Jg 6,9 - Et je vous ai délivré de la main de l'Égypte et de la main de tous vos oppresseurs et je les ai tous chassés de devant vous et je vous ai donné leur pays.*
>
> *Jg 6,10 - Moi, le Seigneur votre Dieu, je vous ai dit de ne pas craindre les dieux de l'Amorite dont vous habitez le pays mais vous n'avez pas écouté ma voix.*

Pourtant, même si le Seigneur manifeste à Israël sa colère face à sa folie pécheresse, il va répondre à son cri de détresse. Il va envoyer un messager auprès de celui qu'il a choisi pour être l'artisan de sa délivrance.

> *Jg 6,11 - Et le messager du Seigenur vint et s'assit sous le térébinthe d'Ofra qui est à Yoash, du clan d'Aviëzer. Gédéon son fils était en train de battre les blés dans le pressoir pour le protéger des Madianites.*
>
> *Jg 6,12 - L'ange du Seigneur se laissa voir à lui et lui dit. "Le Seigneur est avec toi vaillant guerrier.*
>
> *Jg 6,13 - Alors Gédéon lui dit : Pardon, mon seigneur, si le Seigneur est avec nous, pourquoi tout cela nous est-t-il arrivé ? Où sont donc toutes ses merveilles que nos pères nous ont racontées en disant : Le Seigneur ne nous a-t-il pas fait monter d'Égypte ? Mais maintenant le Seigneur nous a abandonné et il nous mit dans la main de Madain.*
>
> *Jg 6,14 - Et le Seigneur se tourna vers lui et il dit : Va avec cette force et tu sauveras Israël de la main de Madian. N'est-ce pas moi qui t'envoye ?*
>
> *Jg 6,15 - Alors il dit : "Pardon mon seigneur, comment sauverai-je Israël ? Mon clan est le plus faible de Manassé et moi le plus petit dans la maison de mon père."*
>
> *Jg 16,16 - Et le Seigneur lui dit : "Car je serai avec toi et tu frapperas Madian comme s'il n'était qu'un seul homme.*

Avant d'aborder la lecture du livre des Juges ou même d'un passage comme c'est ici le cas, rappelons qu'il ne faut évidemment pas le lire comme nous le faisons avec un traité ou une chronique historique. Certes, il nous relate l'histoire d'Israël mais relue à la lumière de ses échecs et de ses réussites et dans laquelle le rédacteur ne perd jamais de vue que les unes comme les autres sont l'expression de la relation que son peuple entretient avec le Seigneur et le modèle de son action salvatrice. En somme il ne cherche pas seulement à dire mais à donner du sens.

Nous avons déjà évoqué quelques pages en arrière, à propos d'Otniel, le cycle qui fait passer Israël de la paix à l'asservissement. Comment mieux saisir ce dévoiement ? Voyant le succès et les prouesses de certains des peuples qui l'environnent, Israël se laisse fasciner par leur réussite. Dès lors, comme paralysé par un charme, il finit par tomber dans les mains de l'un d'eux pour finalement en devenir le vassal si ce n'est l'esclave.

Mais dans ces conditions une question se pose : cette situation n'est-elle pas la preuve que le Seigneur n'est pas un dieu aussi puissant qu'il aurait pu l'imaginer car un dieu fort ne l'aurait pas privé de ce prestige qu'il envie à ceux qui l'entourent et il ne l'aurait certainement pas abandonné de la sorte à leur pouvoir. Aussi, Israël ne peut s'affranchir d'une question qui deviendra lancinante : les dieux étrangers ne sont-ils pas plus grands et plus forts que le leur ?

Mais si tel est le cas, pourquoi ne pas se tourner vers eux ? Malheureusement pour Israël, au bout de ce chemin loin de trouver la gloire il y découvre la ruine et le désespoir. Toute la question de l'actualisation du salut se situe dans ce drame. Criant son amertume au Seigneur, celui-ci lui envoie un prophète qui l'interroge en lui faisant mémoire de sa libération de la servitude égyptienne.

Israël est ainsi conduit à faire un travail permanent de redécouverte des actes de salut de Dieu. Celui-ci ne se fait pas sans douleur et remise en cause, l'entretien de Gédéon avec le messager du Seigneur en est d'ailleurs la traduction. Pourquoi avoir abandonné Israël et l'avoir livré à ses ennemis ? Que reste-t-il de ce pouvoir ? Comment Israël, un peuple devenu si faible pourrait-il encore trouver en lui la force de sa libération ?

Mais la réponse n'a pas échappé à Gédéon et le Seigneur n'a d'ailleurs guère d'efforts à faire pour le convaincre à agir. En effet, il a bien compris que si le Seigneur a eu la force de vaincre Pharaon pour libérer Israël de son esclavage égyptien, comment ne pourrait-il pas vaincre Madian ? Nous touchons là au cœur de ce questionnement à propos de l'actualisation du salut. Celui-ci Israël le trouvera en relisant les événements qu'il traverse à la lumière de sa mémoire. Et ce faisant, il redécouvrira que la fidélité et la force de son Seigneur son toujours intactes et en même temps réalisera que cette redécouverte l'aura sauvé.

Ainsi, Israël aura compris qu'à chaque chute il lui est essentiel de faire revenir à la surface la mémoire des actions de Dieu car outre que leur oubli équivaudrait à abandonner définitivement le Seigneur, il sait que cela actera également sa disparition en tant que peuple. Ce n'est donc pas par hasard qu'Israël ait entretenu toute l'histoire de ses pères, qu'il l'ait écrit et réécrit pour en maintenir le souvenir de Noé à Abraham, d'Abraham à Joseph puis de Moïse jusqu'à son aujourd'hui car c'est dans cette mémoire qu'il puise l'énergie de sa propre existence. La mémoire des actes de son Seigneur est au cœur même de sa foi car sans elle, il sait que rien ne le sauvera de la disparition et de l'oubli.

Le messianisme prophétique ou le salut qui vient

Le messianisme est un sujet particulièrement complexe dont nous ne saurions faire le tour en quelques lignes. Aussi ce texte n'a aucunement la prétention d'en faire un exposé détaillé, tout au plus permettra-t-il à chacun de s'en faire une idée générale afin de mieux cerner les enjeux de cette problématique du salut à laquelle nous nous attachons dans cet ouvrage. En outre, il bon de savoir que cette complexité ne tient pas seulement à l'intelligibilité des notions qui traversent ce mouvement mais tient pour beaucoup à la datation des témoignages que les écrits bibliques nous ont transmis à ce propos. En effet, outre que nous sommes incapables de situer avec quelques assurances la plupart des passages bibliques dans le temps, il est plus que probable qu'ils ont été également l'objet si ce n'est de réécritures du moins d'ajouts à différentes périodes.

D'abord que recouvre ce vocable de "messianisme" ? Celui-ci vient du mot messie qui lui-même tire son origine de l'hébreu מָשִׁיחַ (machiar) c'est-à-dire "oint". Dans l'Orient ancien comme chez Israël, l'onction était généralement un rite d'intronisation royal, parfois sacerdotal, manifestant le caractère sacré de la fonction. En grec ce terme se traduit par Χριστός (christos) qui a donné en français le mot "christ" et en latin "messias", c'est-à-dire "messie".

Autour de cette fonction royale, Israël a élaboré une idéologie politique et certains ont pensé qu'elle aurait été à la source du messianisme prophétique. Sans soutenir que ces deux notions soient étrangères l'une à l'autre, il faut tout de même savoir que le messianisme prophétique s'est construit non sur le triomphe de la monarchie davidique mais sur son désastre.

En effet, avec sa disparition c'est l'horizon temporel d'Israël qui non seulement s'est obscurci, mais se dérobe. Or, lorsque l'on connaît l'importance du temps dans la pensée religieuse d'Israël (voir le paragraphe précédent), il ne faut pas s'étonner que certains se soient mis chercher une issue à cette tragédie. Il revient aux prophètes de l'Exil d'avoir pris à bras le corps ce problème afin, qu'à la lumière de leur foi ils en comprennent ses causes et, avec celle de l'Esprit, en pensent la réponse.

Dans ces conditions, le messianisme prophétique apparaît comme l'expression de l'espérance en la venue d'un temps nouveau fait de justice et de paix qui met fin à l'ordre actuel traversé par le chaos, la misère et l'injustice.

> *Is 65,17 - Car me voici, créant des cieux nouveaux et une terre nouvelle. Et les choses du passé ne seront plus rappelées et elles ne monteront plus dans le cœur.*
> *Is 65,18 - En revanche, réjouissez-vous et exultez perpétuellement par ce que moi je suis en train de créer car me voici créant Jérusalem dans la joie et son peuple (dans) l'allégresse.*

Qu'en est-il des causes ? La monarchie davidique s'effondre en -587 suite à la prise de Jérusalem et la destruction du Temple par Nabuchonodosor. Le prophétisme ne tardera pas à comprendre ce désastre en se tournant vers la mémoire d'Israël : si la dynastie de David est tombée c'est qu'elle a failli aux yeux du Seigneur. Leurs rois au lieu de lui rester fidèles se sont compromis avec des dieux étrangers et dès lors ont récolté le prix de leur folie peccamineuse. Toutes choses égales par ailleurs, l'on retrouve le schéma évoqué un peu plus haut. Israël s'étant détourné du Seigneur, il sombre dans le chaos et ce ne sera que par l'intervention divine qu'il sera sauvé de cette catastrophe. Le messianisme prophétique s'inscrit donc dans cette pensée du salut que nous avons vu se mettre en place dans les siècles qui précèdent cette tragédie.

Quelle sera leur réponse ? Nous l'avons déjà plus ou moins esquissé en définissant le messianisme. Toutefois quelques précisions s'imposent au risque de ne pas bien saisir la suite.

Lorsque nous parcourons les textes d'Isaïe, de Jérémie ou d'Ezéchiel, mais également des douze petits prophètes, ce thème du salut d'Israël transpire l'on pourrait dire à chaque ligne et pourtant l'on sera bien en mal d'y trouver le vocable de "messie", tout au plus en Is 45,1 à propos de Cyrus mais qu'il est bien difficile d'interpréter comme la réalisation de ces temps nouveaux et chez Habaquq (Ha 3,13) où le mot surgit de manière surprenante et sans lien avec le contexte.

En somme le messianisme prophétique est un messianisme sans messie. Mais est-ce à dire que les événements que les prophètes annoncent se feront sans aucun envoyé ? À l'évidence non et les textes ne sont pas avare d'un personnage dont il n'est pas toujours facile de cerner la nature d'autant qu'il apparaît perçu de manière, si ce n'est différente, du moins pas nécessairement semblable selon les prophètes.

Toutefois, c'est celle d'un descendant de David, d'un fils de David, qui s'affirmera comme la plus courante et qui d'ailleurs perdurera dans la pensée d'Israël.

> *Is 11,11 - Un rameau sortira de la souche de Jessé et un rejeton, de ses racines, portera du fruit.*
> *Is 11,2 - Et sur lui reposera le souffle du Seigneur, souffle de sagesse et d'intelligence, souffle de conseil et de vaillance, souffle de connaissance et de crainte du Seigneur.*
>
> *Jr 23,5 - Voici que des jours viennent - oracle du Seigneur - où je ferai se lever pour David un rejeton juste. Il régnera en roi et avec intelligence. Il fera le droit et la justice dans le pays.*
> *Jr 23,6 - Pendant ces jours Juda sera sauvé et Israël demeurera en sécurité. Et voici le nom dont ils l'appelleront : "Le Seigneur (est) notre justice".*

Ainsi, à la suite du désastre de 587, les prophètes ont tenté de répondre à ce double questionnement du pourquoi et du comment. Pourquoi tout cela était-il arrivé et comment en sortir. Mais au-delà de la forme des réponses apportées par les uns et les autres, ils ont surtout donné sens aux épreuves endurées et ont ainsi ouvert Israël à une espérance sans laquelle il se serait probablement dissous dans les aléas de l'histoire des peuples.

Le messianisme prophétique a donc eu un effet en tout point remarquable car en renouvelant tout le discours sur la mémoire du salut sans lui faire perdre ce qui en faisait son essence, il a non seulement permis à Israël de traverser les tourments auxquels il a été soumis mais surtout a consolidé sa mémoire et par voie de conséquence les conditions de sa propre existence.

Le messianisme eschatologique et le salut à venir

Durant les deux à trois siècles[16] qui précèdent la venue de Jésus, la conception qu'Israël se fait du salut va encore évoluer. Cette nouvelle forme qui émerge progressivement et qui culminera au cours la période hasmonéenne, n'est pas sans lien avec la précédente et partage même avec elle un certain nombre de points communs. Toutefois, elle s'en distingue en ce que le temps se dilate au point qu'il nous transporte jusqu'à sa propre fin, jour du jugement de Dieu sur toutes les nations et de son élu qui n'est plus un roi humain mais une figure proprement divine. Si cette perspective est particulièrement présente dans la littérature apocryphe, tel le livre d'Hénoch, elle est bien plus difficile à mettre en évidence dans les écrits canoniques où ses évocations paraissent se mélanger avec les conceptions antérieures. Cela d'autant plus que, comme nous l'avons vu plus haut, la datation des extraits et les croisements des différentes traditions textuelles n'arrangent rien.

S'il est patent que les notions de temps présent et de temps futur, et en particulier celui du "jour du Seigneur", s'enracinent dans la prédication prophétique, il n'en demeure pas moins que ces dernières vont à la fois prendre une importance considérable mais également s'associer à une dimension cosmique et universelle qu'elles n'avaient pas auparavant. Il suffit de lire le livre de Joël pour voir

---

[16] Si l'émergence du messianisme prophétique était difficile à dater, la période qui voit celle du messianisme eschatologique l'est encore plus.

comment le temps est rendu dans les deux premiers chapitres (1 et 2) de son livre et comment il est perçu dans les deux derniers (3 et 4)[17].

> *Jl 3,1 - Après cela je répandrai mon souffle sur toute chair et vos fils et vos filles parleront en prophètes, les anciens auront des songes et vos jeunes gens des visions.*
> *Jl 3,2 - De même sur les serviteurs et vos servantes, en ces jours-là, je répandrai mon souffle.*
> *Jl 3,3 - Je ferai des prodiges dans les cieux et sur la terre il y aura du sang, du feu et des panaches de fumée.*
> *Jl 3,4 Le soleil se changera en obscurité et la lune en sang avant que vienne le jour du Seigneur grand et redoutable.*
> ...
> *Jl 4,1 - Car voici que dans ces jours-là, et dans ce temps-là, je rétablirai Juda et Jérusalem.*
> *Jl 4,2 - Et je rassemblerai toutes les nations et je les ferai descendre dans la vallée de Josaphat[18] et j'entrerai en jugement avec elles au sujet de mon peuple et de mon patrimoine Israël qu'elles ont dispersé parmi les nations et de mon pays qu'elles ont partagé.*
> ...
> *Jl 4,16 - Le Seigneur rugit de Sion, de Jérusalem il donne de sa voix. Les cieux et la terre trembleront mais le Seigneur sera un abri pour son peuple et une forteresse pour les fils d'Israël*
> *Jl 4,17 - Alors vous saurez que moi, le Seigneur votre Dieu, je demeure à Sion la montagne sacrée. Jérusalem deviendra un lieu sacré et les étrangers ne passeront plus sur elle.*

Le chapitre 14 du livre de Zacharie procède de la même inspiration :

---

[17] Ces deux perspectives relatives au jours du Seigneur sont emblématqiues des réécritures et des ajouts qu'ont subit les ouvrages des prophètes.

[18] "Le Seigneur juge"

> *Za 14,1 - Voici, le jour du Seigneur vient et ton butin sera partagé au milieu de toi[19].*
> *Za 4,2 - Alors je rassemblerai toutes les nations près de Jérusalem pour le combat et la ville sera capturée. Les maisons seront pillées et les femmes violées. La moitié de la ville ira en exil mais le reste ne sera pas retranché.*
> *Za 4,3 - Et le Seigneur sortira et il combattra ces nations …*
> *Za 4,5 - … et le Seigneur mon Dieu viendra avec tous ces saints.*
> *Za 4,6 - Celui-là sera un jour sans lumière ni froid ni glace.*
> *…*
> *Za 14,9 - Alors, en ce jour-là le Seigneur sera le roi sur toute la terre. Le Seigneur sera unique et son nom unique.*

Le livre de Daniel, très certainement plus tardif, il doit dater du second siècle av. J.-C., a des accents apocalyptiques encore plus marqués. C'est chez lui qu'apparaît un personnage venant sur les nuées, comme un fils d'homme, et dont le pouvoir va s'étendre sur toute la terre.

> *Dn 7, 13 - Voici que je vis, (alors que) j'étais dans les visions de la nuit, venant sur les nuées comme un fils d'homme. Il arriva jusqu'à l'ancien des jours et ils le firent s'approcher.*
> *Dn 7,14 - Et il lui fut donné souveraineté, gloire et royauté. Tous les peuples, les nations et les langues l'adoraient. Sa souveraineté est une souveraineté éternelle qui ne passera pas et son règne, (un règne) qui ne sera pas détruit.*

Enfin c'est sans doute dans le dernier chapitre que la dimension apocalyptique de ce texte est la plus affirmée :

> *Dn 12,1 - En ce temps-là Michel se dressera. Lui le grand prince qui se tient au-dessus des fils de ton peuple. Ce sera un temps de détresse qui n'a jamais été depuis qu'il existe des nations et jusqu'à ce temps-ci. Ton peuple en réchappera, tous ceux inscrits dans le livre.*

---

[19] Jérusalem

> *Dn 12,2 Et de nombreux parmi ceux qui sont endormis dans la poussière du sols se réveilleront. Ceux-là pour la vie éternelle et ceux-là pour les insultes et l'horreur éternelle.*
>
> *....*
>
> *Dn 12,5 - Et, moi Daniel, j'ai vu et voici que deux autres (hommes) se tenaient, l'un au bord du fleuve et (l'autre sur l'autre) bord du fleuve.*
>
> *Dn 12,6 - Et il dit à l'homme vêtu de lin qui se tenait au-dessus des eaux du fleuve : "Jusqu'à quand (attendrons-nous) la fin des prodiges ?"*
>
> *Dn 12,7 - J'entendis alors l'homme vêtu de lin qui était au-dessus des eaux du fleuve. Il dressa sa main droite et sa main gauche vers les cieux et il fit un serment par le vivant de toujours : " Oui, ce sera pour des périodes et une moitié de période. Et lorsque se sera épuisée (la force) de la main du peuple saint, toutes choses s'achèveront.*

À l'aube de la naissance de Jésus, le monde juif est donc traversé par une variété de perspectives concernant son salut. Certains de ses membres demeurent encore dans la perception qui valorise sa mémoire tandis que d'autres partagent celles de l'apocalyptique qui a connu un vif essor au cours du siècle précédent. C'est donc à une mosaïque d'approches que l'on affaire et à un vocabulaire particulièrement diversifié pour l'exprimer. On ne sera donc pas étonné de voir cohabiter dans les Évangiles le Fils de l'homme avec le fils de David, chacun renvoyant à un courant dont le christianisme héritera et dont il essayera de faire la synthèse.

Psaume 5

1 לַמְנַצֵּחַ אֶל־הַנְּחִילוֹת מִזְמוֹר לְדָוִד׃
2 אֲמָרַי הַאֲזִינָה ׀ יְהוָה בִּינָה הֲגִיגִי׃
3 הַקְשִׁיבָה ׀ לְקוֹל שַׁוְעִי מַלְכִּי וֵאלֹהָי כִּי־אֵלֶיךָ אֶתְפַּלָּל׃
4 יְהוָה בֹּקֶר תִּשְׁמַע קוֹלִי בֹּקֶר אֶעֱרָךְ־לְךָ וַאֲצַפֶּה׃
5 כִּי ׀ לֹא אֵל־חָפֵץ רֶשַׁע ׀ אָתָּה לֹא יְגֻרְךָ רָע׃
6 לֹא־יִתְיַצְּבוּ הוֹלְלִים לְנֶגֶד עֵינֶיךָ שָׂנֵאתָ כָּל־פֹּעֲלֵי אָוֶן׃
7 תְּאַבֵּד דֹּבְרֵי כָזָב אִישׁ־דָּמִים וּמִרְמָה יְתָעֵב ׀ יְהוָה׃
8 וַאֲנִי בְּרֹב חַסְדְּךָ אָבוֹא בֵיתֶךָ אֶשְׁתַּחֲוֶה אֶל־הֵיכַל־קָדְשְׁךָ בְּיִרְאָתֶךָ׃
9 יְהוָה ׀ נְחֵנִי בְצִדְקָתֶךָ לְמַעַן שׁוֹרְרָי הוֹשַׁר לְפָנַי דַּרְכֶּךָ׃
10 כִּי אֵין בְּפִיהוּ נְכוֹנָה קִרְבָּם הַוּוֹת קֶבֶר־פָּתוּחַ גְּרוֹנָם לְשׁוֹנָם יַחֲלִיקוּן׃

1 Du maître de chœur, pour nériloth, psaume de David.

2 Prête l'oreille à mes paroles, Seigneur, discerne ma méditation.

3 Sois attentif au cri de ma supplication, mon roi et mon Dieu, car (c'est) vers toi (que) je prie.

4 Seigneur, le matin, tu entends ma voix, le matin, je m'adresse à toi puis je guette.

5 Car tu n'es pas un Dieu qui prend plaisir à la méchanceté et ce qui est mauvais ne demeure pas en toi.

6 Les prétentieux ne se tiennent pas devant ton regard, tu détestes tous ceux qui pratiquent l'idolâtrie.

7 Tu feras périr ceux qui prononcent le mensonge ; l'homme sanguinaire et de tromperie le Seigneur l'a en horreur.

8 Et moi, par l'abondance de l'action-bienveillante-de-ta-fidèle-tendresse, j'arriverai à ta maison, dans la crainte, je me prosternerai vers le temple de ta sainteté.

9 Seigneur guide-moi selon ta justice. A cause de ceux qui me-regarde-avec-haine, rends droit devant moi ton chemin.

10 Car rien dans sa bouche n'est sincère. Leurs entrailles la mort, leur gorge un tombeau ouvert, leur langue est pleine-de-flatterie.

11 הַאֲשִׁימֵם׀ אֱלֹהִים יִפְּלוּ מִמֹּעֲצוֹתֵיהֶם בְּרֹב פִּשְׁעֵיהֶם הַדִּיחֵמוֹ כִּי־מָרוּ בָךְ׃

12 וְיִשְׂמְחוּ כָל־חוֹסֵי בָךְ לְעוֹלָם יְרַנֵּנוּ וְתָסֵךְ עָלֵימוֹ וְיַעְלְצוּ בְךָ אֹהֲבֵי שְׁמֶךָ׃

13 כִּי־אַתָּה תְּבָרֵךְ צַדִּיק יְהוָה כַּצִּנָּה רָצוֹן תַּעְטְרֶנּוּ׃

11 Dieu déclare-les coupables. Ils tomberont à cause de leurs mauvais desseins, de la multitude de leurs rebellions. Disperse-les car ils se sont révoltés contre toi.

12 Et tous ceux qui espèrent en toi se réjouiront, pour toujours ils chanteront des louanges. Aussi, sur eux tu feras un abri et ils exulteront en toi ceux qui aiment ton nom.

13 Car toi, Seigneur, tu bénis le juste. Tel un bouclier la joie l'environne.

Lecture du Psaume 5

1 - La suscription - verset 1
2 - Prière et méditation - verset 2
3 - La première prière, la supplication du guetteur - versets 3 et 4
4 - La première méditation au sujet des impies, l'horreur divine du péché - versets 5 à 7
5 - La première méditation au sujet des justes, devant le temple de ta sainteté - verset 8
6 - La seconde prière, guide-moi Seigneur - verset 9
7 - La seconde méditation au sujet des impies, disperse-les Seigneur - versets 10 et 11
8 - La seconde méditation au sujet des justes, l'amour du nom - verset 12
9 - La bénédiction de Dieu dans la joie - verset 13
10 - Résumé de l'argumentaire

Avec ce psaume, qui est généralement rangé parmi les "lamentations individuelles", nous nous retrouvons dans une situation qui à ceratins égards peu sembler similaire à celles du psaume 3, c'est-à-dire une prière composée par un scribe à l'intention d'hommes qui, traversant une période de désespoir, cherchent auprès du Seigneur un secours. Cependant, comme nous allons nous en apercevoir, deux éléments l'en distinguent. Alors que le celui-ci s'inscrivait dans une forme de discours à caractère déclaratif, ici l'argumentation prend le pas sur la déclaration et, à ce titre, c'est sans nul doute le premier dans le livre des Psaumes où l'orant, au travers du psalmiste, argumente envers le Seigneur afin de le convaincre d'agréer à sa demande.

Le second point tient à son récitatif. Comme nous le verrons, cette supplique se déploie en deux temps, constitués chacun d'une prière suivie par un ensemble méditatif ayant pour fonction, pour le premier, de faire comprendre à l'orant les raisons qui vont conduire le Seigneur à l'exaucer puis, le second, celle qui lui permettront de réaliser son espérance. Mais ce qui fait la différence par rapport au psaume 3, c'est que l'on ne peut ignorer la présence, en filigrane, de l'auteur derrière les parties méditatives et cela au point que l'on pourrait imaginer qu'à la suite de chaque demande, un récitant prenne la parole et endosse au nom de l'orant la réflexion qui la suit. A quoi cela tient ? Au fait que nous sommes face à une relation au péché très différente. En effet, on remarquera que le vocable d'ennemi a disparu et les impies avant d'être des ennemis de l'orant sont d'abord des adversaires de Dieu. Cela change évidemment de manière radicale la façon d'aborder ce texte. Ceux-ci ne sont plus vus comme la métaphore du péché qui a envahit le cœur de l'homme mais comme ceux qui assiège la Création divine. Dès lors, il ne s'agit plus du cri d'un homme terrorisé par ses fautes mais d'un homme qui s'interroge sur les voies de son salut dans un monde pénétré par le mensonge, l'idolâtrie et l'orgueil. Dès lors, que doit-il faire pour trouver un abri auprès du Seigneur ?

Il s'en suit que sa compréhension passe par la mise en évidence de sa structure argumentative et du jeu énonciatif entre ce que nous conviendrons de nommer l'officiant et l'orant

La suscription

Verset 1 :

Du maître de chœur, pour nériloth, psaume de David.

Comme pour les deux précédents, celui-ci est mis sous le patronage de David. Pour le nériloth, nous n'y reviendrons pas, on pourra se reporter au psaume 4 qui traite des instruments de musique.

Prière et méditation

Verset 2 :

Prête l'oreille à mes paroles, Seigneur, discerne ma méditation.

Ce verset a la forme d'une invitation à l'écoute des paroles de l'orant et de sa méditation. Doit-on voir dans cette double mention, "paroles" et "méditation", une clause à vocation esthétique ou bien doit-elle être considérée comme une sorte d'annonce du plan du psaume ? À ce stade, il n'est guère possible de se déterminer pour l'une ou l'autre de ces éventualités, mais un parcours rapide du texte va nous montrer que la seconde est probablement la plus vraisemblable mais même, nous pourrons dire, la seule assurée.

En effet, comme nous l'avons laisé entendre dans le paragraphe introductif, on distingue assez vite la présence de deux prières de demande : la première qui débute au verset 3 et se poursuit jusqu'au suivant : *"Sois attentif au cri de ma supplication, mon roi et mon Dieu, car (c'est) vers toi (que) je prie. Seigneur, le matin tu entends ma voix, le matin je m'adresse à toi puis je guette."* et la seconde qui se situe au verset 9 : *"Seigneur guide-moi selon ta justice à cause de ceux qui me-regarde-avec-haine. Rends droit devant moi ton chemin"*.

Ensuite, l'on ne peut guère éviter de constater qu'à chacune de ces plaintes succède un "car" qui paraît bien introduire un second temps dans le propos et dans lequel il est bien difficile de déceler un quelconque caractère laudatif ou supplicatif. Il devient dès lors assez raisonnable de considérer les deux développements, qui suivent chacune des deux prières, comme la méditation évoquée dans ce verset. Enfin, on notera que chacune d'elles est organisée de manière identique. L'une et l'autre sont constituées de deux parties, la première concernant ceux qui sont loins du Seigneur (versets 5,6 et 7 puis 10 et 11) et la seconde se rapportant à ses fidèles (versets 8 puis 12).

Le plan du psaume se présenterait donc ainsi : entre une formule introductive (verset 2) et conclusive (verset 13), deux ensembles formés chacun d'une prière suivie d'une méditation en deux parties. On trouvera ci-dessous le texte du psaume proposé selon ce schéma.

Plan du psaume

Formule introductive
Prête l'oreille à mes paroles, Seigneur, discerne ma méditation.

Première prière
Sois attentif au cri de ma supplication, mon roi, mon Dieu, car (c'est) vers toi (que) je prie. Seigneur, le matin tu entends ma voix, le matin je m'adresse à toi et j'attends.

Première méditation

À propos des impies

Car tu n'es pas un Dieu qui prend plaisir à la méchanceté et le mal ne demeure pas en toi. Les prétentieux ne se tiennent pas devant ton regard, tu détestes tous ceux qui pratiquent l'iniquité. Tu feras périr ceux qui prononcent le mensonge, l'homme sanguinaire et de tromperie le Seigneur l'a en horreur.

À propos des fidèles du Seigneur

Et moi par l'abondance de l'action-bienveillante-de-ta-fidèle-tendresse, j'arriverai à ta maison, dans la crainte, je me prosternerai vers le temple de ta sainteté.

Seconde prière

Seigneur guide-moi selon ta justice à cause de ceux qui me-regarde-avec-haine. Rends droit devant moi ton chemin

Seconde méditation

À propos des impies

Car rien dans sa bouche n'est sincère. Leurs entrailles ne sont que ruine, leur gorge un tombeau ouvert, leur langue est pleine-de-flatterie. Dieu déclare-les coupables. Ils tomberont à cause de leurs mauvais desseins, de la multitude de leurs rébellions. Disperse-les, car ils se sont révoltés contre toi.

À propos des fidèles du Seigneur

Et tous ceux qui espèrent en toi se réjouiront, pour toujours ils chanteront des louanges. Aussi, sur eux tu feras un abri et ils exulteront en toi ceux qui aiment ton nom.

Formule conclusive

Car toi, Seigneur, tu bénis le juste. Tel un bouclier la joie l'environne.

La première prière, la supplication du guetteur

Verset 3 et 4 :
> *Sois attentif au cri de ma supplication, mon roi et mon Dieu, car (c'est) vers toi (que) je prie.*
> *Seigneur, le matin tu entends ma voix, le matin je m'adresse à toi puis je guette.*

Au premier abord on ne peut qu'être étonné par cette déclaration. Alors que le psalmiste introduit la supplication de l'orant en demandant au Seigneur d'être attentif à ses paroles, nous devrions nous attendre à ce qu'il nous livre la teneur de celles-ci, par exemple le protéger d'ennemis redoutables (Ps 55 ; Ps 142), le défaire d'une angoisse (Ps 86), l'inciter à porter secours à un orphelin ou un indigent (Ps 10,17), l'implorer pour le pardon de ses fautes (Ps 130), le remercier ou le louer pour ses bienfaits. Or, rien de tel, et l'on est bien en mal de déterminer la ou les raisons de sa sollicitation. Le texte nous révèle simplement que l'orant engage le Seigneur à remarquer sa constance dans la prière quotidienne et sa persévérance à guetter. Mais guetter quoi, guetter qui, guetter d'où ? Là encore rien n'est dit et le lecteur demeure dans l'incertitude. En effet, même s'il avait pu envisager un instant que le motif de sa demande soit, précisément, la prière, cette évocation du fait de guetter le met dans un certain embarras.

Le seul élément apparent qui puisse peut-être ouvrir à son élucidation est le qualificatif qui est donné au Seigneur : "mon roi". On pourrait passer assez rapidement sur cette déclaration, en l'interprétant comme une marque de déférence à l'égard de celui dont on attend un secours pourtant, son poids dans la théologie vétérotestamentaire est tel qu'il nous semble hasardeux de la considérer ainsi.

מֶלֶךְ (mélèrh), c'est-à-dire "roi", fait parti des vocables les plus fréquents de l'Ancien Testament. En effet, il revient deux mille trois cent sept fois dans l'ensemble des textes. Cela étant, parmi toutes ces mentions, celles où Dieu est désigné comme roi ou qui évoquent sa royauté sont proportionnellement plutôt rares. Elles se rencontrent essentiellement dans les Psaumes et chez quelques prophètes, plus particulièrement Isaïe.

C'est sans doute dans le verset 33,22 du livre d'Isaïe que cette royauté de Dieu est exprimée de la manière la plus ramassée, mais surtout la plus complète :

> *Is 33,22 - Car le Seigneur est notre juge, le Seigneur est celui qui nous gouverne, le Seigneur est notre roi, lui il nous sauve*

Si le Seigneur est roi cela tient à ce qu'il juge, qu'il gouverne et qu'il sauve. On retrouvera au psaume 98 ces trois dimensions de salut (98,2) de puissance royale (98,6) et de jugement (98,9) :

> *Ps 98,2 - Célébrez le Seigneur, (il a donné à voir) son salut aux yeux des nations. Il a révélé sa justice.*
> ...
> *Ps 98,6 - Avec des trompettes et au son du cor acclamez le roi, le Seigneur.*
> ...
> *Ps 98,8 - Qu'ensemble les fleuves battent des mains et les montagnes crient de joie*
> *Ps 98,9 - devant le Seigneur, car il vient pour juger la terre. Il jugera le monde avec justice et les peuples avec droiture.*

Dès lors, il serait possible d'envisager que cette demande de l'orant renvoie au salut et au jugement de Dieu et, cette attente, à l'espérance de sa manifestation prochaine. Toutefois il faut bien reconnaître que tout cela est encore très hypothétique et bien fragile.

Néanmoins cette remarque ouvre à une certaine compréhension relative à l'action de guetter. En effet, si la prière s'inscrit dans l'espérance de l'avénement de Dieu et de son salut alors cela semble cohérent avec le fait que l'orant se mette à guetter les signes qui pourraient l'annoncer.

Cela est d'autant plus plausible que nous retrouvons cette même attitude chez Michée. Alors qu'il vient de crier son désespoir au Seigneur en voyant que tous les justes ont disparu d'Israël, que les juges sont corrompus, que l'on ne peut plus se fier à un ami, que les fils traitent leur père de fou et que les filles se dressent contre leur mère, que tout est plein de mensonge et tous sont à l'affût pour répandre le sang, il se met à guetter :

> *Mi 7,7 - Mais moi, dans le Seigneur je guetterai, j'attendrai le Dieu de mon salut. Mon Dieu m'entendra.*

Quoique la justice soit bafouée, le mensonge et le sang règnent en maître, il prie, car il sait que le Seigneur ne saurait être sourd à son appel. Aussi il n'hésitera pas à déclarer :

> *Mi 7,9 - … Il me fera sortir à la lumière. Je verrai sa justice.*

La première méditation au sujet des impies, l'horreur divine du péché

Versets 5, 6 et 7

> *Car tu n'es pas un Dieu qui prend plaisir à la méchanceté et ce qui est mauvais ne demeure pas en toi.*
> *Les prétentieux ne se tiennent pas devant ton regard, tu détestes tous ceux qui pratiquent l'idolâtrie.*
> *Tu feras périr ceux qui prononcent le mensonge, l'homme sanguinaire et de tromperie le Seigneur l'a en horreur.*

Si ce qui commandait la prière des versets précédents était imprécis et que cette incertitude pouvait nous mettre dans l'embarras, en revanche, la réflexion qui lui succède vient jeter quelque lumière sur cette question. Celle-ci se fait en deux temps, d'abord, dans les versets 5, 6 et 7, en argumentant sur le dégoût que le péché inspire au Seigneur puis, au verset 8, à propos de sa bienveillante tendresse. Nous nous attacherons au premier des deux dans ce paragraphe et au second dans le suivant.

Dans cette série de trois versets, le psalmiste évoque quatre types d'individus pécheurs, les prétentieux, les idolâtres, les menteurs et enfin les hommes de sang.

Le terme utilisé à propos des prétentieux est le participe présent du verbe הָלַל (hallal). Cela peut paraître étonnant, car celui-ci signifie très généralement "briller" et par extension "louer", "célébrer". C'est d'ailleurs de ce verbe que provient notre acclamation liturgique "Alléluia" :

> *Ps 150,1 - Louez le Seigneur (Alélou-Yah), louez-Dieu (Alélou-El) dans son sanctuaire, louez-le dans le firmament de sa force.*

Mais à l'occasion, il peut prendre un sens péjoratif soutenu, en exprimant la suffisance, la vantardise, c'est-à-dire celles de l'homme qui veut briller devant les autres. De la sorte en Ps 75,5, où il traduit la prétention de celui qui se loue lui-même :

> *Ps 75,5 - J'ai dit aux prétentieux, ne soyez pas prétentieux et aux méchants de ne pas élever leur corne (leur front).*

Après ces individus pédants et méprisants, nous rencontrons les idolâtres. En effet, si le sens du substantif אָוֶן (aven) renvoie souvent à la vanité ou au mensonge, ainsi en Proverbe 17,4, il signifie la plupart du temps "idole". Ainsi "la maison de l'idolâtrie" chez Osée (Os 10,5) ou "la plaine de l'idolâtrie" chez Amos (Am 1,5). De prime abord, l'on pourrait hésiter entre ces deux traductions. En fait, lorsque l'on aura compris que l'idolâtrie a partie lié avec la vanité dans la mesure où, comme nous allons le voir dans la méditation qui suit, elle est la marque de ceux qui ont l'arrogance de croire qu'ils peuvent s'affranchir du Seigneur, le choix devient assez naturel.

Le vocable כָּזָב (katzav), que nous avons croisé dans le psaume précédent, désigne le menteur. En effet, même s'il peut en certaines circonstances avoir le sens de "idole" c'est plutôt à la parole fallacieuse qu'il réfère :

> *Pr 6,19 - Un témoin trompeur souffle des mensonges et il suscite des disputes entre des frères.*

Enfin, le psalmiste mentionne l'homme sanguinaire et menteur. Leurs correspondants en hébreu sont les deux substantifs דָּם (dam) et מִרְמָה (miremah) qui signifient pour le premier "sang" et pour le second "ruse", "fraude", "tromperie" ou "supercherie" (Gn 27,35 ; Am 8,5). Nous ne nous étendrons pas sur le mot sang, nous aurons l'occasion d'y revenir. Rappelons toutefois que pour l'homme biblique le sang c'est la vie, comme l'explicite le verset 12,23 du livre du Deutéronome :

> *Dt 12,23 - Seulement tiens ferme à ne pas manger de sang car le sang c'est ce qui l'anime et tu ne mangeras pas ce qui l'anime avec la viande.*

Aussi, "l'homme sanguinaire" est celui qui détruit la vie. Notons que cette expression n'est pas unique, elle se rencontre en effet en Ps 55,24 ; 59,3 et 139,19. En Ps 55,24 elle se présente d'ailleurs dans un contexte très similaire à celui de notre texte, car l'homme sanguinaire est également un fraudeur et un menteur :

> *Ps 55,24 - Et toi, Dieu les hommes sanguinaires et de tromperie tu les feras descendre dans le puits de la tombe…*

Si nous nous sommes quelque peu attardé sur l'énumération de ces différents vocables, c'est qu'ils participent à définir ce que le psalmiste considère comme offensant le Seigneur et lui faisant horreur. Au cœur de tous ces péchés, il y a le mensonge. D'abord celui à soi-même par la vantardise, puis envers le Seigneur, au travers de l'idolâtrie, et enfin à l'égard de son prochain avec la duplicité. Aussi, par l'étendue de ses formes et sa potentielle immixtion dans tous les actes, les paroles et les pensées de l'homme, il apparaît, à l'instar d'une arme de destruction massive, le moyen par lequel celui qui est avide de sang vide tous ceux qu'il rencontre de toutes traces de vie. En effet, par son mensonge, le menteur réduit à néant tout le réseau de relations qui permet aux individus de subsister face à la dureté de l'existence et aux coups du destin. Dès lors, par la rupture qu'il instaure, il enchaîne l'homme à la solitude et par elle à la mort, car celui-ci ne saurait survivre sans le secours de ses proches et de Dieu.

Mais disant que le mensonge ruine le lien, c'est la destruction de la Création elle-même à laquelle il nous renvoie, car toute chose dans l'œuvre divine, qu'elle soit animée ou inanimée, ne perdure que par le réseau de dépendance mutuelle à l'intérieur duquel chacune s'inscrit. C'est sans nul doute chez Ben Sira que cette pensée de la Création en termes de relation est probablement la mieux explicitée :

> 2,24 (M) - Toutes vont deux par deux, celle-ci en vis-à-vis de celle-là et il n'a rien fait en vain.
> 42,25 (M) - De celle-ci à celle-là passe leur bonté et qui se rassasie de voir leur splendeur ?

Si les choses vont deux par deux, cela ne tient pas à un conflit à caractère dualiste qui aurait la haute main sur l'ordre de la Création, mais à une nécessité, celle de donner à la bonté de pouvoir de diffuser dans l'ensemble de l'œuvre divine. Dès lors, la puissance destructrice et mortifère du mensonge se révèle dans toute son ampleur. En ruinant la relation, c'est ce passage de la bonté d'une chose à l'autre à laquelle il s'oppose et donc à la volonté divine qui a présidé à sa présence dans l'ordre du monde.

Cet approfondissement du mensonge et de son action permet de commencer à voir se dessiner l'argument du psalmiste mais participe également à le situer. En effet, l'on pourrait être tenté d'interpréter cette déclaration comme un questionnement sur l'existence du mal : Si Dieu est bon pourquoi le mal ? En fait, deux remarques sont nécessaires pour saisir que cette perspective est erronée.

D'abord, son objet n'est pas d'opposer la bonté de Dieu à la présence du mal, mais sa justice au mensonge de l'homme. La nuance est d'importance car, dans ce cas, il ne s'agit plus d'un affrontement entre deux entités abstraites qui se dresseraient l'une en face de l'autre, comme dans un schéma dualiste de l'univers dont le Seigneur ne serait qu'une pièce appartenant à l'un des deux camps, mais du conflit, compris dans ses dimensions créatrice et relationnelle, c'est-à-dire Dieu au milieu de son peuple, avec l'homme menteur, destructeur du lien. On devinera donc que, dans ces conditions, l'enjeu n'est pas la victoire du bien sur le mal mais celle de la vie, don de Dieu, sur la mort représentée par "l'homme de sang".

Le second point est tout aussi essentiel pour apprécier la formulation de l'orant et par conséquent du psalmiste. En effet, celui-ci apparaît veiller au plus haut point à ne pas placer sa parole dans le champ accusatoire, comme cela se manifeste dans l'argument de la présence du mal dans le monde Il s'agit d'éviter d'en faire une sorte d'interpellation mettant en cause, même de manière indirecte, l'acceptation divine de l'existence de tous ces prétentieux, ces idolâtres, ces menteurs et ces hommes de sang au milieu des siens. Pour l'orant, et le psalmiste qui le porte, ces individus iniques sont là, et il n'est pas de leur ressort d'en juger la présence. Ce sera d'ailleurs dans la méditation qui suit que cette attitude va se donner à comprendre.

La première méditation au sujet des justes, devant le temple de ta sainteté

Verset 8

> *Et moi par l'abondance de l'action-bienveillante-de-ta-fidèle-tendresse, j'arriverai à ta maison, dans la crainte, je me prosternerai vers le temple de ta sainteté.*

La méditation se poursuit donc au verset 8. En effet, après avoir délibéré sur la présence du mensonge de l'homme, c'est à la bonté de Dieu, son חֶסֶד (résed), auquel le psalmiste va engager l'orant à se recueillir.

Le "résed" est un mot essentiel de la théologie de l'Ancien Testament. S'il se rencontre dans de nombreux livres, c'est dans celui des Psaumes qu'il est le plus fréquent avec 128 occurrences sur les 247 de l'ensemble du corpus biblique.

Il est d'abord utilisé dans le cadre des relations humaines où il apparaît souvent pour exprimer la fidélité et l'amitié. Ainsi en 2 S 10,2 :

> *2 S 10,2 - David dit : "je serai fidèle avec Hanoun fils de Nahash comme son père a été fidèle avec moi". Alors, David envoya ses serviteurs pour le consoler de son père et les serviteurs de David vinrent au pays des fils d'Ammon.*

Toutefois, il faut noter que, pour l'homme biblique, cette notion appartient au concret de l'existence et ne saurait renvoyer à une conception plus ou moins abstraite de l'amitié ou de la fidélité. Il n'est donc pas étonnant de trouver ce vocable associé au verbe "faire" avec la formule "faire résed". Ainsi en 2 S 9,7 à propos de David qui "fait résed" à Mefibosheth le fils de Jonathan :

> *2 S 9,7 - Et David lui déclara : "Ne crains rien, car avec toi, je ferai résed envers toi à cause de Jonathan ton père. Je te remettrai toutes les terres de Saül ton père et tu mangeras tous les jours du pain à ma table".*

De la sorte, il permettra d'exprimer le fait de faire grâce à quelqu'un, lui manifester de la pitié ou de la compassion :

> *Gn 40,14 - Mais si tu te souviens de moi lorsque l'on te fera du bien, s'il te plaît, tu me feras résed, et tu feras se souvenir de moi à Pharaon et tu me feras sortir de cette maison.*

Cela étant son emploi à propos des personnes est largement minoritaire, car dans 75 % des cas c'est au résed de Dieu auquel les textes font référence. Néanmoins, lorsque l'homme biblique l'évoquera, il ne s'agira pas pour lui d'exprimer un attribut divin tel que nous pourrions le faire quand nous disons que "Dieu est amour", mais pour manifester, comme dans son utilisation dans le champ des relations humaines, son action dans le monde.

Cependant, si avec le Seigneur cette notion de fidélité demeure, celle relative à l'amitié s'approfondit en faisant progressivement place à un sentiment plus affectueux, voire passionné, que nous pourrions traduire par "tendresse". Certes, il peut se mettre en colère, mais, comme un père avec son enfant, il est toujours habité par l'impatience de la quitter afin de retrouver cette relation affective sans borne (Nb 14,18) qui n'aurait jamais dû être brisée. Aussi, c'est avec empressement que Dieu attend que l'homme lui manifeste en retour sa propre tendresse (Os 6,6), car c'est à cet échange qu'il aspire :

> *Os 6,6 - Car c'est le "resed" que je désire et non pas les sacrifices, la connaissance de Dieu plus que les holocaustes.*

Dès lors, exprimant en acte la bienveillance, la fidélité et la tendresse, ce vocable de *résed* pourrait, dans le champ divin, se traduire par "l'action bienveillante de la fidèle tendresse de Dieu".

C'est certainement dans les Psaumes que cette sensibilité de Dieu se révèle dans toute son ampleur. Elle transcende aussi bien le temps que l'espace, elle est "pour toujours", "dure à jamais" (Ps 118 ; Ps 136) et elle remplit toute la terre (Ps 33,5), allant jusqu'à atteindre les cieux (Ps 89,3).

> *Ps 118,1 - Célébrez le Seigneur, car il est bon, l'action bienveillante de sa fidèle tendresse est pour toujours.*

> *Ps 33,5 - Aimant la justice et le droit, l'action bienveillante de la fidèle tendresse du Seigneur emplit toute la terre.*

En conséquence, l'homme biblique sait que, même dans le malheur, toute son existence est baignée par cette sollicitude qui diffuse dans toute l'œuvre divine. Mais si cette bonté de Dieu l'environne alors il sait également que s'il se tourne vers lui avec humilité et emplit du regret sincère de ses fautes, le pardon ne saurait lui être refusé. Ainsi, un lien étroit s'instaure entre le *résed* et la miséricorde de Dieu. Les psaumes, tout autant que les prophètes ou les livres historiques, l'expriment inlassablement (Ps 86,15; Za 7,9; Ne 9,17…) :

> *Jl 2,13 - Déchirez votre cœur, non vos vêtements. Revenez vers le Seigneur notre Dieu, car il est clément et miséricordieux, lent à la colère, abondant en résed et consolant dans le malheur.*

Aussi, grâce à elle, l'homme pourra entrer en possession de son bien le plus précieux (Ps 36,8-10) la lumière et la vie de son Créateur.

> *Ps 36,8 - Dieu, qu'elle est précieuse ta résed. Les fils d'Adam se réfugient à l'ombre de tes ailes.*
> *Ps 36,9 - Ils se rassasient de la graisse de ta maison et tu les abreuves d'un torrent de tes délices.*

> *Ps 36,10 - Car avec toi est la source de la vie. Dans ta lumière nous voyons la lumière.*

Ce parcours, certes sommaire, au travers du résed divin permet de mieux préciser l'argumentaire du psalmiste. Après avoir montré que sa certitude dans le secours de Dieu tient à l'horreur que celui-ci lui inspire, il affirme que cette conviction se fonde également sur la tendresse qu'il éprouve à son égard. Si le Seigneur n'hésite pas à répondre à la demande de l'homme de le protéger de ses errements et de ses transgressions et va jusqu'à le racheter, cela procède, comme le dit le prophète Isaïe, de l'amour qu'il lui porte :

> *Is 43,1 - Et maintenant ainsi parle le Seigneur, celui qui t'a créé Jacob et t'a façonné Israël : Ne crains rien, car je t'ai racheté et je t'ai appelé par ton nom. Tu es à moi.*
> *Is 43,2 - Quand bien même tu passerais dans les eaux, moi je serai avec toi et les fleuves ne te submergeront pas. Quand tu iras dans un feu, tu ne seras pas brûlé et la flamme ne te consumera pas.*
> *Is 43,3 - Car moi le Seigneur ton Dieu, le saint d'Israël, celui qui sauve, j'ai donné pour ta rançon l'Égypte, la Nubie et Seva en échange.*
> *Is 43,4 - C'est que tu es précieux à mes yeux, tu as de la valeur et moi je t'aime. Aussi je donnerai des hommes à ta place et les peuples en échange de ta néphésh.*

On comprend, dès lors, beaucoup mieux ce choix de ne pas inscrire la question du mal dans le monde dans une perspective accusatoire. Comment peut-on s'en prendre à celui qui nous aime et qui ne souhaite qu'une chose, notre salut ? Aussi, loin de vouloir mettre Dieu à l'épreuve de la présence du mal, il s'agit, au sein de cette tendresse, de l'émouvoir afin qu'il comble de son affection ceux qui le cherchent et s'efforcent de se tenir à l'écart du péché.

La conclusion de cette méditation survient donc de manière presque naturelle. Si c'est le resed de Dieu qui gouverne le monde alors l'avènement du Seigneur est dorénavant certain. Dans ces conditions, il ne manquera pas de sortir sur le seuil de sa demeure pour lui manifester sa royauté et sa justice. Et, celui qui voudrait saisir l'instant inaugural de ces temps nouveaux n'a plus qu'à s'installer en face de sa maison sainte, son Temple, et, prosterné devant sa porte, guetter et prier afin de hâter la venue de son salut.

La seconde prière, guide-moi Seigneur

Verset 9

Seigneur guide-moi selon ta justice à cause de ceux qui me-regarde-avec-haine. Rends droit devant moi ton chemin.

Avec le verset 9 nous abordons le second temps de la supplication. Alors que nous nous interrogions sur le motif qui commandait la première prière et qu'il nous a été nécessaire de mieux discerner le contenu de la méditation qui la suivait pour le reconnaître, ici, il nous le livre sans détour. L'orant, au travers du psalmiste, demande d'abord au Seigneur de le guider selon sa justice puis qu'il rende droit son chemin. Néanmoins, il précise que cette prière tient à ce que certains individus le regardent avec haine.

Nous avons déjà examiné la signification que porte l'expression "justice de Dieu". Rappelons que Dieu est sanctifié par sa justice et que celle-ci se manifeste dans sa miséricorde. En conséquence, en sollicitant d'être dirigé par la justice divine, le psalmiste implore le Seigneur de le toucher de sa miséricorde puis de le remplir de sa bienveillance, alors que son instinct le conduirait, il ne le sait que trop bien, à cause de cette haine qui l'entoure, au ressentiment et à la vengeance. C'est donc un appel à ne pas se laisser dominer par le péché, un appel à l'aide face à sa faiblesse qu'il traduit en demandant de rendre droit son chemin.

Le vocable דֶּרֶךְ (dérék), qui signifie "chemin", "voie" ou "route", appartient au vocabulaire biblique de base, avec plus de six cent quarante-quatre occurrences. S'il est largement employé au sens propre, sa fréquente utilisation au figuré en fait un mot essentiel au sein du langage religieux d'Israël. En effet, le chemin est la métaphore au travers de laquelle se formule le comportement de l'homme et la manière dont il oriente son existence. A ce titre il distingue deux voies, c'est-à-dire deux postures de vie, l'une tournée vers le Seigneur qui est représenté par le "droit chemin" et l'autre, celle qui s'en détourne, avec le "chemin tortueux" :

> *Ps 27,11 - Seigneur enseigne-moi ton chemin, conduis-moi sur un sentier droit à cause de ceux qui me guettent.*
> *Pr 21,8 - Le chemin de l'homme coupable est tortueux, mais pour le pur son action est droite.*

Le livre du Deutéronome l'exprimera dans une formule qui est au fondement de toute la théologie d'Israël et que nous solliciterons à plusieurs reprises tant son importance est capitale.

> *Dt 30,16 - Ce que je t'ordonne aujourd'hui, c'est d'aimer le Seigneur ton Dieu, d'aller sur ses chemins et garder ses commandements, ses lois et ses préceptes. Alors tu vivras, tu deviendras nombreux et le Seigneur ton Dieu te bénira dans le pays dont tu vas prendre possession.*

Celui qui marche sur le droit chemin pratique la justice (Pr 8,20), il est fidèle et cherche la paix (Is 59,8) tandis que celui qui va sur les chemins tortueux est un insensé (Pr 21,8) qui courre à sa perdition (Ps 1,6) et sombre dans la mort (Ps 12,28).

Mais si cette image du chemin traduit le comportement de l'homme, elle manifeste également la relation du peuple d'Israël à son Seigneur dont l'itinéraire de l'Exode est le modèle. Israël n'a qu'un unique chemin à suivre, celui que le Seigneur lui a indiqué, le seul sur lequel il trouvera le bonheur :

> *Jr 32,38 - Ils seront pour moi un peuple et moi je serai leur Dieu.*
> *Jr 32,39 - Et je leur donnerai un seul cœur et un unique chemin afin que tous les jours ils me craignent tant pour leur bien que pour celui de leurs fils après eux.*

Cette prière prend alors toute sa profondeur. Non seulement elle est un appel de l'orant à ne pas succomber au péché de vengeance en rendant à ceux qui le haïssent cette rancœur qu'ils lui portent mais également d'étendre ce don particulier à toute son existence en le maintenant sur ses voies et en lui évitant, en prenant des chemins tortueux, d'être contaminé par le péché.

La seconde méditation au sujet des impies, disperse-les Seigneur

Versets 10 et 11

> *Car rien dans sa bouche n'est sincère. Leurs entrailles la mort, leur gorge un tombeau ouvert, leur langue est pleine-de-flatterie.*
> *Dieu déclare-les coupables. Ils tomberont à cause de leurs mauvais desseins, de la multitude de leurs rébellions. Disperse-les, car ils se sont révoltés contre toi.*

Ces deux versets peuvent nous étonner. En effet, alors que l'orant vient de demander au Seigneur de témoigner de sollicitude à son égard en l'appelant à le guider selon sa justice et le maintenir sur le droit chemin, nous ne pouvons qu'être frappés par l'exigence, somme toute peu charitable, de condamner ses adversaires et de les disperser. Comment comprendre cette requête ?

Quoique cela puisse nous surprendre, cela n'a rien d'inhabituel et l'on ne compte pas les psaumes dans lesquels l'orant réclame au Seigneur, pour le préserver des insultes ou de la malveillance de ses ennemis, de les poursuivre, les attaquer (Ps 35), les déshonorer (Ps 40,15), à répandre sur eux sa fureur (Ps 69,25), ou la foudre, le feu, le soufre et un vent brûlant (Ps 11).

Pour comprendre cette attitude, il faut revenir à la conception que se fait l'homme biblique de son rapport au Seigneur. Leur relation est régie dans le cadre d'une alliance dont le modèle est celui du lien qui unit un vassal à son suzerain. D'un côté, le premier consent à obéir au second, à lui être fidèle en toutes circonstances et à lui fournir divers biens, souvent comestibles, de l'autre, et en échange, celui-ci lui garantit une terre et sa protection face aux atteintes dont il pourrait être l'objet. Dans le cas d'Israël, cette alliance se fonde dans le don de la Loi qui formule les exigences du Seigneur à son égard et dans l'octroi d'une terre. Dès lors, Israël s'engage à respecter cette Loi, lui demeurer toujours fidèle et lui prodiguer des sacrifices qui lui soient agréables, à l'image de ce que fait le vassal pour pourvoir aux besoins de son suzerain.

> *Nb 28,1 - Alors le Seigneur parla à Moïse en lui disant*

> *Nb 28,2 - Donne l'ordre (suivant) aux fils d'Israël. Tu leur diras de garder pour me l'offrir au temps fixé, mon offrande, mon pain, (qui sera faite) de mets consumés (dont) l'odeur me sera apaisante.*

Les livres de l'Exode, du Lévitique, des Nombres et du Deutéronome expliciteront, développeront et détailleront toutes les conditions de cette relation d'alliance entre le Seigneur et son peuple.

> *Dt 5,32 - Mais prenez garde d'agir comme le Seigneur, votre Dieu, vous l'a ordonné. Sans vous détourner ni à droite ni à gauche*
> *Dt 5,33 - de tout chemin que le Seigneur, votre Dieu vous a ordonné d'aller afin que vous viviez, que vous ayez ce qui est bon, et que vous prolongiez (vos) jours dans le pays dont vous allez prendre possession.*

En parallèle de cet engagement divin à donner vie et bénédiction, nous avons, dans le livre de l'Exode, celui d'Israël de conformer aux ordres de son Seigneur :

> *Ex 24,7 - Et il prit le livre de l'Alliance et il (le) lut aux oreilles du peuple. Et ils dirent : " Tout ce que le Seigneur a dit, nous le ferons et nous y obéirons"*
> *Ex 24,8 - Alors Moïse prit du sang et il aspergea le peuple et dit : "Voici le sang de l'Alliance que le Seigneur a conclue avec vous sur (la base) de toutes ces paroles.*

En revanche, si Israël se soustrait aux obligations de l'Alliance, ne respecte pas les commandements de son Seigneur et se tourne vers d'autres dieux alors il doit savoir qu'il sera condamné pour son inconduite et le salaire de sa transgression sera la mort :

> *Dt 30,17 - Mais si ton cœur se détourne (de moi) et que tu ne m'écoutes pas, que tu te laisses entraîner, que tu te prosternes devant d'autres dieux et que tu les sers,*

> *Dt 30,18 - Je vous le déclare aujourd'hui, vous périrez certainement, vous ne prolongerez pas les jours sur le sol où tu va entrer et dont tu prendras possession en passant le Jourdain.*

Il suit de tout cela que si un danger se dresse visant à détruire Israël ou si un membre de son peuple se trouve diffamé, persécuté ou poursuivi par des ennemis qui en veulent à sa vie, alors la communauté, ou tout homme lui appartenant peut se tourner vers le Seigneur et, au titre des clauses de cette alliance, lui demander soutien et protection en intervenant à l'encontre de ceux qui le harcèlent et à plus forte raison quand le péché, cet ennemi redoutable, vient prendre d'assaut son cœur.

Cette requête de juger et de condamner n'est donc ni anormale, ni injustifiée, car elle s'inscrit précisément dans les dispositions « légales » qui régissent la relation d'Israël avec son Seigneur. En revanche, il serait coupable, aussi bien pour Israël que pour chacun de ses fils, de se venger d'un affront ou d'une injustice, c'est au Seigneur, et à lui seul, qu'il revient de juger, condamner ou pardonner un forfait. Le verset 19,18 du livre du Lévitique l'exprime clairement. La vengeance n'est pas du ressort de l'homme et l'amour du prochain doit être son impératif.

> *Lv 19,18 - Tu ne te vengeras pas et tu ne te fâcheras pas contre les fils de ton peuple. Tu aimeras ton prochain comme toi-même. C'est moi le Seigneur.*

Dès lors, ce qui pouvait nous heurter dans cette requête trouve ici son explication.

Sachant que la vengeance déplaît au Seigneur et donc que l'homme ne peut exercer de représailles à l'encontre de ceux qui le harcèlent sans l'offenser, l'orant n'a d'autre issue que de se tourner vers lui et l'implorer de le sauver si ce n'est en détruisant ses poursuivants, du moins en les dispersant. Mais afin de s'assurer que son protecteur divin ne restera pas sourd à sa demande, le psalmiste met dans la bouche de l'orant les arguments qui le prédisposeront à l'accepter. Il lui montre donc le goût immodéré de ses agresseurs pour le mensonge qui, source de mort, est la marque par laquelle est signifiée leur rupture de l'Alliance (voir ci-dessus Dt 30,15-16) c'est-à-dire de leur révolte.

Il désignera la tromperie de ses ennemis au travers de la bouche et de la langue tandis que, la présence de la mort, il l'exprimera par la mention des entrailles et de la gorge. Si l'on comprend que le psalmiste ait choisi les deux premiers organes à propos du mensonge, il est plus délicat de saisir ce qui le conduit à faire référence aux deux autres concernant la mort.

Nous avons déjà rencontré le vocable de "entrailles" en citant Jb 3,11 au psaume 4. Ce terme traduit cependant divers mots hébreux dont chacun porte une signification plus particulière. D'abord רַחַם (rarham) et רַחֲמִים (rarhamim) que l'on trouve respectivement en 1 R 3,26 et Is 46,3 et dont le sens sont très proches. S'ils font référence au ventre, ils sont souvent utilisés pour exprimer une émotion forte ainsi en Gn 43,30 où Joseph est ému, "pris aux tripes" comme nous le dire dans un langage familier, lorsqu'il retrouve ses frères. À partir de là ils pourront signifier "pitié" (Is 9,6), "tendresse" (Os 2,21) voire même "miséricorde" (Ps 40,12).

Ensuite, il y a בֶּטֶן (bétén) et מֵעַיִם (méha-ym) qui servent fréquemment à désigner l'utérus, ainsi en Gn 15,4 ou en Ps 132,11 :

> *Ps 132,11 - Le Seigneur en a fait le serment à David. Vérité (sur laquelle) il ne reviendra pas : "Pour toi, je mettrai le fruit de tes entrailles sur un trône".*

Enfin, et c'est ce vocable que nous rencontrons au verset 10, il y a קֶרֶב (kéréve). Il est plus particulièrement utilisé pour désigner les viscères. C'est d'ailleurs ce terme que l'on trouve dans le livre du Lévitique à propos de celles des animaux lors des sacrifices.

> *Lv 1,9 - Et ses entrailles et ses pattes, il les lavera dans l'eau et le prêtre les fera brûler le tout à l'autel. (C'est) un holocauste, une offrande consumée par le feu, une odeur agréable pour le Seigneur.*

Il sera donc utilisé pour désigner ce qui est à l'intérieur ou, ce qui est dans le sein, au fond ou parmi.

> *Pr 26,24 - Par ses lèvres le haïsseur se déguise, mais en lui-même (dans son intérieur, au fond de lui) il met la tromperie.*

En mentionnant que les entrailles de ces individus sont le signe de la mort, le psalmiste signifie que celle-ci règne au plus profond d'eux-mêmes c'est-à-dire qu'ils portent dans la totalité de leur être la marque de leur trahison de l'Alliance. Dès lors, ils sont coupables de félonie envers leur suzerain et, à ce titre, ils méritent une condamnation exemplaire.

L'évocation de la gorge vient à l'appui de l'assertion précédente et, en quelque sorte, permet de fournir la raison qui autorise au psalmiste de l'avancer. Parce que leur gorge est béante alors la mort peut se voir sans difficulté au fond de leur ventre, à l'image d'un tombeau ouvert qui laisserait découvrir le cadavre déposé au fond de sa fosse.

Le verset 11 apparaît donc comme le point d'orgue de sa seconde méditation à propos des impies. Si ces individus ont rompu l'Alliance, il revient au Seigneur, et à lui seul, d'appliquer ce que lui-même a édicté, les proclamer coupables et prononcer leur condamnation, en l'occurrence leur dispersion.

La seconde méditation au sujet des justes, l'amour du nom

Verset 12

> *Et tous ceux qui espèrent en toi se réjouiront, pour toujours ils chanteront des louanges. Aussi sur eux tu feras un abri et ils exulteront en toi ceux qui aiment ton nom.*

Ce verset qui, à certains égards, peut paraître assez limpide, cache toutefois deux questions qui méritent quelques éclaircissements. D'abord, que signifie exactement cette expression peu usuelle "aimer le nom" puis, comment l'appréhender dans le contexte au sein duquel elle est insérée ?

La formule "aimer le nom" peut nous sembler insolite, voire étrange. En quoi un nom pourrait-il être aimable ? Oserions-nous déclarer notre amour en disant, à celle ou celui que l'on aime, que nous aimons son nom ? Il y a d'ailleurs fort à parier que celui, ou celle, qui l'entendrait la recevrait, si ce n'est comme un trait comique, du moins comme la marque d'une certaine extravagance. Que doit-on donc comprendre par une telle expression ? Pour la saisir, il est d'abord nécessaire de clarifier la perception que se fait l'homme biblique du nom puis de l'amour.

Pour celui-ci, et très probablement dans la mentalité des peuples sémitiques, le nom ne se conçoit pas seulement comme le moyen de désigner une chose ou une personne, mais s'inscrit dans une reconnaissance de ce qu'elle est, et joue, toutes proportions gardées, un rôle identique à ce que nous assignons à la nature de l'être. Dès lors, nommer quelqu'un ou quelque chose c'est lui conférer une réalité, une présence qui l'actualise dans l'ici et le maintenant de celui qui le prononce et qui signifie qu'elle existe.

Ainsi il n'y a rien d'étonnant à ce que le Seigneur appelle dans l'instant même de la création toute chose par un nom, car par cette nomination il fait advenir à l'existence ce qu'il vient de créer :

> *Gn 1,5 - Et Dieu nomma la lumière, jour et les ténèbres, nuit. Puis il y eut un soir et il eut un matin, premier jour.*

De même, l'on ne sera pas surpris de le voir confier à l'homme la nomination de tous les êtres vivants de la Création :

> *Gn 2,19 - Alors le Seigneur, à partir du sol, modela tout animal des champs et tout oiseau des cieux. Puis il fit venir l'homme pour voir comment il les appellerait et ce que l'homme nommait, cela était son nom.*

Si le nom est associé à la venue à l'existence, alors, sa négation, "effacer le nom", renvoie à la disparition de celui qui le porte et, à travers cet acte, à celle de toute sa postérité. Ainsi de la réponse de Saül lorsque David vient de lui révéler, en lui montrant le pan de son manteau, qu'il avait eu sa vie entre ses mains :

> *1 S 24,22 - Et maintenant, fais-moi un serment par le Seigneur, tu n'extermineras pas ma descendance après moi, ni tu détruiras mon nom de la maison de mon père.*

Ce verset témoigne on ne peut mieux de cette crainte de la rupture de la continuité temporelle de l'être. La perpétuation du nom apparaît donc comme vitale et décisive car, grâce à elle, l'homme ne court pas le risque de sombrer dans le néant. Ainsi de la loi du Lévirat qui assure à celui qui meurt sans descendance de ne point disparaître à jamais (Dt 25,6) et à l'inverse, cette imprécation du psalmiste qui supplie le Seigneur d'anéantir la progéniture du méchant et d'effacer son nom :

> *Ps 109,13 - Que sa postérité soit exterminée, dans la prochaine génération leur nom effacé.*

Dès lors, le changement du nom est loin d'être un fait anodin, car, dans celui-ci, c'est l'existence même de celui qui le porte qui s'en trouve affecté, en le revêtant d'une dignité ou l'appelant à une vocation nouvelle. Ainsi d'Abram (en fait Avram) qui devient Abraham (ou Avraham prononcer en séparant le "av" du "ra" : ave-ra-ham idem pour Avram : ave-rame) :

> *Gn 17,4 - Moi, voici mon alliance avec toi. Tu deviendras père d'une multitude de nations.*
>
> *Gn 17,5 - Aussi on ne t'appellera plus du nom d'Avram, ton nom sera Avraham parce que je t'ai rendu père d'une multitude de nations*

Toutefois, dans notre psaume, il ne s'agit pas du nom d'un homme ou d'une chose, mais du nom de Dieu. C'est sans nul doute le passage du livre de l'Exode, lorsque Moïse est devant le buisson ardent et qu'il demande au Seigneur de lui divulguer son nom, que la réponse qui lui est faite le révèle dans toute sa profondeur.

> *Ex 3,14 - Et Dieu dit à Moïse : "Je suis qui je suis". Puis il dit "Ainsi tu diras aux fils d'Israël, "je suis" m'a envoyé vers vous".*

Mais quoique cette expression ait excité à l'extrême l'intérêt de bon nombre de théologiens et de philosophes et ait donné lieu à de multiples interprétations, c'est le verset suivant qui s'est imposé pour la nomination de Dieu :

> *Ex 3,15 - Et Dieu dit encore à Moïse : "Ainsi, tu diras aux fils d'Israël, le Seigneur, le Dieu de vos pères, le Dieu d'Abraham, le Dieu d'Isaac et le Dieu de Jacob m'a envoyé vers vous. Ceci est mon nom pour toujours, mon nom de génération en génération.*

Ce verset comporte trois noms à propos de Dieu. D'abord אֱלֹהִים (élohim) que l'on traduit très généralement par "Dieu" et que l'on retrouve sous une forme ramassée, et probablement archaïque, avec "אֵל" (El). Ensuite, il y a הוהי. La tradition juive impose de ne jamais le prononcer, d'ailleurs, si dans un lointain passé il a pu l'être, quoique rien que rien ne permette de l'affirmer, sa phonétique a été perdue[20]. Cette interdiction n'est cependant pas tout à fait incompréhensible dans la mesure où, comme nous l'avons vu, la prononciation du nom témoigne d'un pouvoir de la part de celui qui nomme vis-à-vis de celui qui est nommé et l'homme ne saurait avoir un quelconque pouvoir sur le Seigneur. Enfin, le troisième est "le Dieu d'Abraham, le Dieu d'Isaac et le Dieu de Jacob". Cette expression est bien connue, c'est d'ailleurs celle que le Christ emploiera avec les Sadducéens venus le mettre à l'épreuve à propos de la résurrection des morts.

Cette dernière revêt une grande importance, et cela, d'autant plus qu'elle est utilisée dans ce verset conjointement avec le tétragramme הוהי. En effet, si celui-ci témoigne, du fait de son caractère imprononçable, de l'impuissance de l'homme face à l'immensité de la nature divine, l'autre, par la mention de ces trois patriarches, inscrit son nom au sein d'une relation fondée sur la fidélité de sa présence au milieu de son peuple et la reconnaissance des empreintes qu'il laisse à chaque génération de cette relation. Ainsi, ce verset dévoile la nature paradoxale du nom qui s'enracine, d'une part, par son inaudibilité, dans le lointain de la transcendance divine et, d'autre part, dans la proximité, par sa

---

[20] Cette interdiction de la prononciation du nom de Dieu oblige le lecteur lorsqu'il le rencontre dans le texte biblique, à le remplacer par Adonaï. Depuis octobre 2008 et selon le souhait du Pape Benoît XVI, l'Église Catholique a décidé de ne plus prononcer les noms de Yahvé ou Yahweh et de les substituer par "Seigneur", traduction du mot "Adonaï", pluriel de "Adone". Dans ce cas ce n'est pas un pluriel numérique mais un pluriel de majesté ou d'intensité.

présence continue dans l'histoire humaine. En d'autres termes, ces deux noms présentent Dieu comme à la fois inconnaissable dans sa nature et connaissable par ses œuvres, tel celui qui se donne à connaître et pourtant se dérobe, celui qui se révèle dans le voilement.

Nous n'entrerons pas dans les détails à propos du verbe אָהַב (ahav), aimer maais notons tout de même qu'à l'instar du français son spectre d'utilisation est particulièrement large. En effet, il renvoie tout autant à l'amour charnel qu'à l'amour mystique, à une passion dévorante qu'à une profonde amitié, aux amours adultérins ou incestueux qu'à l'amour conjugal ou maternel. Ainsi de l'ardeur du désir de Samson pour Dalila :

> *Jg 16,4 - Puis après cela il aima une femme au torrent de Sorec. Son nom était Dalila.*

ou de l'amour coupable d'Amnon, le fils aîné de David que nous avons rencontré au Psaume 3 à propos d'Absalom, pour sa sœur Tamar :

> *2 S 13,1 - Ensuite, Absalom fils de David avait une sœur (qui était) belle et du nom de Tamar. Elle fut aimée par Amnon fils de David.*
> *2 S 13,2 - Amnon était tourmenté jusqu'à se rendre malade à cause de sa sœur Tamar, car elle était vierge et il était difficile aux yeux de Amnon de tenter quoique ce soit.*
> *…*
> *2 S 13,14 - Il ne voulut pas l'écouter puis se saisit d'elle, la violenta et coucha avec elle.*
> *2 s 13,15 - Alors Amnon se mit à la détester d'une haine féroce telle que l'aversion qu'il lui portait était plus grande que l'amour qu'il avait eu pour elle. Puis il lui dit : "Lève-toi et va-t-en".*

Ou encore de cette passion intense et généreuse de Jacob pour Rachel la fille de Laban :

> *Gn 29,19 - Et Laban lui dit : Il est meilleur que je te la donne plutôt que je la donne à un autre homme ; reste avec moi.*

> *Gn 29,20 - Alors Jacob servit sept ans pour Rachel. Ils furent à ses yeux comme quelques jours tant il l'aimait.*

Ou enfin de cet amour que le sage porte à la connaissance et à la sagesse :

> *Pr 12,1 - Qui aime la discipline aime la connaissance et qui déteste la réprimande est un stupide.*

Notre énumération pourrait être encore bien longue, que l'on pense au Cantique des Cantiques, ou aux amours des rois d'Israël.

Si tous ces textes bibliques nous permettent de cerner les différents lieux de l'amour dont l'homme est capable, il est en revanche bien difficile de discerner la perception qu'il se fait de ce qu'il est, mais également de sa manière de l'exprimer et de le vivre, sauf peut-être dans le Cantique. En revanche, c'est au travers de l'amour qu'il porte au Seigneur, mais surtout dans celui que ce dernier lui témoigne que l'on peut saisir ce qu'il entend de la perfection de sa nature.

C'est sans doute dans le livre du Deutéronome que cet amour de l'homme envers son Seigneur trouve sa manifestation décisive. Le verset fondamental se situe au chapitre 6 :

> *Dt 6,5 - Et tu aimeras le Seigneur ton Dieu de tout ton cœur, de tout ce qui t'anime (néphesh) et de toute ta force.*

L'amour de l'homme pour son Seigneur apparaît donc comme un impératif (tu aimeras) auquel il ne saurait se soustraire et qui l'engage dans la totalité de son être, aussi bien dans son intelligence (cœur), sa vie (néphésh) que sa volonté (force). Ainsi, il relève bien moins d'une effusion sentimentale incontrôlée que de cette volonté mue par l'intellect de vivre de manière exclusive dans les commandements du Seigneur et de marcher selon ses voies :

> *Dt 5,9 - Tu ne te prosterneras pas devant elles [idoles] et tu ne les serviras pas car moi, le Seigneur Dieu, je suis un Dieu jaloux qui retient la*

> *faute des pères sur les fils jusqu'à la troisième génération et sur la quatrième pour ceux qui me détestent.*
>
> *Dt 5,10 - Mais (un Dieu) qui agit avec avec la bienveillance de sa fidèle tendresse pour des milliers de générations envers ceux qui m'aiment et gardent mes commandements.*

Toutefois, le Seigneur connaît la faiblesse de l'homme et Dt 30,6 vient précisément ajuster cet impératif d'amour à la réalité humaine :

> *Dt 30,6 - Et le Seigneur Dieu circoncira ton cœur et le cœur de ta descendance pour aimer le Seigneur ton Dieu de tout ton cœur et de tout ce qui t'anime à cause de ta vie.*

Cette exigence de l'amour va par ailleurs se renouveler, particulièrement dans les psaumes, par l'émergence d'un amour baigné de spiritualité et de tendresse. Nous allons y revenir.

Mais à cet impératif amoureux, ce commandement d'aimer, le Seigneur répond par un amour tout autant déroutant par son origine, inouï de par sa constance et renversant par sa miséricorde, comme l'expriment les versets suivants :

Ainsi, de la gratuité qu'il tire de sa source :

> *Dt 7,7 - Le Seigneur s'est attaché à vous, non pas parce que vous êtes nombreux parmi tous les peuples, il vous a choisi car vous êtes le plus petit de tous les peuples.*
>
> *Dt 7,8 - C'est parce que le Seigneur vous aime et parce qu'il tient le serment qu'il a prononcé à vos pères de vous faire sortir d'une main forte et de te libérer de la maison des esclaves, de la main de Pharaon, le roi d'Égypte.*

De la constance issue de son éternité :

> *Jr 31,3 - De loin le Seigneur s'est laissé voir : "D'un amour éternel je t'aime, c'est pourquoi je répands (sur) toi l'action bienveillante de ma fidèle tendresse (resed).*

Enfin sa miséricorde qu'il déverse sur Israël :

> *Is 63,9 - Dans toutes leurs angoisses, ce fut pour lui angoisse. Alors le messager de sa face les a sauvés dans son amour et sa pitié. Lui, il les racheta, il les souleva, et tous il les porta (comme) au jours d'autrefois.*

Cette expression, qui au départ pouvait nous paraître insolite, se révèle au terme de ce parcours, au travers du substantif "nom " et du verbe "aimer ", d'une profondeur théologique insoupçonnée. Il serait, certes, possible de l'interpréter comme une sorte d'antonomase et voir derrière le mot "nom" le mot "Dieu", mais ce serait, d'une certaine manière, lui faire perdre toute l'intensité qu'elle recèle.

En effet, le "j'aime ton nom" ne se réduit pas pour le psalmiste à pousser l'orant à donner des marques de son attachement et de sa fidélité à la personne divine, mais à signifier son entrée, par l'amour, dans le mystère propre de Dieu. En effet, par cette confession, le psalmiste lui fait reconnaître à la fois son infirmité intellectuelle à pénétrer dans ce mystère et auquel seul le silence convient, à l'image de la manifestation de cette "parole de silence" du Seigneur à Élie à l'Horeb, et pourtant il lui affirme que ce Dieu inconnaissable et inaccessible se révèle aux hommes dans leur histoire par les actes libres et miséricordieux de son salut. En déclarant "j'aime ton nom" le psalmiste dévoile donc tout le paradoxe de la manière divine d'être aux hommes, son immanence dans l'imprononçable et l'inaudible de son nom et dans la nomination "Dieu d'Abraham, Dieu d'Isaac et Dieu de Jacob" l'anticipation de l'événement de son salut.

Toutefois, cette reconnaissance de Dieu n'est pas le produit d'une composante spirituelle de la nature de l'homme qui le prédisposerait à l'amour, ni l'action d'une puissance qui lui serait extérieure et qui dirigerait ses désirs à l'image de l'amour irrésistible que se portent Tristan et Yseult. Celle-ci s'inscrit dans un acte libre et volontaire de l'homme face à une demande de son Seigneur. Certes, cette demande est impérative, mais son acceptation ne s'impose pas et son refus est une éventualité qui ne saurait être écartée. C'est précisément dans le commandement que se constitue la garantie de la vraie liberté de l'homme vis-à-vis de l'amour de son Seigneur, celle de le recevoir ou celle de le rejeter.

Dès que l'on aura découvert la nature de cet amour du nom, on mesurera beaucoup mieux ce qu'il implique dans la compréhension de ce psaume. L'amour du nom nous introduit à la fois dans sa dimension spirituelle, mais encore dans sa dimension théologique, car, au travers de cet amour, le psaume est non seulement une parole qui nous fait participer de l'amour de Dieu, mais également qui nous dit la relation de Dieu à l'homme. Pour preuve, ces deux argumentaires, qui bien au-delà d'une perception banale qui pourrait nous les faire voir comme un moyen d'obtenir satisfaction, sont avant tout un travail de l'intelligence visant à approfondir les raisons mêmes de la prière et donc de la foi. En devenant expression de la foi, la prière se fait discours sur la foi et à ce titre acte théologique.

La bénédiction de Dieu dans la joie

Verset 13

Car toi, Seigneur, tu bénis le juste. Tel un bouclier la joie l'environne.

Avec le verset 13, nous arrivons au terme de notre parcours. Celui-ci, au travers du "car" qui l'introduit, résonne comme la conclusion de la méditation à laquelle avait été invité l'orant par le psalmiste. Mais surtout, il nous révèle sa finalité dont nous avions quelque mal à discerner la nature au début de notre lecture : trouver la bénédiction du Seigneur dans la joie de sa présence. C'est ce verset qui finalement commande toute cette prière et c'est à travers lui qu'il faut comprendre le mouvement de la pensée de son auteur.

Synthèse

Comme notre lecteur l'a très probablement constaté, les deux développements qui suivent les deux prières peuvent se mettre en parallèle. Ainsi l'effroi que les pécheurs inspirent à l'orant dans la seconde méditation répond à l'horreur du Seigneur pour le péché de la première et sa fidèle tendresse de la première nous renvoie à l'amour que l'orant manifeste pour son nom. Cette symétrie n'a rien de hasardeux et dénote de la structure argumentative de cette prière. En effet, autant les psaumes 3 et 4 s'inscrivaient dans l'émotion, autant celui-ci se déploie selon un raisonnement étayé. Il ne s'agit plus de persuader mais bien de convaincre.

Toutefois, cette argumentation est à double détente. En effet, si les paroles que le psalmiste met dans la bouche de l'orant apparaissent comme visant à convaincre le Seigneur de le sauver, en fait il aspire, au travers de cette méditation, à convaincre l'orant que le Seigneur peut être convaincu par la prière de l'homme. En d'autres termes, ce psaume, comme beaucoup d'autres d'ailleurs, est à la fois une prière adressée au Seigneur mais également un enseignement prodigué à l'orant. C'est en cela qu'il poursuit le cheminement initié au psaume 3. En effet, alors que ce dernier nous avait montré que nul n'était maître du salut et ne pouvait se l'approprier, puis, avec le suivant que la prière était la voie par lequel celui-ci sera manifesté à l'homme, avec le psaume 5, le psalmiste explicite pourquoi et comment cette prière peut atteindre le but qui lui a été assigné. Ce « pourquoi », centré sur Dieu, se développe dans la première méditation, tandis que le « comment », axé sur l'orant, se déploie dans la seconde. Les deux se renvoyant cependant l'une à l'autre de telle sorte que l'orant en convainquant le Seigneur se convainc lui-même.

Pour illustrer cette stratégie, on trouvera ci-dessous la reprise du plan que nous avons présenté au début mais assorti des commentaires explicitant l'argumentaire.

Résumé de l'argumentaire

Formule introductive
L'orant appelle le Seigneur et le convie à l'écouter

> #### *Première prière*
> *L'orant déclare au Seigneur que chaque matin il se tourne vers lui et le prie afin qu'il manifeste son salut puis il se met à en guetter la venue.*
>
> *Pour convaincre le Seigneur d'exaucer cet appel, il va avancer deux arguments, le premier relatif à son horreur du péché et le second au sujet de sa fidèle tendresse :*
>
>> #### *Premier argument*
>> *L'horreur que le Seigneur a du péché.*

Si le Seigneur a horreur du péché, alors il ne peut pas manquer de venir manifester son salut car c'est par lui et lui seul que sera détruit le mensonge qui mène sa création à la mort.

Second argument
La fidèle tendresse du Seigneur.
Si l'action de Dieu auprès de ses créatures est mue par sa fidèle tendresse alors comment pourrait-il refuser cette venue du salut à celui qui met son espérance dans cette fidélité ?

Seconde prière
L'orant demande au Seigneur de le guider et de le faire aller sur le chemin qui le conduira à son salut.
Pour, à nouveau, convaincre le Seigneur de l'exaucer, il va avancer deux arguments, le premier qui explicite cette même horreur qu'il a du péché et le second l'amour qu'il lui porte à l'instar du sien pour ses fidèles :

Premier argument
Son horreur du péché.
Si le psalmiste demande au Seigneur de le conduire, c'est qu'ayant également lui-même horreur du péché, il craint que, sans son aide, son aversion soit insuffisante pour lui éviter d'y succomber à cause des pécheurs qui l'environnent.

Second argument
L'amour qu'il porte à son nom.
S'il veut être guidé, cela tient également à la joie qu'il éprouve à chanter ses louanges en sa présence et à l'amour qui l'anime à l'énonciation de son nom.

Formule conclusive
La bénédiction du Seigneur est le bouclier de l'homme

Au terme de sa supplique, l'orant ayant réalisé la force argumentative de sa prière a appris deux choses : la première est la raison même du salut, l'amour que Dieu porte à l'homme et la seconde que dans ces conditions le Seigneur ne pourra rester insensible à la prière de celui qui s'abandonne à lui. Dès lors, il sait qu'il a trouvé cette justice que le Seigneur veut pour l'homme et que, comblé de ses bénédictions, il sera empli de joie car c'est par cet abandon qu'il trouve place. auprès de lui.

Psaume 6

1 לַמְנַצֵּחַ בִּנְגִינוֹת עַל־הַשְּׁמִינִית מִזְמוֹר לְדָוִד׃

2 יְהוָה אַל־בְּאַפְּךָ תוֹכִיחֵנִי וְאַל־בַּחֲמָתְךָ תְיַסְּרֵנִי׃

3 חָנֵּנִי יְהוָה כִּי אֻמְלַל אָנִי רְפָאֵנִי יְהוָה כִּי נִבְהֲלוּ עֲצָמָי׃

4 וְנַפְשִׁי נִבְהֲלָה מְאֹד ואת וְאַתָּה יְהוָה עַד־מָתָי׃

5 שׁוּבָה יְהוָה חַלְּצָה נַפְשִׁי הוֹשִׁיעֵנִי לְמַעַן חַסְדֶּךָ׃

6 כִּי אֵין בַּמָּוֶת זִכְרֶךָ בִּשְׁאוֹל מִי יוֹדֶה־לָּךְ׃

7 יָגַעְתִּי בְּאַנְחָתִי אַשְׂחֶה בְכָל־לַיְלָה מִטָּתִי בְּדִמְעָתִי עַרְשִׂי אַמְסֶה׃

8 עָשְׁשָׁה מִכַּעַס עֵינִי עָתְקָה בְּכָל־צוֹרְרָי׃

9 סוּרוּ מִמֶּנִּי כָּל־פֹּעֲלֵי אָוֶן כִּי־שָׁמַע יְהוָה קוֹל בִּכְיִי׃

10 שָׁמַע יְהוָה תְּחִנָּתִי יְהוָה תְּפִלָּתִי יִקָּח׃

11 יֵבֹשׁוּ וְיִבָּהֲלוּ מְאֹד כָּל־אֹיְבָי יָשֻׁבוּ יֵבֹשׁוּ רָגַע׃

Psaume 6

1. Du maître de chœur avec instrument à huit cordes. Psaume de David.

2. Seigneur ne me punis pas dans ta colère et ne me châtie pas dans ta fureur.

3. Fais-moi grâce Seigneur car je suis accablé. Guéris-moi Seigneur car mes os sont épouvantés.

4. Ma néphesh est terriblement épouvantée et toi Seigneur jusqu'à quand…

5. Reviens Seigneur, libère ma néphesh, sauve-moi à cause de ta fidèle tendresse.

6. Car personne dans la mort n'a le souvenir de toi. Dans le séjour des morts qui te louera ?

7. Je suis épuisé. Durant la nuit j'inonde mon lit avec mes larmes. J'arrose ma couche.

8. Je suis usé à cause du chagrin. Mon œil a vieilli à cause de tous ceux qui me sont hostile.

9. Eloignez-vous de moi, vous tous les ouvriers d'iniquité car le Seigneur a entendu le cri de mes sanglots.

10. Le Seigneur a entendu ma supplication. Le Seigneur accueille ma prière.

11. Tous mes ennemis auront honte et seront terriblement épouvantés. Ils reculeront (et) soudain ils auront honte.

Lecture du Psaume 6

1 - *Suscription - verset 1*
2 - *La colère de Dieu - verset 2*
3 - *La demande de grâce face à la colère de Dieu - versets 3 et 4*
4 - *L'appel à être libéré à cause de la louange - versets 5 et 6*
5 - *Des flots de larmes dans le silence de Dieu - verset 7 et 8*
6 - *Le Seigneur se révèle - versets 9 à 11*
7 - *En guise de conclusion...*

Comme les trois précédents, le psaume 6 est attribué à David. Toutefois, à la différence du troisième, il ne comporte pas de notice faisant référence à une période de son existence, mais mentionne, à l'instar du 4 et du 5, l'instrument de musique avec lequel il doit vraisemblablement être psalmodié.

À la première lecture, il est assez difficile de distinguer l'organisation qui le commande. Même si l'on peut discerner une première partie dans laquelle l'orant interpelle le Seigneur en lui déclarant : *"ne me punis pas..."*, *"fais-moi grâce..."*, *"Seigneur jusqu'à quand..."*, *"Reviens Seigneur..."*, suivie d'une deuxième (versets 7 et 8), également en "je", mais ayant la forme d'une lamentation et d'une troisième en "il" où il demande à des individus iniques de s'éloigner : *"Éloignez-vous de moi..."*, les relations qu'entretiennent l'une et l'autre de ces parties ne s'imposent pas d'emblée.

Ce psaume est souvent présenté comme la prière d'un homme malade et persécuté qui considère que les maux, dont il est affecté, seraient la conséquence de ses fautes et l'hostilité qu'il l'environne serait ressentie tel un blâme que lui adresserait son entourage eu égard à son état de pécheur.

Sans vouloir dénier à cette interprétation tout le bien-fondé que l'on a pu lui accorder, d'autant que la tradition l'estime appartenir à la série des sept psaumes pénitentiaux (6, 32, 38, 51, 102, 130,143), on notera cependant que cette "maladie" qui touche le psalmiste, ne vient pas nécessairement de ses péchés ? D'ailleurs, certains auteurs ne manqueront pas de mentionner que *"le psalmiste ne fait allusion à aucune faute grave qui serait la cause de sa situation actuelle"* (Les Psaumes, Alphonse Maillot et André Lelièvre, Labor et Fides, 1961, Genève). Rolf Jacobson, dans "The book of Psalms" (Eerdmans Publishing, Grands Rapids, Michigan, 2014) manifestera la même réserve. En effet, cette demande de guérison se rencontre assez fréquemment dans les écrits vétérotestamentaires sans qu'il soit fait référence à une affection physique particulière de la personne auquel le texte renvoie.

Il va donc s'agir de commencer par démêler les fils du drame qui s'y joue puis, à la lumière des éléments recueillis, déterminer sa visée et la motivation qui a présidé à sa rédaction.

Suscription

Verset 1 :

Du maître de chœur avec instrument à huit cordes. Psaume de David..

Nous ne reviendrons pas sur ce verset introductif et renvoyons notre lecteur au psaume 4 dans lequel nous avons explicité ce qui a trait aux instruments de musique. Nous remarquerons simplement que le vocable "עַל־הַשְּׁמִינִית" (al-achéminite), textuellement "sur le 8e", peut être interprété comme une précision d'ordre liturgique : psaume pour le 8e jour ou mois (1 R 12 ,32), en revanche, certains pensent qu'il pourrait concerner l'octave.

La colère de Dieu

Verset 2 :

Seigneur ne me punit pas dans ta colère et ne me châtie pas dans ta fureur.

C'est par ce verset que débute vraiment le psaume. S'il a le mérite de situer d'entrée de jeu le contexte dans lequel il s'inscrit, il n'est pas sans soulever de nombreuses questions.

Que doit-on entendre par "colère de Dieu" ? Mais plus généralement comment devons-nous interpréter les anthropomorphismes qui émaillent la plupart des psaumes ? Ensuite, quelle est la nature de cette faute pour laquelle l'orant implore le Seigneur de ne point lui faire porter le poids de son expiation ? Et comment comprendre sa supplication ?

La colère de Dieu est un sujet dont on ne peut nier le caractère gênant dans la mesure où elle relève bien plus du vice que de la vertu. Rappelons au passage que celle-ci fait partie de ce que l'on nomme communément "les sept péchés capitaux". Comment Dieu qui possède toutes perfections et a horreur du péché (Ps 5) peut-il succomber à cette indignité ? Cette interrogation n'est certes pas nouvelle, mais demeure toujours embarrassante. Sans entrer dans le détail des diverses interprétations auxquelles l'on a eu recours au cours des âges pour surmonter cette difficulté, nous ne retiendrons que les deux principales qui ont cours aujourd'hui.

La première suit la tradition augustinienne, et considère que nous utilisons le mot, mais que son sens est différent (St. Augustin, Livre à Simplicien, livre II question II) :

"Mais s'il est impossible d'expliquer comment Dieu sait et prévoit, il ne l'est pas moins de dire comment il se repent. En effet bien que la science de Dieu surpasse tellement celle de l'homme qu'il soit ridicule d'établir entre elles une comparaison, on leur donne cependant à toutes deux le nom de science. Celle de l'homme est même de telle nature que l'Apôtre n'hésite pas a en dire: "La science sera détruite" ce qui ne peut en aucune façon se dire de la science de Dieu. Ainsi la colère chez l'homme est pleine de trouble et accompagnée de souffrance morale; mais, en Dieu, cette colère dont l'Évangile nous dit : "La colère de Dieu demeure sur lui" et l'Apôtre : "On y découvre la colère de Dieu éclatant du ciel contre toute impiété" cette colère, dis-je, exerce la vengeance sur toute créature avec une admirable équité, sans que son éternelle tranquillité en soit troublée. La miséricorde chez l'homme suppose aussi quelque souffrance du

coeur, ainsi que l'indique l'étymologie du mot latin, misericordia ; ce qui fait que l'Apôtre nous invite non seulement à nous réjouir avec ceux qui se réjouissent, mais encore à pleurer avec ceux qui pleurent. Or quel homme raisonnable avancera que Dieu souffre dans son coeur ? Et cependant l'Écriture nous dit partout qu'il est miséricordieux. De même encore chez l'homme la jalousie ne se comprend pas sans le venin de l'envie. Mais il n'en est pas ainsi chez Dieu; le mot est le même : le sens est différent."[21]

En fait, ce mot de colère, dans son acceptation divine, ne fait que traduire la justice miséricordieuse de Dieu ou en d'autres termes, tel que nous le trouvons sur le site de la Conférence des Évêques de France, elle est une expression de l'amour de Dieu. Comme le dit Saint Augustin, le mot est identique dans les deux cas, que ce soit pour l'homme ou pour Dieu, mais il n'a pas le même sens.

Dans la seconde, on admet bien l'existence d'un courroux divin, mais qui se distingue de celui de l'homme dans la mesure où il est à la fois saint et justifié tandis que l'autre est odieux et très rarement justifié. On reconnaîtra que l'une ou l'autre de ces manières de comprendre la colère de Dieu cachent mal le trouble que ce mot nous suscite.

Dans la pratique, lorsqu'un auteur biblique utilise, à propos de Dieu, le vocable de colère, mais également celui de jalousie voire certaines parties du corps comme sa main ou ses pieds, il est dit qu'il procède à un anthropomorphisme, en d'autres termes qu'il confère au Seigneur une ou des caractéristiques propres à l'homme. Plus précisément, ainsi que nous pouvons le trouver dans l'Encyclopedia Universalis, l'anthropomorphisme est *"un procédé erroné et illégitime par lequel une pensée insuffisamment critique attribue à des objets situés hors du domaine humain – objets naturels ou divins – des prédicats empruntés à la détermination du domaine humain, à des fins explicatives ou simplement représentatives"*. Plus sobrement, cela signifie que si les auteurs bibliques emploient ce type d'expressions à propos de Dieu cela relève d'une intelligence déficiente et archaïque pour ne pas dire d'une pensée mythologique. J'ai la faiblesse de croire que la profondeur de leur pensée dépasse bien souvent celle que nous prétendons posséder et que c'est leur faire un bien mauvais procès

---

[21] https://www.bibliotheque-monastique.ch/bibliotheque/bibliotheque/saints/augustin/comecr2/simplicien2.htm

que d'estimer leur usage des anthropomorphismes comme le signe d'une imperfection mentale ou les vestiges d'un polythéisme inconscient[22].

Avant de clore ce passage critique, nous souhaiterions faire une dernière remarque qui souligne on ne peut mieux l'incohérence de cette diversité d'interprétation. Si l'on ne manque pas de qualifier d'anthropomorphisme la colère ou la jalousie, l'on sera bien en mal de trouver quelques textes qui osent déclarer que l'amour, la tendresse ou la justice de Dieu sont eux-mêmes des anthropomorphismes. La colère l'est bien, mais l'amour non. Nous ne nous étendrons pas plus sur ce constat laissant à notre lecteur le soin de juger de l'ambiguïté en laquelle nous sommes vis-à-vis de tous ces attributs divins.

Pour éclairer cette question, nous voudrions d'abord évoquer la lettre apostolique "Mulieris Dignitatem", du Pape Jean-Paul II, datée du 15 août 1988 et traitant de la dignité et de la vocation de la femme. Au paragraphe 8, intitulé "L'anthropomorphisme du langage biblique", le souverain pontife déclare, en se fondant sur le premier récit de la Création : *"La présentation de l'homme comme «image et ressemblance de Dieu», dès le début de l'Écriture Sainte, revêt encore une autre signification. C'est la clé pour comprendre la Révélation biblique comme étant ce que Dieu dit de lui-même. Parlant de lui "par les prophètes comme par le Fils" (cf. He 1, 1. 2) qui s'est fait homme, Dieu utilise un langage humain, il utilise des concepts et des images propres à l'homme. Si cette façon de s'exprimer est caractérisée par un certain anthropomorphisme, la raison en est que l'homme est "semblable" à Dieu, créé à son image et à sa ressemblance. Alors, Dieu aussi est, dans une certaine mesure, "semblable à l'homme", et c'est précisément à partir de cette ressemblance qu'il peut être connu par les hommes."*

Dans ce passage, le Souverain Pontife déclare deux choses. La première concerne la forme de la révélation. Elle se fait par la médiation d'un langage, d'images et de concepts propres à l'homme par lesquels le mystère de Dieu lui est dévoilé. La seconde tient à la raison qui permet la communication de l'un

---

[22] On notera également que l'explication selon laquelle une élite religieuse se serait exprimée au moyen de ces anthropomorphismes afin de se rendre compréhensible par le menu peuple, supposerait l'existence d'une double tradition scripturaire, celle réservée au peuple et celle réservée à l'élite, ce qui n'est à l'évidence pas le cas.

avec l'autre. Si Dieu peut parler avec sa créature, c'est que, dans une certaine mesure, elle est "semblable" à lui.

Sans vouloir mettre en cause cet argument de ressemblance qui répond de manière certainement plus claire et plus rigoureuse au plan théologique à la question de l'origine des anthropomorphismes bibliques, nous souhaiterions avancer une autre explication. En effet, l'interprétation que proposait Jean-Paul II se fondait sur un écrit, celui de la création de l'homme dans le livre de la Genèse, qui, s'il ne fait pas nécessairement partie des œuvres les plus récentes du corpus biblique, est très probablement largement postérieur à un assez grand nombre de textes lui appartenant. Dans ces conditions, s'il peut rendre compte des anthropomorphismes présents dans certains psaumes ou des livres sapientiaux tardifs, ils ne sauraient le faire dans le cadre des premiers prophètes scripturaires chez qui, pourtant, ils sont expressément attestés.

En fait, comme nous l'avons vu précédemment, l'homme de la Bible est habité par deux perceptions de Dieu, l'une au travers du Tétragramme imprononçable qui renvoie au Dieu inaccessible et la seconde, qui relève de l'expression "Le Dieu d'Abraham, le Dieu d'Isaac et le Dieu de Jacob", c'est-à-dire à sa présence au milieu de son peuple et au partage de son histoire. Si le Dieu inaudible est inaccessible et impénétrable, en revanche, celui des pères participe pleinement au destin des hommes, à ses joies comme à ses égarements. Or, le Seigneur ne peut être visible à l'homme qu'à la condition qu'il se manifeste selon une parole ou des images humaines et de plus que celles-ci réfèrent à des notions qui lui soient compréhensibles. Dès lors, la présence d'anthropomorphismes dans la Bible ne relève aucunement d'une liberté que l'homme prendrait vis-à-vis de son Seigneur afin d'en faire un dieu "humain" auquel il pourrait accéder selon ses désirs, mais ils résultent d'une volonté divine de partager la vie des hommes en habitant au milieu d'eux.

Aussi, et parce qu'ils sont le produit d'une détermination divine, ils ont valeur théologique et doivent être pensés en termes de révélation. En conséquence, si la colère comme la bonté sont des notions dénuées de sens dans l'ordre de l'immanence divine, par contre, elles sont l'une et l'autre, de la même manière d'ailleurs que toutes les autres mentions anthropomorphes relatives au Seigneur, des notions théologiques dans l'ordre de sa présence au monde, c'est-à-dire dans l'ordre du salut. Il est donc légitime de parler de la colère de Dieu lorsque celle-ci se déploie dans les actes de Dieu au milieu des hommes. À l'inverse, il est impropre de la considérer comme faisant partie de sa nature intime dans la mesure où celle-ci est impénétrable à notre esprit.

Si nous nous sommes assez longuement étendu sur cette question des anthropomorphismes, cela tient à leur récurrence dans les psaumes. Ne pas en avoir une idée claire conduit presque nécessairement à des incompréhensions et, à cause de celles-ci, à de fausses interprétations. Cela étant précisé, nous pouvons passer au second point concernant ce verset, à savoir, ce que l'on entend par colère de Dieu puis à la nature du péché qui l'a entraîné.

Le mot hébreu correspondant à "colère" est אַף (hafe). Originellement, il signifie "nez" ou "narines" ainsi chez Ézéchiel :

> *Ez 16,12 - J'ai mis un anneau à ton nez, des boucles à tes oreilles et un diadème splendide sur ta tête.*

Il semble qu'il ait pris ce sens dans la mesure où lorsqu'un homme traverse cette crise violente, il a tendance à dilater ses narines comme paraît bien l'exprimer ces versets du chant de David du second livre de Samuel que l'on retrouve au Ps 108 :

> *2 S 22,7 - Dans ma détresse j'appelais le Seigneur et depuis son Temple, il a entendu ma voix et mon appel au secours (est parvenu) à ses oreilles.*
> *2 S 22,8 - Alors la terre fut ébranlée et elle trembla, les fondations des cieux frémirent et elles s'ébranlèrent, car il s'était enflammé.*
> *2 S 22,9 - Une fumée monta de son nez et un feu dévorant sortant de sa bouche allumait des braises.*

Comme ces versets le laissent entendre, la colère de Dieu n'a rien à voir avec celle de l'homme. Même si cette dernière peut être démesurée, elle est bien incapable d'ébranler la terre et les cieux. Toutefois, à l'instar de la déclaration du prophète Osée (Os 11,9), le Seigneur sait, s'il le faut, dominer son courroux et y surseoir :

> *Os 11,8 - ...... Mon cœur, en moi, est chaviré et mes tendresses se sont enflammées.*
> *Os 11,9 - Je n'attiserai pas ma colère, je ne reviendrai pas pour détruire Ephraïm, car, moi (je suis) Dieu et je ne suis pas un homme. Au milieu de toi (je suis) saint et je ne viendrai pas avec fureur.*

Cela étant, il sait aussi la conduire jusqu'à son terme :

> *Jr 4,8 – à cause de cela, revêtez-vous d'un sac, frappez-vous la poitrine et lamentez-vous, car l'ardeur de la colère du Seigneur ne s'est pas éloignée de nous.*

Si toutes ces mentions participent à situer la colère divine, elles ne répondent que très indirectement à ce que nous avons évoqué un peu plus haut de sa nature théologique. Pour l'évaluer, il faut se tourner vers le chapitre 34 du livre de l'Exode dans lequel le Seigneur se présente à Moïse.

En effet, au moment où il passe devant lui, le Seigneur fait une déclaration décisive le concernant. Nous le proposons ci-dessous, de telle sorte que notre lecteur puisse en mesurer l'organisation structurelle. Notons qu'en abordant cette question nous référons au Dieu d'Abraham, d'Isaac et Jacob et non pas au Seigneur dans sa nature profonde :

Ex 34,6 - Le Seigneur passa devant lui et il l'appela :

> *Le Seigneur ! Le Seigneur !*
>
> *Dieu miséricordieux et bienveillant,*
>
> *lent à la colère et plein de fidélité et de loyauté*

Ex 34,7 -   *Qui reste fidèle à des milliers de générations*
                  supportant la faute, la révolte et le péché,
                  mais

> *qui ne tient pas innocent celui qui ne l'est pas,*
> *qui tient compte de la faute des pères sur les fils et sur les fils*
> *des fils jusqu'à la troisième et sur la quatrième génération*

Nous n'en aborderons pas le commentaire, ce qui nous entraînerait bien trop loin, mais remarquons simplement qu'il s'inscrit dans une opposition entre la colère et le couple miséricorde / bienveillance puis entre la fidélité inébranlable du Seigneur et l'inéluctabilité du châtiment de la faute de l'homme. Toutefois, si cette déclaration permet de situer la colère au sein d'une tension, elle ne précise cependant pas ce qui motive celle-ci.

Il faut aller un peu plus loin, au verset 34,14 pour identifier sa cause. Il s'agit de la jalousie de Dieu que l'on retrouve au verset 6,15 du livre du Deutéronome.

> *Dt 6,15 - Car, au milieu de toi, le Seigneur ton Dieu est un Dieu jaloux. Prends garde que la colère du Seigneur ton Dieu s'enflamme contre toi et il te ferait disparaître de la surface du sol.*

Cette tension entre la colère et la bienveillance divine doit donc s'interpréter en lien avec la jalousie. C'est parce que le Seigneur est un Dieu jaloux qu'il fait grâce et qu'il déchaîne son courroux.

Or, cette mention de la jalousie dans ce passage de l'Exode est immédiatement suivie par un nouvel ordre, celui de ne conclure aucune alliance et tout particulièrement avec les habitants du pays dans lequel le Seigneur a prévu d'installer Israël, qui eux sacrifient et se prostituent auprès des idoles et que l'on retrouve si ce n'est à l'identique du moins dans une forme très approchée dans le livre du Deutéronome :

> *Dt 4,23 - Prenez garde à vous de peur que vous oubliez l'Alliance du Seigneur votre Dieu qu'il a conclue avec vous et que vous vous fassiez une statue de toutes sortes d'images, ce que le Seigneur t'a défendu.*
> *Dt 4,24 - Car le Seigneur ton Dieu est un feu dévorant, un Dieu jaloux.*

La jalousie s'inscrit donc dans une élection, l'Alliance unique et exclusive du Seigneur avec son peuple. Toutefois, elle lui confère une coloration particulière. Si celle-ci pouvait se comprendre dans le champ du contrat qui règle les relations d'un vassal avec son suzerain, elle apparaît ici au sein d'une relation amoureuse d'une vigueur débordante. La colère de Dieu ne se manifeste donc plus simplement comme l'expression de l'humeur d'un suzerain qui aurait été berné par son vassal, mais dans la densité affective que provoque l'amour floué. Ce faisant, le refus d'Israël de demeurer dans l'Alliance, ce désir qu'il éprouve, et qu'il satisfait, de sacrifier aux idoles ne trouble pas seulement les liens qui l'attache au Seigneur, mais bouleverse ce dernier au plus profond de lui-même, dans sa nature même. Nous touchons, avec la jalousie et par conséquent avec l'amour et la colère de Dieu, aux limites de l'inconnaissabilité divine. Quoiqu'inconnaissable en ce qu'il est, le Seigneur laisse percer, au travers de ses colères et de ses œuvres bienveillantes, l'intimité que celle-ci entretient avec ses actes.

Dans les grandes lignes, ce que nous venons de dire à propos de la colère pourrait être réitéré concernant le couple colère/fureur. En effet, sur les quatre cents occurrences de "colère" et les cent quarante-quatre de "fureur" dans quarante-quatre versets les deux mots sont associés de manière assez similaire à celle de notre psaume :

> *Jr 7,18 - Les fils recueillent le bois, et les pères allument le feu, les femmes pétrissent la pâte pour faire des gâteaux à la reine du ciel et l'on répand des libations pour les autres dieux afin de m'offenser.*
>
> *...*
>
> *Jr 7,20 - C'est pourquoi ainsi parle le Seigneur : Voici, ma colère et ma fureur vont se déverser sur ce lieu, sur l'homme, la bête, l'arbre de la campagne et le fruit du sol. Elle s'allumera et ne s'éteindra pas.*

Un examen de ces différentes occurrences montrerait d'ailleurs, comme pour ce passage de Jérémie, que la cause de cette colère et de cette fureur c'est l'idolâtrie d'Israël et donc son détournement de l'Alliance.

Dès lors en faisant référence à ces deux vocables, il est très probable que le psalmiste nous invite à voir dans ce péché celui de l'idolâtrie. Mais dans ces conditions comment comprendre que cet homme, qui va manifester dans les versets suivants son attachement au Seigneur et sa confiance dans son salut, puisse redouter d'être emporté par la colère divine alors que très vraisemblable il n'a jamais sacrifié aux idoles ?

La demande de grâce face à la colère de Dieu

Versets 3, 4 :

> *Fais-moi grâce Seigneur, car je suis accablé. Guéris-moi Seigneur, car mes os sont épouvantés.*
> *Ma néphesh est terriblement épouvantée et toi Seigneur jusqu'à quand…*

À la suite de cet appel angoissé, le palmiste supplie le Seigneur de le secourir et de le guérir, car ses os et sa néphesh sont épouvantés. Après avoir précisé le sens de ces deux termes, nous reviendrons sur la signification de ce verset en examinant à quoi nous renvoie le "jusqu'à quand" par lequel il se termine.

Le verbe "guérir", רָפָא (rafa) se rencontre un peu plus d'une soixantaine de fois dans les livres bibliques. Dans certains cas, il est utilisé pour désigner le rétablissement d'une blessure ou la délivrance d'une maladie par quelques pratiques ancestrales, comme en 2 R 8,29 à propos des lésions de Yoram à la suite de son combat avec les Araméens ou en Is 20,7 avec le gâteau de figues appliqué sur les tumeurs d'Ezéchias :

> *2 R 8,29 - Alors le roi Yoram revint pour se faire soigner à Izréel à cause des blessures que les Araméens lui avaient faites à Rama…*

Mais, dans la plupart des cas, la guérison est l'œuvre du Seigneur. Ainsi en Gn 20,17 ou en Jb 5,18 :

> *Gn 20,17 - Alors Abraham pria le Seigneur et Dieu guérit Abimélek, sa femme et ses servantes et elles enfantèrent.*
> *Jb 5,18 - Car lui il blesse, mais il panse, brise et ses mains guérissent.*

Toutefois, comme nous, l'homme biblique utilisera ce verbe au sens figuré pour signifier la délivrance d'une angoisse, d'un tourment, d'une passion ou d'un vice et tout particulièrement du péché :

> *Ps 41,5 - Moi j'ai dit : Seigneur fait-moi grâce, guéris ma néphésh car j'ai péché contre toi.*
>
> *Jr 3,22 - Revenez fils rebelles, je guérirais vos éloignements. Nous voici, nous arrivons vers toi, car toi Seigneur (tu es) notre Dieu.*

Aussi sera-t-il employé pour signifier le salut,

> *Jr 17,14 - Guéris-moi Seigneur et je serais guéri. Sauve-moi et je serai sauvé, car ma gloire c'est toi.*

et pour figurer la restauration de Juda et d'Israël après l'Exil :

> *Jr 33,6 - Me voici, je ferai venir sur elle le salut et je la guérirai. Alors je lui ferai connaître une abondance de paix et de vérité.*
>
> *Jr 33,7 - Et je rétablirai les captifs de Juda et les captifs d'Israël et je les rétablirai comme la première fois.*

Il faut donc faire preuve d'une grande prudence avant de considérer que la guérison demandée par le psalmiste est relative à une maladie car l'usage de ce verbe apparaît trop diversifié pour en fixer le sens avant d'avoir examiné le contexte dans lequel il est employé.

L'expression "mes os sont épouvantés" est spécifique à ce psaume et ne se rencontre dans aucun autre texte biblique. Les vocables "os" et "ossement", traduisent le substantif hébreu עֶצֶם (hétzéne). Ce vocable a généralement assez peu retenu l'attention des spécialistes d'anthropologie biblique alors qu'il occupe une place de première importance dans la conception que se fait Israël de l'homme. En effet, au-delà de ses occurrences à propos de ceux d'un homme ou d'un animal (1 R 13,28), on le rencontre surtout, associé avec le mot "chair", pour exprimer l'appartenance à une lignée. Ainsi, de la déclaration de Laban à son neveu Jacob en Gn 29,14 lorsque celui-ci vient de faire la connaissance de Rachel :

> *Gn 29,14 - Et Laban lui dit : "Vraiment, toi (tu es) mon os et ma chair et il habita chez lui un mois.*

Cette signification d'appartenance va cependant plus loin, car, dans la mesure où les os sont la seule part qui subsiste du cadavre, ils seront le signe par lequel l'homme ne sombre pas dans l'oubli. Ils sont pour ainsi dire, dans l'ordre matériel, le pendant du "nom" dans l'ordre incorporel. D'où toutes les précautions qui sont prises de réunir les os du défunt avec ceux de ses pères comme témoignage de son origine familiale et pour figurer la continuité temporelle de l'individu au-delà de la mort. Le nom et les os sont donc, l'un et l'autre, le signe dans le monde des vivants que le disparu conserve même dans le tombeau les liens par lesquels il avait reçu et donné la vie. On comprendra donc toute l'importance que Joseph accorde au fait que l'on ramène ses ossements depuis l'Égypte auprès de ses pères lorsque le Seigneur sera intervenu en faveur des fils d'Israël (Gn 50,22-25) ou que David recueille les os de Saül et de Jonathan pour les déposer dans la tombe de Qish, le père du défunt roi :

> *2 S 21,12 – Puis David alla prendre les ossements de Saül et les ossements de Jonathan son fils auprès des habitants de Yavesh de Galaad qui les avaient volés sur la place de Bethsan là où les Philistins les avaient pendus le jour où les Philistins avaient défait Saül à Guilboa.*
> *...*
> *2 S 21,14 – Puis ils ensevelirent les os de Saül et Jonathan son fils dans le pays de Benjamin à Céla dans la tombe de Qish son père.*

D'où la valeur, également, que porte les ossements et la faculté qu'ils ont d'actualiser la présence, et donc le pouvoir, que le défunt avait durant son existence :

> *2 R 13,20 - Élisée mourut et ils l'ensevelirent....*
> *2 R 13,21 - Puis lorsqu'ils ensevelirent l'homme, ils virent la troupe, et ils jetèrent le corps dans la tombe d'Élisée et ils partirent. Alors l'homme toucha les ossements d'Élisée, il reprit vie et se leva sur ses pieds.*

Dès lors, il suffit de détruire et brûler les ossements d'un mort pour faire disparaître sa mémoire et le précipiter dans le néant. C'est ce que fera Josias lorsqu'il décida de purifier Israël de ses idolâtries :

> *2 R 23,15 - et aussi l'autel de Béthel, le haut-lieu qu'avait fait Jéroboam fils de Névath pour faire pécher Israël. Il démolit cet autel et le haut-lieu puis il brûla le haut lieu, le réduisit en poussière et brûla le poteau sacré (Ashéra).*
> *2 R 23,16 - Alors Josias se retourna et vit des tombes sur la montagne. Il envoya sortir les ossements des tombes et il (les) brûla sur l'autel...*

Aussi, en mentionnant ces os et l'épouvante dont ils sont saisis, c'est toute la continuité de son être dans la mémoire des vivants qui est en cause. Mais une telle angoisse ne peut naître qu'à la faveur d'une faute portant une charge peccamineuse hors du commun conduisant à un anéantissement radical de celui qui la commet et dont l'ampleur de la destruction peut même atteindre tous ses ancêtres. Il ne saurait donc s'agir d'un manquement ordinaire de l'existence, mais d'un péché qui apporte son lot de cataclysmes et de dévastations tel que cela se rencontre dans l'évocation du jour de la colère du Seigneur :

> *So 1,18 - Ni leur argent, ni leur or ne pourra les délivrer au jour de la fureur du Seigneur. Par le feu de sa jalousie toute la terre sera dévorée, car il fera de l'extermination de tous les habitants de la terre une chose terrifiante.*

Aussi, le péché d'idolâtrie que nous avions signalé au paragraphe précédent, semble bien être à la source de cette terreur qui a envahi l'orant en l'atteignant aussi bien dans sa constitution matérielle (os) que dans ce qui anime son existence : la néphesh.

Le vocable נֶפֶשׁ (néphéche ou néphesh) appartient au vocabulaire de base de l'Ancien Testament et fait partie des notions essentielles de l'anthropologie biblique. Présent pas moins de sept cent quarante fois, il porte à une assez grande variété de sens parmi lesquels il n'est pas toujours très facile de choisir celui qui est le plus adapté au contexte. De plus ce terme a donné lieu à un certain nombre de traductions qui paraîtraient bien étranges à l'homme biblique[23].

Néphesh semble provenir du radical akkadien, "*napishtu*", qui signifie respirer ou souffler, mais dont la gamme d'acceptions est particulièrement large (vie, respiration, haleine, odeur, parfum…). En hébreu son sens premier est celui de "gorge", c'est-à-dire l'organe au travers duquel pénètre dans l'homme tout ce qui lui permet de vivre : l'eau, les aliments et l'air. Elle apparaît ainsi comme la médiatrice de la vie, ce par quoi la chair peut s'animer :

> *Gn 2,7 - Alors le Seigneur Dieu modela l'homme avec la glaise du sol, il insuffla dans ses narines une haleine (*נְשָׁמָה *- nachama) de vie (*חַיִּים *- rahim) et l'homme devint une néphesh (*נֶפֶשׁ *- néphesh) vivante.*

Dès lors, le corps ne se conçoit que comme cette conjonction intime de la chair et de la *néphesh* et penser celle-ci dissociée de la chair est exceptionnel dans les livres bibliques.

Médiatrice de la vie, il ne sera donc pas étonnant de retrouver la *néphesh* associée à l'agir de l'homme, à ses fonctions vitales, c'est-à-dire nutritives, reproductives et relationnelles. La première est présente en divers passages pour exprimer aussi bien le rassasiement (Dt 23,25) que la faim et la soif (Nb 21,5) et dans lesquels elle pourra même parfois prendre le sens de ventre :

> *Is 29,8 - Et il en sera d'un affamé qui comme dans un rêve mange, mais voici qu'il s'éveille et sa néphesh (son ventre) vide, d'un assoiffé qui comme dans un rêve boit, mais voici qu'il s'éveille et sa gorge est sèche.*

---

[23] Généralement on trouvera comme traduction de ce vocable les mots "âme" ou "être". À l'origine, les sages d'Alexandrie, lors de la constitution de la LXX, avaient choisi de le rendre par le mot grec "psuché". Cela n'avait rien d'étonnant, car ces deux termes recouvrent à peu près les mêmes réalités Toutefois en passant au latin, avec la Vulgate, ce mot "psuché" a été traduit par "anima", occasionnant une première dérive du sens qui s'accentua par la suite lorsque l'on passa aux langues modernes avec le vocable de "âme". Or, il est très clair que la néphesh n'a rien d'un principe spirituel de vie, immortel et dissocié de la chair, et de la rendre par "âme" ne peut qu'être l'occasion d'interprétation totalement erronée. Il en est de même du mot "être" qui renvoie à une notion inconnue des peuples sémitiques. C'est pour ces raisons que nous avons préféré sa forme translittérée, car aucun terme de notre langue ne saurait nous fournir le sens qu'elle possède en hébreu.

> *Ainsi il en sera de la foule de toutes les nations qui font la guerre à la montagne de Sion.*

La fonction reproductive se manifestera surtout dans le désir amoureux ou la convoitise sexuelle. Ainsi, Sichem, pris d'une fièvre impérieuse de posséder Dina, la fille de Jacob, la viole et y attache sa *néphesh* :

> *Gn 34,2 - Puis Sichem, le fils de Hamor le Hivvite, prince de ce pays, la vit. Il la prit, coucha avec elle et la viola.*
> *Gn 34,3 - Alors sa néphesh s'attacha à Dina la fille de Jacob, il aima la jeune fille et il parla au cœur de la jeune fille.*

Enfin, la *néphesh* est ce qui, dans l'ordre de la relation, réagit aux sollicitations de son environnement. De la sorte, c'est à travers elle que s'expriment les émotions (Ps 103,1) où, comme dans notre psaume, les terreurs qui assaillent l'homme, ses sentiments de dégoût (2 S 5,8), mais aussi ses joies ou ses bonheurs tout autant que la profondeur affective de son enthousiasme amoureux :

> *Ct 1,7 - Toi que ma néphesh aime, dis-moi où tu fais paître (ton troupeau), où tu (le) fais reposer à midi de peur que je sois tel une femme errante près des troupeaux de tes compagnons.*

Lieu des émotions et des sensations, c'est souvent par elle que se manifestera la souffrance. Elle pourra donc être troublée ou angoissée (Ps 31,8), dans la détresse (Is 53,11), épuisée (Jr 4,31) ou amère :

> *1 S 1,10 - Anne, la néphesh amère, pria le Seigneur et pleura abondamment.*

Signe de vie, médiatrice de la vie, la perte de la *néphesh* équivaut alors à la perte de la vie, c'est-à-dire à la mort. Ainsi de la mort de Rachel l'épouse de Jacob :

> *Gn 35,16 - Puis il partit de Béthel. Alors qu'il y avait encore longtemps pour arriver à Ephrata, Rachel enfanta, mais elle souffrit pendant qu'elle accouchait.*

...

> *Gn 35,17 - Pendant que sa néphesh la quittait, car elle se mourait, elle l'appela du nom de Ben-Oni, mais son père l'appela Benjamin.*

Cependant, si elle est signe de ce qui vit (1 R 17,21) c'est très souvent celui d'une vie bien particulière : la sienne (Jb 19,2 ; Jon 4,3). D'ailleurs, en de nombreuses occasions, plus d'une centaine, ce vocable joue le rôle de pronom personnel (Gn 12,13 ; Jg 16,30…).

Mais poursuivant notre lecture, nous rencontrons à la fin du verset 4 la préposition "jusqu'à quand". A priori, cela pourrait s'interpréter comme une simple marque d'impatience à l'égard de l'intervention du Seigneur, à la réserve près que l'on trouve dans le verset qui le précède le verbe "guérir". Or, la proximité des deux termes ne tient probablement pas du hasard, car ces deux mots se retrouvent chez Isaïe dans la déclaration du Seigneur à propos de sa mission prophétique qui suit la grande théophanie du Temple durant laquelle les séraphins chantent le trisagion :

> *Is 6,9 - Et il dit : Va et tu diras à ce peuple : Ecoutez et vous ne comprendrez pas, voyez et vous n'aurez aucune connaissance.*
> *Is 6,10 - Engourdis le cœur de ce peuple, (rend) ses oreilles lourdes et ses yeux aveugles, de peur qu'il voie avec ses yeux et qu'il entende avec ses oreilles, qu'il comprenne avec son cœur et ainsi qu'il revienne et qu'il soit guéri.*
> *Is 6,11 - Alors je dis : <u>Jusqu'à quand Seigneur</u> ? Il dit : Jusqu'à ce que soient dévastées les villes et sans habitants et les maisons sans personne et le sol soit une désolation, ravagé.*

Nous n'aborderons pas le commentaire de ce texte fort difficile comme l'attestent un certain nombre de travaux[24], notre but est bien plus modeste, il s'agit d'expliquer ce qui aurait pu conduire le psalmiste à lui faire référence et donc, en quoi il permettrait de confirmer ou d'infirmer les conditions

---

[24] A titre d'exemple : Jean-Pierre Sonnet, le motif de l'endurcissement Is 6,9-10, Biblica vol 73 n° 2 1992, pages 208-239 et Jan Joosten, La prosopopée, les pseudo-citations et la vocation d'isaïe, Biblica vol 82 n° 2 2001, pages 232-243 .

d'élaboration de sa prière telle qu'elles ont pu s'affirmer depuis que nous en avons commencé notre lecture.

Il paraît clair que cet écrit d'Isaïe s'inscrit dans un conflit majeur entre le Seigneur et son peuple dont le prophète est chargé de lui manifester toute la gravité. En effet, dans ce passage, le Seigneur nous apparaît comme étant arrivé à une telle extrémité que plus rien, même sa miséricorde, ne peut diminuer sa colère et écarter le châtiment qu'il a projeté d'appliquer. Si, a de nombreuses reprises, il a pardonné ses fautes à Israël et agit en sorte qu'il revienne vers lui, aujourd'hui le constat est accablant : quoique qu'il entreprenne, Israël préfère se tourner vers les idoles que vers celui qui l'a fait et aucune guérison ne semble désormais envisageable. Aussi, la sanction sera à la hauteur du dédain d'Israël, c'est-à-dire terrible, et tous les hommes seront exterminés.

L'évocation de cet extrait du livre d'Isaïe, au travers du verbe "guérir" et de la préposition "jusqu'à quand", vient par conséquent confirmer ce que nous avons entraperçu dans le premier verset puis ce que nous avons inféré de l'expression relative à l'épouvante des os. Ainsi s'affirme que le contexte dans lequel le psalmiste inscrit cette prière relève du jour de la "colère de Dieu" et c'est à travers lui qu'il nous faut comprendre sa dynamique supplicative.

Cela étant établi, nous pouvons alors proposer une première esquisse de la problématique qui commande cette prière. Nous sommes devant un homme terrorisé à la pensée d'être emporté par la colère divine et de disparaître dans l'anonymat de la mort. Cette crainte provient d'une conscience aiguë du péché qui a envahi tout Israël et de la colère divine qui s'en suivra. Aussi, le risque est grand que tout soit balayé, tant les justes, les moins justes que les pécheurs, car dès lors qu'elle se déchaîne peu de choses résistent et, si les coupables sont exterminés, nombre d'innocents le sont également. En effet, même les "humbles de la terre" ne sont pas à l'abri de la colère de Dieu :

> *So 2,3 - Cherchez le Seigneur tous les humbles de la terre qui agissez selon le droit, cherchez la justice, cherchez l'humilité, peut-être serez-vous à couvert au jour de la colère du Seigneur.*

Mais si cette frayeur n'est pas sans fondement, car il y a bien un risque d'être pris dans la tourmente qui surviendra, le dernier verset du passage d'Isaïe que nous avons cité un peu plus haut (Is 6,13) laisse cependant percer une lueur d'espoir :

> *Is 6,13 - Pour un dixième il reviendra et il fera advenir, comme le térébinthe et comme le chêne livré aux flammes, un rejet de leur souche, une semence de sainteté.*

C'est donc à cette espérance qu'il va s'accrocher en exhortant le Seigneur de l'affranchir du désastre qui se prépare. Mais le Seigneur répondra-t-il à son appel ?

L'appel à être libéré à cause de la louange

Versets 5 et 6 :

> *Reviens Seigneur, libère ma néphesh, sauve-moi à cause de ta fidèle tendresse.*
> *Car personne dans la mort n'a le souvenir de toi. Dans le séjour des morts qui te louera ?*

Le cri des versets 2 et 3 s'était terminé sur un "jusqu'à quand ?" qui sonnait comme l'angoisse de l'orant face à un sentiment intérieur et diffus d'être abandonné par le Seigneur alors que la venue de sa colère se présentait comme inexorable. Devait-il comprendre cette défection comme la conséquence de ses fautes ? Méritait-il, comme ceux qui autour de lui, lui avaient délibérément tourné le dos, d'être emporté dans la tourmente de sa fureur ? Certes, il se sait pécheur, mais ses manquements sont-ils si grands que le Seigneur doive le délaisser à ce point et ne lui offrir que son silence ?

Égaré et solitaire dans sa souffrance, ce "jusqu'à quand" résonne également comme une sorte de mise entre parenthèses de l'écoulement du temps destiné à laisser au Seigneur l'occasion favorable de répondre à son désespoir. À la fin du verset 4, l'orant suspendait-il alors sa prière, est se mettait-il, à l'instar de celui du psaume précédent, à guetter la venue de son secours ? Rien ne le dit, mais tout le suggère.

Cela étant cette attente devenant probablement trop douloureuse, à nouveau, il fait monter un cri de détresse : "Reviens Seigneur, libère ma néphesh". Mais incertain dans son angoisse et pris de doute sur cette manifestation divine qu'il scrute impatiemment, il va l'assortir de deux arguments, qu'il pense ne pouvoir laisser son Seigneur insensible, d'abord l'évocation de son resed puis celui de l'absence de louange dans la mort.

Le terme de "resed" ne nous est pas inconnu, nous l'avons déjà rencontré dans le psaume précédent. Si Dieu doit réagir à la prière de l'orant, cela tient à cette tendresse pleine de bienveillance et de fidélité qu'il porte à l'homme. Qui resterait indifférent à une sollicitation de l'être aimé ou qui, comme le dit le Christ, donnerait une pierre à un enfant qui demande du pain ou un scorpion à celui qui lui réclame un œuf ? En revanche, l'argument de l'absence de louange dans le séjour des morts est nouveau. Celui-ci mérite que l'on si arrête quelque peu, car le destin des défunts est un sujet qui n'est pas précisément évident pour l'homme biblique.

Pour Israël, le devenir du cadavre n'a jamais été motif à de nombreuses spéculations comme ce fut le cas chez son voisin égyptien et les tombeaux n'ont, en aucun temps, suscité, pour les fidèles du Seigneur, de cultes particuliers. Aussi, la vision qui nous a été transmise de l'au-delà est assez limitée et il est bien difficile à partir des informations à notre disposition d'en reproduire une image détaillée, d'autant que lorsqu'elles se présentent, elles apparaissent souvent contradictoires. Ainsi, si la Shéol[25], שְׁאוֹל, renvoie généralement à un lieu, parfois elle fait l'objet d'une personnification, sous la forme d'une déesse infernale avide de se saisir des hommes et de les dévorer :

> *Is 5,14 - C'est pourquoi la Shéol ouvre sa gorge démesurément et sa bouche sans limites. Alors sa gloire, sa richesse et son tumulte y descendent et elle jubilera.*

---

[25] Nous rappelons que "Shéol" et un mot féminin en hébreu.

> Ps 89,49 - *Quel est l'homme qui ne verra pas la mort et fera échapper sa néphesh aux mains de la Shéol.*

Le même type de divergences se manifeste en ce qui concerne sa localisation. Parfois elle appartient aux profondeurs souterraines tandis que dans d'autres cas elle se situe au fond de l'abîme des eaux :

> Is 14,15 - *Mais vers le séjour des morts (Shéol) il t'a fait descendre, vers les profondeurs de la fosse.*
> Jb 26,5 - *Les ombres et ceux qui y demeurent s'agitent en dessous des eaux.*

On retrouve la même équivoque à propos de son assignation. Si généralement, on y descend pour ne plus en revenir, à l'occasion, les textes mentionnent que le Seigneur y fait descendre, mais en fait remonter :

> Jb 7,9 - *Le nuage s'est dissipé et s'en est allé. Ainsi celui qui descend au séjour des morts, il n'en remontera pas.*
>
> 1 S 2,6 - *Le Seigneur fait mourir et fait vivre, il fait descendre au séjour des morts et il en fait remonter.*

La seule chose qui semble assurée, et, à peu près, commune à toutes ses mentions, c'est son obscurité, ses ténèbres et son chaos qui en font un pays de l'oubli :

> Jb 10,22 - *Terre d'obscurité comme les ténèbres. Sinistre noirceur où il n'y a point d'ordre et où rayonnent les ténèbres.*
> Ps 88,13 - *Connaît-on tes merveilles dans l'obscurité et ta justice au pays de l'oubli ?*

L'absence de louange dans la Shéol se rencontre à quelques reprises dans le livre des Psaumes, en Ps 30,10 ; 88,11-13 et 115,7, mais également dans le livre d'Isaïe, en Is 38,18 :

> *Is 38,18 - Car le séjour des morts ne peut te célébrer, ni la mort te louer. Ceux qui sont descendus dans la fosse n'espèrent plus en ta fidélité.*

Si dans la Shéol on ne peut ni célébrer, ni louer le Seigneur, cela tient à ce qu'il est un monde de silence :

> *Ps 115,7 - Les morts ne louent pas le Seigneur (Yah), ni tous ceux qui descendent au silence.*

Au premier abord, l'argument visant à opposer au Seigneur l'absence de louange dans la Shéol peut sembler légitime, voire naturel. Toutefois on ne peut nier l'embarras qu'il génère dès lors que l'on cherche à l'approfondir. En effet, en laissant descendre l'orant dans la Shéol, le Seigneur se priverait d'un fidèle qui ne pourrait plus le glorifier et il serait pour ainsi dire la victime de sa propre colère. Louis Jacquet n'hésitera d'ailleurs pas à dire que le psalmiste use d'un "pieux chantage" pour détourner les effets de la fureur divine tandis, qu'à l'inverse, Jacobson, conscient de l'ambiguïté dans laquelle ce verset nous introduit, déploiera de nombreux efforts pour montrer qu'il ne reflète en rien une négociation du psalmiste ou de l'orant avec le Seigneur.

Au fondement de ces interrogations, il y a donc une question qu'il est bien difficile d'esquiver : "le Seigneur a-t-il besoin de la louange de l'homme ?" En effet, quel poids pourrait avoir cet argument si le Seigneur n'en éprouvait aucun désir ? C'est d'ailleurs bien dans cet esprit que Jean-Noël Aletti avance la proposition suivante: *"Pourquoi Dieu aurait-il créé l'homme sinon pour avoir devant lui une créature qui lui rende ce qui lui est dû, c'est-à-dire qui vive de Lui, pour Lui, qui le loue, qui se souvienne de Lui ?"*. Le seul problème est qu'il est bien difficile de trouver un passage biblique qui réfère à une exigence divine de louange. Dans tous les cas, elle est une initiative humaine et si le Seigneur demande à l'homme de l'aimer de tout son cœur et de toutes ses forces, jamais il ne lui ordonne de le louer. D'ailleurs, l'on comprendrait mal cette exigence, car dans sa perfection, rien ne lui faisant défaut, la louange de l'homme ne participe en rien à la satisfaction d'un quelconque manque qui pourrait l'affecter.

Dès lors, comment expliquer que l'auteur de ce psaume considère cela comme un argument dont il estime que le poids est tel qu'il est susceptible de faire plier le Seigneur ? Nous l'avons évoqué un peu plus haut, outre le livre d'Isaïe, l'absence de louange dans la Shéol se rencontre à trois reprises dans le Psautier, particulièrement Ps 30,10 et Ps 88,11-13 :

> *Ps 30,10 - Quand je descends dans la fosse, quel profit (tires-tu) de mon sang ? La poussière te loue-t-elle ? Fait-elle connaître ta fidélité ?*
> *Ps 88,11 - Fais-tu des prodiges pour les morts ? Les ombres se lèvent-elles pour te célébrer ?*
> *Ps 88,12 - Ton resed est-il annoncé dans le tombeau et ta droiture dans l'Abaddon ?*
> *Ps 88,13 - Tes prodiges sont-ils connus dans les ténèbres et ta justice dans le pays de l'oubli ?*

Comme ces différents versets permettent de le voir, l'absence de louange ne renvoie aucunement à une déception ou une insatisfaction divine, mais à un défaut de transmission de la connaissance de Dieu. Si le Seigneur s'est fait connaître par Moïse et ses prophètes, il revient à l'homme d'annoncer les paroles qu'il leur a communiquées afin que tous puissent entrer dans l'intelligence de sa tendresse. Ainsi, lorsque le fidèle du Seigneur descend au tombeau c'est la mémoire des paroles qu'il a reçues et des œuvres qui lui ont été révélées qui sombre dans l'oubli. Mais par conséquent ce n'est plus simplement le souvenir d'un homme qui disparaît aux yeux de Dieu, mais son témoignage au milieu de ses semblables. Aussi, si Dieu dans sa nature profonde n'est point affecté par cet effacement, le Dieu d'Abraham, le Dieu d'Isaac et le Dieu de Jacob voit son œuvre être emportée dans le tombeau. La louange ne se réduit donc pas à la glorification du Seigneur, elle est, en ses fondements, manifestation aux hommes et à l'ensemble de la création de tout ce qu'a fait le Seigneur et de tout ce qu'il a dit.

Si donc la louange de l'homme manifeste les œuvres et les paroles de Dieu alors par sa louange l'homme se trouve glorifié :

> *Ps 106,47 - Sauve-nous Seigneur notre Dieu. Rassemble-nous parmi les nations pour célébrer le nom de ta sainteté, pour être glorifié dans ta louange.*

Et par la gloire qu'elle lui confère, il accède à la joie divine :

> *Ps 88,5 - Car par tes actes Seigneur tu me réjouis, par les œuvres de tes mains, je crie de joie.*

On saisit donc toute la force de l'argument de l'orant pour persuader le Seigneur de le sauver du désastre que laisse présager sa colère, car il engage tout le dessein de Dieu et l'annonce de sa présence parmi ses créatures.

Des flots de larmes dans le silence de Dieu

Verset 7 et 8 :

> *Je suis épuisé. Durant la nuit j'inonde mon lit avec mes larmes. J'arrose ma couche.*
> *Je suis usé à cause du chagrin. Mon œil a vieilli à cause de tous ceux qui me sont hostiles.*

L'on aurait pu penser qu'après avoir demandé au Seigneur de lui faire grâce puis avoir argumenté à partir de sa fidèle tendresse, l'orant nous fasse part de la réponse divine, mais il n'en est rien. À l'évidence, le Seigneur semble continuer à s'enfermer dans le silence, le plongeant ainsi dans un désespoir extrême dans lequel il ne peut plus retenir ce flot de larmes qui lui monte dans les yeux..

Si l'on trouve, dans les livres bibliques, divers passages dans lesquels sont décrits des états d'angoisse, de terreur (Ps 31 ; Ps 55,5 ; Ps 88,16) ou d'épuisement (Ps 69,4 ; Is 49,4 ; Jr 45,3 ; Lm 5,5) plus rares sont ceux qui les évoquent en présence de torrents de pleurs. En dehors de notre psaume, ils se rencontrent essentiellement dans le livre des Lamentations et de Jérémie.

> *Lm 2,11 - Mes yeux sont consumés par les larmes, mon ventre bouillonne, mon foie se répand à terre à cause de la ruine de la fille de mon peuple quand défaillent le petit-enfant et le nourrisson sur les places de la ville.*

> *Jr 8,21 - Je suis brisé à cause de la blessure de la fille de mon peuple. Je suis dans le noir, la désolation m'a saisi.*
>
> *Jr 8,22 - N'y a-t-il pas un baume en Galaad ? N'y a-t-il pas un guérisseur ? Pourquoi la guérison de la fille de mon peuple ne vient-elle pas ?*
>
> *Jr 8,23 - Qui fera devenir ma tête en eau et mon œil en source de larme ? Puis je pleurais de jour et de nuit les victimes de la fille de mon peuple.*
>
> *…*
>
> *Jr 14,17 - et tu leur diras : mes yeux tombent en larmes nuit et jour et ne s'arrêtent pas, car la vierge, la fille de mon peuple, est brisée. Elle est affligée d'une blessure effroyable.*

La description que fait donc le psalmiste de l'état de l'orant, dans les versets 7 et 8, apparaît très similaire à celle des auteurs de ces deux livres. Or, dans ces deux cas, le désespoir, traversé par l'un et l'autre de ces deux personnages, est relatif à la venue du jour de la colère du Seigneur.

> *Lm 2,1 - Quoi ? Dans sa colère, le Seigneur a couvert la fille de Sion de nuages. Depuis les cieux, il a jeté à terre la splendeur d'Israël et il ne s'est pas souvenu du marchepied de ses pieds au jour de sa colère.*
>
> *Jr 8,13 - J'ai décidé d'en finir avec eux. Déclaration du Seigneur. Pas de raisin dans la vigne, pas de figues sur le figuier. Le feuillage est flétri. J'ai donné à ceux qui leur passeront dessus.*
>
> *…*
>
> *Jr 9,14 - C'est pourquoi ainsi parle le Seigneur des armées, le Dieu d'Israël. Me voici pour faire manger à ce peuple de l'absinthe et leur faire boire de l'eau empoisonnée.*
>
> *Jr 9,15 - Alors je les disperserai parmi les nations que ni eux ni leur père ne connaissent et j'enverrai derrière eux l'épée, jusqu'à ce que je les aie exterminés.*

Jour du Seigneur qui les terrifie et à l'encontre duquel ils prient afin qu'Israël se convertisse et revienne vers son Seigneur :

Lm 2,18 - Leur cœur a crié vers le Seigneur. Muraille de la fille de Sion fais couler tes larmes comme un torrent pendant le jour et la nuit. Ne te donne aucun répit, ne t'arrête pas, fille de mon œil.

Lm 2,19 - Lève-toi. Chante des louanges pendant la nuit. Au début de chaque veille, comme de l'eau, répands ton cœur devant la face du Seigneur. Lève vers Lui tes paumes à cause des petits enfants qui défaillent de faim à tous les coins de rue.

Jr 13,16 - Rendez gloire au Seigneur votre Dieu avant qu'il ne fasse venir les ténèbres, avant que vos pieds heurtent les monts du crépuscule. Vous espériez la lumière, il la change en une obscurité profonde. Il en fait un nuage noir.

Jr 13,17 - Mais si vous ne l'écoutez pas, moi, je pleurerai dans le secret à cause de (votre) orgueil et je verserai larmes sur larmes alors mon œil fondra en larmes, car le troupeau du Seigneur est emmené en captivité.

La rareté des évocations de ces angoisses baignées de larmes et leur présence massive chez Jérémie puis chez l'auteur des Lamentations qui, notons-le au passage, est réputé, selon la tradition, être Jérémie lui-même, incline à penser que le psalmiste a souhaité, et même probablement voulu, renvoyer son lecteur ou son auditeur au thème qu'ils portent, c'est-à-dire au jour du Seigneur, celui de sa colère, venant ainsi confirmer l'hypothèse que nous avions vue se mettre en place au terme de notre lecture des versets 3 et 4, à savoir que les souffrances et les prières manifestées dans ce psaume s'inscrivent au sein d'une crainte provoquée par la conscience aiguë de l'imminence de ce jour terrible et de la tentative d'émouvoir le Seigneur afin d'échapper à la catastrophe. Cependant ces deux versets se terminent sur une note que rien ne laissait présager, la mention d'hommes hostiles qui participent à cette angoisse. Leur présence et leur nature vont être précisées au verset suivant et leur sort dans le dernier verset du psaume.

Le Seigneur se révèle

Versets 9, 10 et 11

> *Éloignez-vous de moi, vous tous les ouvriers d'iniquité, car le Seigneur a entendu le cri de mes sanglots.*
> *Le Seigneur a entendu ma supplication. Le Seigneur accueille ma prière.*
> *Tous mes ennemis auront honte et seront terriblement épouvantés. Ils reculeront (et) soudain ils auront honte.*

Les versets 7 et 8 nous avaient laissés sur une interrogation à propos de ces hommes hostiles. Le verset 9 nous apprend que ce sont des « pratiquants d'iniquité » auxquels il est ordonné de s'éloigner. Cette exigence est suivie de sa justification qui tient au fait que le Seigneur a entendu la supplication de l'orant et a accueilli sa prière. Dès lors, ils doivent reculer dans la honte et l'épouvante.

On ne peut demeurer qu'interrogatif devant ces déclarations, car si nous ne sommes guère étonnés que l'orant puisse demander à des pécheurs de s'écarter de lui, la certitude qu'il manifeste de son exaucement divin paraît bien troublante. En effet, rien n'est dit d'une parole de Dieu qui serait venue approuver sa supplique et le rassurer en lui faisant part d'une intervention prochaine en sa faveur, cela d'autant plus que les pleurs, qui faisaient suite à sa prière, semblaient montrer que le Seigneur restait sourd à son appel.

Si certains exégètes passent sous silence cette question, elle n'a cependant pas échappé à d'autres. Ainsi, Emmanuel Podechard y répondra en considérant que le psaume est écrit après la guérison de l'orant et que la description de ses épreuves n'est qu'un rappel permettant de faire revivre à son lecteur les douleurs qu'il a traversées. Jean-Noël Aletti jugera cette position insoutenable. Aussi, il estimera que le psalmiste a été le témoin d'un oracle favorable ou le destinataire d'une formule liturgique qui est, ou sont venus, le rasséréner sur l'issue de sa maladie et, il déclarera : *"quoiqu'il en soit le psalmiste vient de recevoir une preuve objective et sensible du retour de Dieu"*. Dans le champ anglophone, Erhard Gerstenberger sera du même avis. En revanche, Peter C. Craigie mettra cela sur le compte du cheminement de la foi dans la prière, c'est-à-dire cette progression qui mène jusqu'au moment où la confiance de l'orant dans le Seigneur supplante son angoisse. Mais si tel était le cas, était-il besoin de faire référence à ces hommes injustes à qui il est demandé de s'éloigner et au Seigneur de les plonger dans la honte ? Cela étant, pour recevable que puissent être toutes ces propositions, elles souffrent, les unes comme les autres, de l'absence d'un quelconque mot relatif à une parole ou un événement qui aurait pu venir, si ce n'est la confirmer, du moins l'inférer à partir du contexte.

Pour comprendre le surgissement de cette certitude, il faut, et à cet égard Jean-Noël Aletti a raison, que l'on identifie quelque chose qui en survenant renverse la situation en laquelle se trouve le psalmiste, car c'est bien à un renversement auquel on assiste entre son épouvante initiale et son rejet des "ouvriers d'iniquité". Pour que cet événement puisse être une preuve de l'intervention divine, il faut nécessairement qu'il s'inscrive dans une parole de Dieu, en d'autres termes dans l'Écriture. Or, qui dans l'Écriture traverse cette même angoisse en voyant venir le jour du malheur, qui crie son impatience d'être guéris et l'urgence de son salut en tremblant d'effroi et en n'aspirant qu'à trouver refuge dans le Seigneur, loin de la honte de ceux qui se sont écartés de lui ? Les larmes des versets 7 et 8 nous y avaient introduits. On le trouvera dans un passage bien connu du chapitre 17 du livre de Jérémie, dans cette prière dont les mots témoignent du même cri provoqué par le péché environnant et le rejet de ces hommes qui en se détournant du Seigneur se sont couverts de honte.

> *Jr 17,13 - Le Seigneur (est) l'espoir d'Israël. Tous ceux qui t'abandonnent seront couverts de honte et ceux qui s'éloignent de moi sur la terre seront condamnés, car ils ont abandonné la source d'eau vive, le Seigneur.*
>
> *Jr 17,14 - Guéris-moi Seigneur et je serais guéri. Sauve-moi et je serai sauvé, car ma gloire c'est toi.*
>
> *Jr 17,15 - Voici qu'ils disent : "Où est la parole du Seigneur ? Qu'elle vienne donc ! Mais moi je ne veux pas hâter le malheur et je ne souhaite pas le jour fatal. Toi tu sais que ce qui sort de mes lèvres est devant toi.*
>
> *Jr 17,16 - Pour moi, ne devient pas un sujet de honte, mon refuge, au jour du malheur, c'est toi.*

> *Jr 17,18 - Que mes poursuivants aient honte et que moi je n'ai pas honte. Eux, qu'ils soient terrifiés, mais que moi je ne sois pas terrifié. Fais venir sur eux un jour mauvais et brise-les à coups redoublés.*

Comment ne pas être surpris de la proximité dans laquelle se trouvent le cri du psalmiste et celui de Jérémie. Comme lui, il craint la venue de ce jour de colère, comme lui, il exhorte le Seigneur de le guérir, comme lui, il engage son Dieu à couvrir de honte ses poursuivants. Dès lors qu'il ait eu devant les yeux ce passage du prophète d'Anatoth, alors qu'il concevait cette supplication, est très probable, voire presque certain. Toutefois, comment l'orant pouvait-il comprendre, en le méditant, qu'il l'introduisait à la satisfaction de sa prière ? Il lui suffisait de remonter quelques versets plus haut (au début du chapitre 17) et il découvrait que celui qui met sa confiance dans le Seigneur, à l'image de l'auteur du psaume 1, ne peut qu'être exaucé :

> *Jr 17,5 - Ainsi parla le Seigneur : Maudit l'homme qui met sa confiance dans l'humain et fait de la chair sa force et détourne son cœur du Seigneur.*
> *Jr 17,6 - Il sera comme un arbuste isolé dans la steppe aussi il ne verra pas venir le bonheur. Il habitera des lieux arides dans le désert et une terre salée et inhabitable.*
> *Jr 17,7 - Béni l'homme qui met sa confiance dans le Seigneur, dans le Seigneur il trouvera son appui*
> *Jr 17,8 - Il sera comme un arbre planté près de l'eau et qui pousse ses racines vers un ruisseau. Il n'aura aucune crainte quand surviendra la chaleur et son feuillage restera vert. Il ne s'inquiètera pas d'une année de sécheresse et ne cessera pas de produire du fruit.*

La certitude en son exaucement, l'orant la trouvait donc dans cette parole du messager de Dieu. Par elle, il était certes affermi dans son espérance, mais surtout celle-ci lui révélait qu'il n'avait plus aucune crainte, ni aucune inquiétude, à avoir, car, en mettant toute sa confiance dans le Seigneur, il s'apercevait qu'il était irrigué de sa bonté et pouvait compter sur son appui dans le temps du malheur.

Cela étant précisé, il reste à clarifier la demande d'éloignement des ennemis et la honte à laquelle ils sont promis.

Marchant sur les traces de Jérémie, en participant de ses larmes et de son épreuve, en appelant, comme lui, à la guérison, par lui, il ne pouvait que redécouvrir la présence de ces individus iniques qui étaient à la source de la colère de Dieu et sur lesquelles le déshonneur devait tomber.

Le vocable "honte" correspond aux mots hébreux בֹּשֶׁת (bochette) et בּוּשָׁה (boucha) qui se rencontrent respectivement vingt-neuf fois et quatre fois dans l'ensemble du texte massorétique. Parfois, l'on trouvera חֶרְפָּה (rhérpa) et כְּלִמָּה (kélima) qui sont leurs synonymes. Cependant, les rédacteurs bibliques privilégieront l'utilisation du verbe "avoir honte" (בּוֹשׁ - boche) au détriment des substantifs. En effet, ce verbe apparaît pas moins de cent quinze fois.

Mais que ce soient les substantifs ou le verbe, tous renvoient au sens que nous lui attribuons habituellement, c'est-à-dire ce sentiment d'humiliation qui résulte d'une atteinte à son honneur consécutif à l'incapacité à avoir pu réaliser quelque chose ou de devoir endurer un jugement critique, de soi-même ou d'autrui, pour un acte transgressant la norme morale.

Ainsi, à propos de la honte éprouvée à la suite d'une défaite. Par exemple celle de Bel dieu de Babylone qui n'a pas été capable de protéger la ville dont il était le dieu, face à une "nation du nord" et qui en conséquence subit l'opprobre et la terreur du vaincu :

> *Jr 50,2 - Racontez parmi les nations, faites-le entendre. Élevez un étendard, faites-le entendre et ne le cachez pas, dites : Babylone est prise, Bel a honte, Mardouk est terrifié. Les statues ont honte, ses idoles sont terrifiées.*

Ou bien l'humiliation que subit un père dont le fils est un débauché (kélima)

> *Pr 28,7 - Celui garde la Loi est un fils intelligent, mais le compagnon de débauchés remplit son père de honte.*

Ou encore à la transgression morale qui renvoie chez Israël à la faute contre les commandements de Dieu, c'est-à-dire le péché :

> *Esd 9,6 - Puis je dis : "Mon Dieu j'ai honte et je suis confus, mon Dieu, de lever ma face vers toi, car nos fautes se sont multipliées au-dessus de (nos) têtes et notre offense s'est élevée jusqu'aux cieux.*

Dès lors, si l'échec est source de honte, alors la femme stérile s'en sent couverte, à l'image de Rachel avant qu'elle mette au monde son premier fils, Joseph, avec Jacob.

> *Gn 30,23 - Elle fut enceinte et elle mit au monde un fils. Elle dit alors : "Dieu a ôté ma honte".*

En effet, il faut bien comprendre qu'au-delà de nos questionnements contemporains, pour l'homme biblique la femme est le ferment de la vie et, en cela, elle est celle par qui non seulement celle-ci se perpétue sur la terre, mais permet à l'homme, tout autant qu'à elle-même, de ne pas sombrer dans l'absurdité de la mort et par voie de conséquence dans la folie. Nous l'avons déjà dit et nous le répétons, l'homme biblique vit dans l'angoisse de la mort et ne peut se résoudre à voir sa vie disparaître dans le néant. La femme occupe donc une place essentielle, car il sait très bien que sa vie, tout comme la continuité de son être après la mort, en dépend et que seule elle assume cette charge pour l'espèce humaine. On est loin d'une vision de la femme, objet livré aux caprices de l'homme, la femme est, dans sa nature même, celle qui permet à tout vivant de vivre sans sombrer dans la folie[26].

Mais s'il est une honte qui surpasse toutes les autres, c'est celle dont l'impie est écrasé à cause de son idolâtrie. Mais alors, comment un homme qui fait de son existence une suite d'iniquités et de scélératesses dans le rejet du Seigneur peut-il avoir honte ? Celle-ci ne le touche évidemment pas, sauf le jour où le Seigneur dans son courroux viendra le condamner. Soudain, il réalisera le délire insensé

---

[26] Nous voudrions préciser ici que cette perception de la femme par l'homme biblique ne préjuge en rien de son statut commun en Israël ou dans les nations étrangères. Comme nous le verrons un peu plus bas, tout membre de la communauté d'Israël n'est pas nécessairement un fidèle du Seigneur et la place et le rôle qui est accordé à la femme peut varier de manière très sensible d'un individu à l'autre.

dans lequel il est tombé et l'échec de ses illusions face aux justes qui ont mis leur confiance dans le Seigneur :

> *Is 42,17 - Alors ils s'éloigneront en tournant le dos. Ils auront honte ceux qui se confient dans la statue, ceux qui disent à une image de métal : "Vous nos dieux."*
>
> ...
>
> *Is 44,10 - Qui a façonné un dieu, a fondu une statue pour qu'elle lui soit inutile ?*
>
> *Is 44,11 - Voici tous tes amis auront honte et les artisans ne sont que des hommes. Que tous se rassemblent. Que tous se présentent. Ils seront terrifiés. Tous ensemble, ils auront honte.*
>
> ...
>
> *Is 65,12 - Mais vous je vous destinerai à l'épée et vous plierez le genou pour être égorgés. En effet, j'ai appelé et vous n'avez pas répondu. J'ai parlé et vous n'avez pas entendu. Vous avez fait le mal à mes yeux et vous avez choisi ce qui ne me plaît pas.*
>
> *Is 65,13 - C'est pourquoi le Seigneur Dieu a dit : Voici mes serviteurs mangeront, mais vous vous serez affamés. Voici mes serviteurs boiront, mais vous vous serez assoiffés. Voici mes serviteurs seront dans la joie, mais vous aurez honte.*

Donc, comme les impies pâliront de honte avec la venue du Seigneur, ainsi les pratiquants d'iniquité en seront eux aussi saisis et, épouvantés par leur folie, ils s'enfuiront précipitamment afin de dérober au regard des fidèles du Seigneur leur piteuse nature.

Relue à la lumière de Jérémie, cette évocation des hommes iniques prend alors tout son sens et vient pour ainsi dire clore la supplique de l'orant. Ce sont eux qui sont à la source de son angoisse. Que la mort soit le destin de l'homme, le psalmiste comme l'orant le savent, mais que cette mort risque, à cause d'individus endurcis au péché, de devenir le passage vers le néant, ils ne peuvent s'y résoudre. L'éloignement du pécheur est donc la précaution indispensable au salut. D'abord, dans la mesure où sa proximité est facteur de péché, mais également, parce que son voisinage présente un péril bien réel le jour où le Seigneur donnera libre cours à sa colère.

En guise de conclusion…

Cette lecture fut sans doute un peu longue, mais, à notre sens, les sujets abordés, telles la colère de Dieu ou la Shéol, le méritaient. Toutefois, cette importance peut avoir brouillé les repères et nuit à sa lisibilité. Aussi, avant de la clore, nous voudrions reprendre le texte dans sa globalité afin de permettre à notre lecteur de mieux cerner le mouvement des idées qui le gouverne.

Comme nous l'avons mentionné au début, ce psaume a souvent été perçu comme la prière d'un homme malade qui s'en remet au Seigneur, en espérant que celui-ci ne restera pas sourd à sa demande d'être délivré de la douleur qui le ronge. Cependant, nous avons vu que cette évocation de la guérison n'impliquait pas nécessairement le fait d'être touché par une quelconque affection physique, mais, que le plus souvent, le mal dont il s'agissait relevait d'un tourment ou d'une angoisse s'enracinant dans la crainte de devoir supporter les retombées de l'impitoyable colère divine provoquée par ceux qui avaient sombré dans l'idolâtrie. Aussi, ce n'était pas tant la brutalité de ses hommes qui se trouvait ici en cause, que leur insolence vis-à-vis de Dieu, source de malheur pour la communauté entière. En somme, ce psaume nous mettait devant un homme qui, effrayé par l'essor du péché qui envahissait tout Israël, s'interrogeait, à la fois, sur l'arrivée de la colère divine et sur le sort que cette colère lui réservait. Dès lors cette prière avait pour visée de l'aider à répondre à la question de son salut au milieu de la tragédie qui se profilait.

Pour mieux saisir ce que nous venons de dire et donc comprendre les enjeux de ce psaume, mais également de bien d'autres qui relèvent du même type de problématique, il est important de cerner la situation de la communauté d'Israël dans son rapport au Seigneur.

Nous avons, peut-être, la fâcheuse tendance à considérer qu'Israël étant le peuple de Dieu, l'ensemble de la population qui le constitue lui est fidèle et que l'idolâtrie ne concerne que des dérives individuelles en lien avec quelques monarques s'étant laissé prendre aux mirages de la richesse des peuples environnants ou aux arguments amoureux d'une princesse étrangère. La situation est autrement plus complexe et le témoignage tant des prophètes que des psalmistes sont là pour donner de cette situation une image quelque peu différente. Sans prétendre épuiser un sujet aussi difficile, il est, cependant, possible d'esquisser les grandes lignes du rapport qu'entretient Israël avec la religion de ses pères.

La place qu'occupe le Temple est évidemment centrale et participe à la détermination d'un certain nombre de structures sociales. Les prêtres en sont, naturellement, les figures de premier plan, au sein duquel, ils sont les garants et les médiateurs de la relation des fidèles avec le Seigneur. Mais outre cette présence sacerdotale, le Temple est également le siège d'une élite intellectuelle, au travers de ceux qui ont la maîtrise de la lecture et de l'écriture c'est-à-dire les "scribes". On notera néanmoins que cette fonction a connu des évolutions importantes durant l'Antiquité et qu'il ne faudrait pas la réduire à l'image que nous en renvoient les auteurs des Évangiles. À côté des scribes et des prêtres, on rencontre, plus ou moins distant du Temple, une troisième catégorie d'hommes, les prophètes. Ceux-ci, quoique sortant souvent de cette caste religieuse cultivée, tel Jérémie, ils entretiennent cependant avec elle des rapports complexes, virant à maintes reprises au conflit, dans la mesure où les autorités religieuses officielles n'assurent pas nécessairement leur mission de garant de la foi avec un zèle suffisant ou se laissent parfois aller à certaines compromissions pour des raisons politiques.

La seconde grande entité est celle représentée par le roi et l'intendance qui l'entoure. Nous avons déjà évoqué, et nous préciserons encore, notamment au psaume 8, la nature de cette fonction royale en Israël. Cela étant, le lien du roi à la religion est très certainement plus lâche que pour la catégorie précédente. Bien qu'il participe au culte, au même titre que les instances sacerdotales, et qu'il soit considéré comme mandaté par le Seigneur pour diriger le peuple, ses relations, plus ou moins fréquentes, avec les monarchies environnantes, le rendent plus sensible aux dévotions étrangères et il est sujet à un syncrétisme religieux, parfois, particulièrement criant. Des monarques tels Josias sont des exceptions dans l'histoire de la royauté de Juda et d'Israël. On comprendra donc que les relations de cette institution avec les prophètes soient sujettes à de multiples différends qui peuvent conduire parfois à leur rejet, comme on peut le voir avec Amos, Élie ou Jérémie.

Le rapport du peuple avec le Seigneur n'est certainement pas moins compliqué. Il est très vraisemblable que la religion qu'il pratique se trouve à la confluence, d'une foi officielle dans le Seigneur, de l'acceptation d'un certain nombre de comportements religieux étrangers et de traditions magico-animiste ancestrales. L'une ou l'autre de ces formes prenant selon les individus, et leur position dans la société, une place plus ou moins importante. Il est probable que dans le milieu paysan, la foi dans le Seigneur soit largement teintée de ces traditions magico-animiste. À l'inverse, le spectre du rapport à la religion, dans des couches plus favorisées, se déploiera entre une foi fervente et authentique dans le Seigneur et une idolâtrie plus ou moins affichée. Entre les deux, une majorité des membres de la communauté compose entre ces deux tendances et la double appartenance est vraisemblablement un fait religieux, si ce n'est commun, du moins répandu. On est donc loin d'une uniformité de foi au Seigneur et il n'est pas surprenant de rencontrer dans les écrits bibliques cette récurrence de la dénonciation de l'idolâtrie qui mine Israël[27].

On comprendra que cette situation puisse être angoissante pour celui qui à mis toute sa confiance dans le Seigneur, que ce soit un simple fidèle traversé par une foi profonde, de quelques prophètes conscients du drame de l'idolâtrie qui gangrène le peuple de Dieu ou l'un de ces représentants de l'élite intellectuelle qui ne s'étant pas laissé gagner par le syncrétisme ambiant s'emploie à défendre la foi des pères, tout en apportant à ses frères une aide spirituelle. Les uns comme les autres craignent que la colère de Dieu, se déchaînant, emporte tout sur son passage. Ils tentent alors, par tous les moyens, de sauver ce reste qui n'a pas sombré dans l'idolâtrie et écarter comme ils le peuvent la fureur divine.

L'on aura très certainement l'occasion de revenir sur cette crainte qui s'enracine tout autant dans une foi rigoureuse dans le Seigneur que dans le constat alarmant du dédain dont il l'objet. En effet, c'est elle qui est la source de ce que les livres

---

[27] Nous laissons à notre lecteur tout le loisir de repenser ce rapport au Seigneur dans le cadre de nos sociétés contemporaines. Ne sommes pas nous-mêmes pris dans les rets de cette tension entre une foi au Christ-Jésus, une complaisance pleine d'idolâtrie envers l'argent et une consommation effrénée et de cette superstition souterraine qui transpire dans nos vies quotidiennes.

de Sagesse développeront sous la dénomination de crainte de Dieu. Mais cela est un autre sujet que nous aurons sûrement l'opportunité de traiter.

Fort de la compréhension de ce contexte religieux nous pouvons reprendre notre psaume. Nous avons d'abord vu, avec le verset 3, l'angoisse dans laquelle la crainte de voir se manifester la colère de Dieu plonge l'orant. Aussi, se tournant vers le Seigneur il le supplie d'entendre son appel, car tout en lui est saisi d'épouvante, tant ses os que sa néphesh.

Mais face au silence du Seigneur, il l'interpelle à nouveau (v. 5 et 6). Après lui avoir demandé de le libérer de cet effroi de la mort, dont il pressent l'inéluctable venue, il argumente sa requête à partir de l'absence de louange au séjour des morts, espérant ainsi le forcer à lui répondre. Ne pouvant plus supporter ce silence divin, il s'effondre en larmes. Mais cette eau qui ruisselle sur son visage, à l'image de l'eau de cette rivière qui irrigue les racines de l'arbre planté sur sa rive (Ps 1), lui révèle que l'angoisse qu'il traverse, d'autres, tel Jérémie, l'avaient également connu. Il découvre qu'il lui suffisait de se tourner vers la parole de ce messager de Dieu pour entendre la voix du Seigneur et ainsi reconnaître la venue de son salut.

À la peur succède alors la confiance et ces individus iniques envahis par l'idolâtrie n'ont plus qu'à s'éloigner dans la honte, le Seigneur est là, il a entendu le cri de ceux qui lui sont fidèles et l'orant sait qu'il n'a plus rien à craindre.

On peut donc diviser ce psaume en quatre parties :

1 - La demande de grâce face à la colère divine   v. 2-4
2 - L'appel à être libéré à cause de la louange   v. 5-6
3 - Les sanglots du silence de Dieu   v. 7-8
4 - La révélation du salut de Dieu   v 9-11

Ce psaume prolonge donc le chemin qu'avait ouvert le psaume 3 à propos du salut. Le précédent nous avait montré comment l'horreur que le péché inspire au Seigneur et sa bienveillante et fidèle tendresse pour sa créature pouvaient assurer l'orant qu'il manifesterait son salut. Ici, le psalmiste lui fait faire, et par voie de conséquence à nous-mêmes, un pas de plus dans son itinéraire de foi. En effet, que dans sa prière il ne désespère pas, bien au contraire, qu'il prie et y persiste jusqu'aux larmes, car c'est dans, et par, ses sanglots que, soudain, il découvrira que cette parole que, sans relâche, il cherchait à entendre se trouve là auprès de lui dans la Loi et les prophètes. À l'instar d'un Augustin quelques siècles plus tard, alors que ses pleurs inondent son visage, il entend cette voix presque inaudible venant de il ne sait où et qui lui murmure "prends et lis" (Dans le jardin de Milan - Livre 8, Les Confessions, Augustin d'Hippone). Alors, il réalise que le Seigneur a entendu sa prière et s'abandonnant à lui, il se rend compte que le péché, saisi par la honte, s'est éloigné et qu'il vit dorénavant dans l'intimité de celui qui donne son salut aux hommes.

Psaume 7

1 שִׁגָּיוֹן לְדָוִד אֲשֶׁר־שָׁר לַיהוָה עַל־דִּבְרֵי־כוּשׁ בֶּן־יְמִינִי׃

2 יְהוָה אֱלֹהַי בְּךָ חָסִיתִי הוֹשִׁיעֵנִי מִכָּל־רֹדְפַי וְהַצִּילֵנִי׃

3 פֶּן־יִטְרֹף כְּאַרְיֵה נַפְשִׁי פֹּרֵק וְאֵין מַצִּיל׃

4 יְהוָה אֱלֹהַי אִם־עָשִׂיתִי זֹאת אִם־יֶשׁ־עָוֶל בְּכַפָּי׃

5 אִם־גָּמַלְתִּי שׁוֹלְמִי רָע וָאֲחַלְּצָה צוֹרְרִי רֵיקָם׃

6 יִרַדֹּף אוֹיֵב נַפְשִׁי וְיַשֵּׂג וְיִרְמֹס לָאָרֶץ חַיָּי וּכְבוֹדִי לֶעָפָר יַשְׁכֵּן סֶלָה׃

7 קוּמָה יְהוָה בְּאַפֶּךָ הִנָּשֵׂא בְּעַבְרוֹת צוֹרְרָי וְעוּרָה אֵלַי מִשְׁפָּט צִוִּיתָ׃

8 וַעֲדַת לְאֻמִּים תְּסוֹבְבֶךָּ וְעָלֶיהָ לַמָּרוֹם שׁוּבָה׃

9 יְהוָה יָדִין עַמִּים שָׁפְטֵנִי יְהוָה כְּצִדְקִי וּכְתֻמִּי עָלָי׃

1 Complainte de David chantée pour le Seigneur à propos des paroles de Koush le Benjaminite.

2 Seigneur mon Dieu, en toi je me réfugie, sauve-moi de tous mes poursuivants. Délivre-moi.

3 de peur que, tel un lion, on déchire ma néphésh, la mette en pièces et que personne ne vienne me délivrer.

4 Seigneur mon Dieu, si j'ai fait cela, si j'ai une injustice (au creux) de mes mains,

5 si j'ai rendu le mal à celui qui me donnait la paix et, que sans raison, j'ai arraché d'un danger celui que je combats,

6 qu'un ennemi poursuive ma néphésh et qu'il l'attrape, qu'il piétine à terre ma vie et roule mon honneur dans la poussière. Pause

7 Dans ta colère lève-toi Seigneur. Dresse-toi contre la fureur de ceux qui m'oppriment. Eveille-toi, (ainsi) pour moi, tu ordonneras un jugement

8 La communauté des nations est autour de toi, au-dessus d'elle, tu sièges dans les hauteurs.

9 Le Seigneur jugera les peuples. Seigneur juge-moi selon ma justice et selon mon intégrité.

8 וַעֲדַת לְאֻמִּים תְּסוֹבְבֶךָּ וְעָלֶיהָ לַמָּרוֹם שׁוּבָה:

9 יְהוָה יָדִין עַמִּים שָׁפְטֵנִי יְהוָה כְּצִדְקִי וּכְתֻמִּי עָלָי:

10 יִגְמָר־נָא רַע רְשָׁעִים וּתְכוֹנֵן צַדִּיק וּבֹחֵן לִבּוֹת וּכְלָיוֹת אֱלֹהִים צַדִּיק:

11 מָגִנִּי עַל־אֱלֹהִים מוֹשִׁיעַ יִשְׁרֵי־לֵב:

12 אֱלֹהִים שׁוֹפֵט צַדִּיק וְאֵל זֹעֵם בְּכָל־יוֹם:

13 אִם־לֹא יָשׁוּב חַרְבּוֹ יִלְטוֹשׁ קַשְׁתּוֹ דָרַךְ וַיְכוֹנְנֶהָ:

14 וְלוֹ הֵכִין כְּלֵי־מָוֶת חִצָּיו לְדֹלְקִים יִפְעָל:

15 הִנֵּה יְחַבֶּל־אָוֶן וְהָרָה עָמָל וְיָלַד שָׁקֶר:

16 בּוֹר כָּרָה וַיַּחְפְּרֵהוּ וַיִּפֹּל בְּשַׁחַת יִפְעָל:

17 יָשׁוּב עֲמָלוֹ בְרֹאשׁוֹ וְעַל קָדְקֳדוֹ חֲמָסוֹ יֵרֵד:

18 אוֹדֶה יְהוָה כְּצִדְקוֹ וַאֲזַמְּרָה שֵׁם־יְהוָה עֶלְיוֹן:

8 La communauté des nations est autour de toi, au-dessus d'elle, tu sièges dans les hauteurs.

9 Le Seigneur jugera les peuples. Seigneur juge-moi selon ma justice et selon mon intégrité.

10 Je t'en prie fait cesser la méchanceté des (hommes) iniques, alors tu affermiras le juste. Celui qui sonde les cœurs et les reins est un Dieu juste.

11 Mon bouclier est auprès du Seigneur, celui qui sauve les cœurs droits.

12 (C'est) un Dieu jugeant avec justesse mais un Dieu faisant sentir sa colère en tout temps.

13 S'il ne revient pas, il aiguise son épée, il bande son arc et se prépare.

14 Pour lui il a préparé des instruments de mort et a fait ses flèches brulantes.

15 Voici celui qui enfante l'iniquité, il conçoit l'injustice et il engendre le mensonge

16 Il a creusé un puits, il l'a fait profond et il est tombé dans le piège qu'il a fait.

17 Son injustice reviendra sur sa tête et sa violence tombera sur son crâne.

18 Je célébrerai le Seigneur selon sa justice et je chanterai le nom du Seigneur, le Très-Haut.

Lecture du Psaume 7

1 - À propos des paroles de Kouch le Benjaminite - verset 1
2 - Première prière : L'appel au secours - versets 2 et 3
3 - Premier argumentaire : Légitimation de la prière - versets 4 à 6
4 - La demande de jugement au tribunal de Dieu - verset 7
5 - Le tribunal de Dieu - versets 8 et 9
6 - La plaidoirie de l'orant - versets 10 à 17
7 - Celui qui sonde les reins et les cœurs - verset 10
8 - Le salut des cœurs droits - verset 12a
9 - Le châtiment de ceux qui refusent de se repentir - versets 12b, 13 et 14
10 - La rétribution de l'impie - versets 15 à 17
11 - Conclusion - verset 18

Ce psaume, comme on le dit familièrement, a donné beaucoup de fil à retordre aux exégètes. En effet, lorsque l'on parcourt quelques ouvrages qui lui ont été consacrés, on ne peut qu'être surpris par la variété des manières de l'aborder. Si la plupart des auteurs y voit la lamentation d'un homme qui se tourne vers le Seigneur en le priant de le sauver de ses poursuivants, dès qu'il s'agit de comprendre les reproches dont il est l'objet, du sens de son invocation, de la structure littéraire et du mouvement des idées qui le commande, les opinions divergent et souvent de façon assez radicale.

Face aux difficultés qu'il recèle, certains le reconnaissent comme la fusion de trois pièces initialement indépendantes. Ainsi, Louis Jacquet distingue un premier passage constitué des versets 2 à 6 et 13b à 18 qui serait la requête d'un homme faussement accusé d'avoir causé un préjudice à quelqu'un de son entourage et qui est pourchassé par sa vindicte. Le deuxième, allant de 7c à 10b, correspondrait au fragment d'un texte présentant la supplique d'un homme qui en appelle au jugement eschatologique de Dieu pour établir son innocence et enfin, le troisième, 10c à 13a relèverait de sentences sapientielles relatives à l'action de la justice divine.

À l'encontre de cette tripartition, d'autres estimeront que l'on est en présence de deux ensembles primitivement indépendants (Psaume A et psaume B). Toutefois, dès qu'il s'agit de délimiter le premier du second, les avis diffèrent. Emmanuel Podechar les regardera comme constitués, pour le premier, des versets 1 à 6 puis 13 à 18[28] et pour le second de 7 à 12, tandis que Alphonse Diessler verra cette adjonction formée par les versets 7 à 13 et R.J. Tournay, dans un article très documenté (Revue Biblique - Vol 56, n° 1 - janvier 49 - page 37-60), envisagera un premier groupement fait de 2-6 + 13-17 et un second 7-12 + 18.

Enfin, une troisième catégorie d'exégètes, tels Jean-Luc Vesco, Marc Girard ou Alphonse Maillet et André Lelièvre, jugera que nous sommes en présence d'un texte homogène et qu'il n'y a pas lieu d'opérer de divisions à l'intérieur de celui-ci.

Cet inventaire, quoique sommaire et restreint au champ francophone, montre assez bien l'embarras dans lequel se trouvent les auteurs vis-à-vis de ce texte. S'il faut reconnaître qu'il présente de très sérieuses difficultés, qui conduiront même Jacobson à considérer que nous sommes devant un "casse-tête", une analyse fine du vocabulaire permet cependant de dénouer l'intrigue qui le commande.

À ce stade, et pour faciliter sa lecture, nous donnons ci-dessous la trame de son organisation. Nous aurons l'occasion dans la conclusion de préciser celle-ci.

Après la suscription, on distingue deux parties, chacune constituée d'une prière suivie d'un argumentaire visant à l'exaucement de celle-ci. Notons que cette

---

[28] A l'instar de Louis jacquet

structure est assez similaire celle du Psaume 5 à la différence que les deux séquences mettent en jeu un seul argument au lieu de deux.

1 - Verset 1	À propos des paroles de Kouch le Benjaminite
2 - Versets 2 et 3	Première prière : L'appel au secours
3 - Versets 4 à 6	Premier argumentaire : Légitimation de la prière
4 - Versets 7 à 9	Seconde prière : Demande d'ouverture d'un procès
5 - Versets 10 à 17	Second argumentaire
6 - verset 18	Conclusion

À propos de Kouch le Benjaminite

Verset 1 :

Complainte de David chanté pour le Seigneur à propos des paroles de Koush le Benjaminite.

Comme les précédents, ce psaume possède un en-tête qui renvoie sa composition à David. Toutefois, ce n'est pas le mot מִזְמוֹר (mizmor) qui sera utilisé dans celle-ci, mais שִׁגָּיוֹן (chigayone). On ne le rencontre que deux fois dans les textes vétérotestamentaires, ici puis dans le livre d'Habaquq en 3,1. Généralement, les traducteurs s'accordent à le comprendre au sens de "complainte". Jean-Luc Vesco signale d'ailleurs qu'il pourrait venir de l'akkadien "shigû" dont le sens est précisément "complainte" et que l'on trouve pareillement dans le final de diverses prières mésopotamiennes. Il existe bien un verbe hébreu שָׁגָה (chaga) qui pourrait y être lié, mais dans la mesure où il signifie "errer", "s'égarer", ainsi en Ez 34,5 ou bien "commettre un péché involontaire" comme en Lv 4,13, il paraît bien difficile d'y faire référence dans le contexte de ce psaume.

Cet en-tête nous renvoie également à un homme dont on ne sait pas très bien si le mot כּוּשׁ (kouche) qui est employé à son propos correspond à son nom ou bien caractérise son origine, car ce terme désigne la Nubie ou l'Éthiopie.

À notre connaissance, il n'y a qu'un seul personnage qui porte ce nom. Il s'agit d'un fils de Cham, le second fils de Noé (Gn 10,7). En revanche, on en trouvera quelques-uns appelés "Kouchi". Ainsi, du père de Sophonie ou de celui Shélémyahou dont le fils Nétanyahou faisait partie des ministres de Sedécias qui réclamaient la mort de Jérémie :

> *So 1,1 - Parole du Seigneur qui fut adressée à Sophonie, fils de Koushi, fils de Guedalya, fils de Amarya, fils d'Ezekias, aux jours de Josias, fils d'Amon, roi de Juda.*

Cela étant, c'est grâce à un Nubien, c'est-à-dire un "Kush" que Jérémie fut sauvé de la citerne dans laquelle il avait été précipité pour mourir :

> *Jr 38,7 - Eved-Melerh, un eunuque nubien de la maison du roi, entendit que Jérémie avait été mis dans la citerne alors que le roi siègeait à la porte de Benjamin.*
> *Jr 38,8 - Eved-Melerh sortit de la maison du roi et parla au roi en disant :*
> *Jr 38,9 - "Mon Seigneur le roi, ce qu'on fait ces hommes à Jérémie le prophète est mal. Ils l'ont jeté dans la citerne et, au fond, il mourra de faim à cause de la famine, car il n'y a plus de pain dans la ville.*
> *Jr 38,10 - Alors le roi donna l'ordre à Eved-Melerh le Nubien en disant : "Prends avec toi trente hommes et tu feras monter Jérémie hors de la citerne avant qu'il ne meure.*

Cette hypothèse pourrait ne pas être sans intérêt, dans la mesure où ce psaume serait à même de refléter le désespoir du prophète au fond de la citerne. Mais pourquoi préciser que ce Kush est de la tribu de Benjamin alors que ce n'est que la porte du même nom qui est évoqué dans ce passage. On réalise toute la fragilité d'une telle conjecture.

On pourrait en citer bien d'autres tel le serviteur de Joab que ce dernier envoie comme messager auprès de David pour lui annoncer la mort d'Absalom ou bien l'épouse de Moïse en Nb 121 :

> *2 S 18,21 - Puis Joab dit au Nubien "Va. Raconte au roi ce que tu as vu". Le Nubien se prosterna devant Joab et courut.*
> *Nb 12,1 - Alors Myriam et Aaron parlèrent à l'encontre de Moïse à cause de la femme nubienne qu'il avait prise.*

Cela étant, bien peu de choses peuvent être tirées de ces différentes allusions.

S'il est probable que pour un orant de la période du second Temple ce nom lui évoquait un personnage connu, l'on doit reconnaître qu'aujourd'hui nous en avons perdu sa trace et que rien ne permet d'avancer une explication présentant quelques assurances sur l'origine de cet homme. Nous en sommes réduits à considérer que ce "Kouche", qui appartient à la tribu de Benjamin, aurait prononcé des paroles, par ailleurs inconnues, qui auraient inspiré au psalmiste d'écrire ce poème ou du moins aurait participé à l'élucidation de son sens par ses contemporains.

L'appel au secours

Versets 2 et 3

> *Seigneur mon Dieu, en toi je me réfugie, sauve-moi de tous mes poursuivants. Délivre-moi.*
> *de peur que, tel un lion, on déchire ma néphesh, la mette en pièces et que personne ne vienne me délivrer*

Les deux versets qui suivent la suscription semblent ne pas soulever de problèmes particuliers d'interprétation. Pourtant, comme nous l'avons vu, à plusieurs reprises, dès que l'on pénètre un peu plus profondément dans le texte, apparaissent un certain nombre de questions que rien au premier abord ne laissait supposer.

Ainsi, même si l'on envisage la possibilité qu'il s'agisse d'un homme qui appelle le Seigneur à l'aide car les individus qui le traquent en veulent à sa vie, lors d'un examen plus attentif des circonstances de cette poursuite, l'on ne peut éviter de s'interroger, d'abord à propos du verbe חָסָה (rasa) qui est traduit par "se réfugier" puis par le lion déchirant la néphesh de l'orant.

Bien que le verbe חָסָה (rasa) soit très généralement pris au sens de "se réfugier", "reposer" (Jg 9,15) ou "espérer en" (So 3,12) parfois "avoir confiance" (Pr 14,32), son emploi ne réfère jamais, à l'instar de ses synonymes, à un refuge physique, mais à un refuge spirituel auprès du Seigneur, en lui ou, selon une expression consacrée, "*à l'ombre de ses ailes*".

> *Ps 16,1 - Hymne de David. Dieu garde-moi, car en toi j'ai fait mon refuge (rasa).*

> *2 S 22,31 - Dieu, son chemin est parfait, sa parole est pure. Il est un bouclier pour tous ceux qui se réfugient (rasa) en lui.*

> *Ps 57,2 - Fais-moi grâce. Dieu, fais-moi grâce, car moi (néphesh), en toi, je cherche un refuge (rasa) et je me réfugie (rasa) à l'ombre de tes ailes, jusqu'à ce que soient passées les calamités.*

Il s'en suit que si le danger qui pesait sur cet homme relevait de l'ordre d'une vengeance ou d'une rivalité quelconque, il est bien probable que le psalmiste aurait utilisé le verbe "nousse" ou "malate" qui sont généralement employés dans le cas d'un asile matériel. Mais si l'on considère, tout de même, que ce refuge est bien physique, sauf à estimer que notre rédacteur était ignorant de la distinction que nous venons de signaler, il faudrait comprendre pourquoi il a fait un choix qui dénote avec les usages courants de sa langue.

Maillot et Lelièvre ont peut-être été sensibles à cette nuance de vocabulaire, car ils proposent une solution qui, de prime abord, peut sembler concilier des poursuivants humains et un havre spirituel auprès de Dieu : "*L'auteur s'est réfugié dans le Temple (v.2)…il serait accusé d'un meurtre. Il ne nierait pas ce meurtre, mais prétendrait que c'est en situation de légitime défense qu'il a été amené à se battre.*" En suggérant un abri où le Seigneur est effectivement présent, ils justifient l'emploi du verbe "rasa". Malheureusement, le Temple ou la Tente du Seigneur n'ont jamais été un asile sûr face à des individus déterminés, témoin l'épisode relatif à la mort de Joab. Avant de disparaître, David rappelle à son fils Salomon que celui-ci s'est mal conduit en assassinant deux chefs d'armées, Avner et Amasa, "*versant ainsi en temps de paix le sang de la guerre*".

Salomon devenu roi envoya Benayahou pour tuer Joab. Mais ce dernier, conscient du danger qu'il courait, se réfugia dans la tente du Seigneur. Rien n'y fit et Benayahou l'exécuta, alors même qu'il tenait entre ses mains les cornes de l'autel, et cela, afin que soit détourné de Salomon et de la maison de son père *"le sang versé sans cause par Joab"*.

> *1 R 2,29 - On informa le roi Salomon que Joab s'était réfugié dans la tente du Seigneur et qu'il se trouvait à côté de l'autel. Salomon envoya Benayahou fils de Yéhoyada en disant : "Va frappe le".*

On pourrait alors penser que le verset suivant va participer à jeter quelques lueurs sur ces poursuivants, et donc sur la nature de cet asile auquel aspire l'orant, malheureusement la chose est loin d'être assurée. D'ailleurs, dès que l'on sollicite les textes à propos de ce lion qui dévore la néphesh, nous sommes renvoyés à un écrit unique, celui d'Ezechiel 22,25-27 à propos des dérives idolâtres des autorités religieuses et politiques de Jérusalem. En effet, c'est le seul lieu avec le psaume 7 où son mentionnés le substantif "néphésh" et le verbe טָרַף (tarak) "dévorer", "déchirer", "mettre en pièce".

> *Ez 22,25 - En son sein ses prophètes conspirent. Comme un lion rugissant déchirant une proie, ils dévorent la néphesh. Ils prennent les richesses et les objets précieux et multiplient les veuves au milieu d'elle.*
> *Ez 22,26 - Ses prêtres violent ma Loi et ils profanent les choses sacrées. Ils ne séparent pas les choses sacrées des choses profanes ni n'ont fait connaître la différence entre le pur et l'impur. Ils ont fermé les yeux sur mes sabbats et ils m'ont profané parmi eux.*
> *Ez 22,27 - Ses princes, au milieu d'elle, comme des loups déchirant une proie répandent le sang. Ils font périr les néphesh afin d'en tirer profit.*

On ne peut qu'être étonné par l'utilisation de cette formule de désapprobation du pouvoir religieux et politique, pour introduire la prière d'un homme, dont le désir semble être de trouver une aide et un soutien auprès du Seigneur et cela d'autant plus que le psalmiste, de par ses fonctions, est proche d'elles. Dès lors, doit-on voir dans celle-ci une simple figure de style et donc considérer que le lien avec ce passage d'Ezéchiel n'est que le fruit du hasard ? Ce n'est pas impossible, mais l'on ne peut éviter l'embarras dans lequel nous met cette référence et que celle-ci soit délibérée ou involontaire, on peut difficilement l'éluder. Cela étant dit, à quoi nous renvoie-t-elle ?

Le vocable de "lion" se rencontre, sous sept formes qui, chacune, semble correspondre à une période de son existence, depuis le lionceau jusqu'au vieux lion usé par l'âge. Celui qui est employé dans notre psaume est אַרְיֵה (aryé) c'est-à-dire une bête encore jeune et vigoureuse. À part quelques passages qui réfèrent à l'animal, comme en Jg 14,5, à propos de celui tué par Samson, ou bien de celui qui tue un prophète de Juda sur le chemin de Béthel en 1 R 13,24, il est surtout mentionné pour exprimer, de manière métaphorique, la force et la puissance. Toutefois cette image est particulièrement ambiguë dans la mesure elle est mise autant au service de la justice et du salut qu'à celui de la condamnation et de la destruction, que celui-ci ou celles-ci soient l'œuvre de l'homme ou bien celle de Dieu. Si dans le livre d'Isaïe le Seigneur sortira tel un lion pour protéger et délivrer Jérusalem de l'Assyrie, à l'inverse, chez Osée, celui-ci, dans sa lamentation sur les infidélités d'Israël, annonce que, de même qu'un lion, il viendra déchirer son peuple :

> *Is 31,4 - Ainsi m'a parlé le Seigneur : "Comme rugit le lion, ou le lionceau, sur sa proie malgré la foule de bergers, il n'est pas effrayé par leurs cris, ni tourmenté par leur nombre. Ainsi le Seigneur des armées descendra pour faire la guerre sur la montagne de Sion et sa colline.*
> *Is 31,5 - Comme des oiseaux volent ainsi le Seigneur des armées protègera Jérusalem. Il protègera, et il délivrera, il épargnera et il tirera du danger.*
> *Os 13,6 – Puis dans leurs pâturages ils se sont rassasiés, leur cœur s'est élevé, c'est pourquoi ils m'ont oublié.*
> *Os 13,7 - Alors, pour eux, je serai comme un lion, comme un léopard sur le chemin j'épierai.*
> *Os 13,8 - Je tomberai sur eux comme un ours privé de ses petits et je déchirerai l'enveloppe de leur cœur et le les dévorerai là. Tel un lion, la bête sauvage de la campagne les déchirera.*

Ce verset d'Osée revêt une certaine importance dans la mesure où il déclare que ce déchirement est une conséquence du péché. Si le Seigneur lacère le cœur d'Israël cela tient à se qu'il s'est détourné de lui pour des Baals, vis-à-vis desquels il ne pourra, d'ailleurs, attendre aucun secours. On retrouvera cette même thématique chez Jérémie :

> *Jr 5,6 - C'est pourquoi un lion de la forêt les a frappés, un loup des steppes les ravage, un panthère guettant quiconque sortant de leurs villes les déchiquettera (טרף) car leurs révoltes sont nombreuses et leurs apostasies se sont multipliées.*

À la source de ce déchirement de l'homme par un lion il y a donc le péché, ce qui conduira Ben Sira à faire de cet animal l'image du pécheur qui par ses crocs, miroir de ses iniquités et de ses injustices, enlève la vie à ceux qu'il approche en les faisant tomber sous son emprise.

> *Si 21,2 - Comme tu fuis devant un serpent, éloigne-toi du péché, car si tu t'approches, il te mordra. Ses dents sont des dents de lion qui enlèvent la vie de l'homme.*
> *…*
> *Si 27,10 - Le lion guette sa proie comme le péché ceux qui commettent l'injustice.*

Mais dès lors, comment comprendre le déchirement de la néphesh ? Nous ne reviendrons pas sur ce vocable que nous avons analysé dans le psaume précédent et auquel nous renvoyons notre lecteur. Rappelons simplement que la néphesh étant cet élément de l'homme qui anime sa chair, sa perte équivaut à la mort comme le traduit bien ce verset du livre de la Genèse à propos de la mort de Rachel :

> *Gn 35,17 - Pendant que sa néphesh la quittait, car elle se mourait, elle l'appela du nom de Ben-Oni, mais son père l'appela Benjamin.*

Toutefois, ici il ne s'agit pas d'une mort ordinaire, à l'image de celle que nous venons de citer, car si le lion en déchirant la néphesh de l'homme lui ôte la vie, il lui brise également les os et ne laisse de lui que quelques reliefs sans forme et épars sur le sol. Dès lors, ce n'est plus une mort commune, mais une destruction radicale qui efface toutes mémoires de la victime. Ce n'est pas par hasard que Josias, comme nous l'avons vu en lisant le troisième verset du psaume précédent, fait déterrer les cadavres des idolâtres pour faire brûler leurs os. S'il fait cela, c'est afin qu'ils disparaissent du souvenir des hommes. Le récit du prophète de Juda sur le chemin de Béthel est éloquent à cet égard. C'est bien parce que le lion ne l'a pas dévoré qu'il pourra être déposé dans la tombe du vieux prophète de Béthel car ses os n'avaient pas été brisés et qu'ainsi l'un et l'autre au-delà de la mort trouveront la continuité commune de leur être.

> *1 R 13,28* - Puis il partit et trouva son cadavre jeté sur le chemin, l'âne et le lion se tenaient à côté du cadavre. Le lion n'avait pas mangé le cadavre ni n'avait mis en pièce l'âne.
> *1 R 13,29* - Le prophète souleva le cadavre de l'homme de Dieu puis le déposa sur l'âne et le ramena. Le vieux prophète retourna à la ville pour les lamentations et l'ensevelissement.
> *1 R 13,30* - Alors il déposa le cadavre dans son tombeau et l'on fit les lamentations. "Hélas mon frère"
> *1 R 13,31* - Après qu'il l'eu enseveli, il dit à ses fils : "quand je serai mort alors vous m'ensevelirez dans le tombeau où l'homme de Dieu a été enseveli. Vous déposerez mes os à côté de ses os.

En d'autres termes, ce déchirement de la néphesh par un lion apparaît comme l'image de cette dévoration de l'homme par le péché, dévoration qui par sa radicalité en fait disparaître toute trace et le raye ainsi de la mémoire des vivants.

Nous sommes donc en présence de deux possibilités. D'un côté, si l'on veut maintenir la réalité humaine des poursuivants, il faut considérer que l'orant est soit tombé entre leurs mains, ou est sur le point de l'être, et qu'il est convaincu de l'inéluctabilité de sa mort. Abandonné de tous, comme le suggère la fin du verset 3, il se tourne vers le Seigneur et le supplie de ne pas l'oublier en lui ménageant un refuge auprès de lui, au risque qu'il sombre dans le trou béant du néant et qu'il disparaisse à jamais de la mémoire des hommes. Dans l'autre cas, le verbe poursuivre serait employé dans le sens figuré de "être hanté", "être harcelé" ou "être obsédé", à l'image de l'angoisse de l'échec ou l'idée fixe de la performance. Mais, dans ce cas, il s'agirait alors de celle de tomber sous le pouvoir du péché à cause de la présence continuelle de ceux, qui autour de lui, y sont assujettis et, en conséquence, la crainte lancinante de partager leur sort en étant dévoré par ce lion féroce affamé de toute chair. Ce n'est donc que dans le Seigneur qu'il trouvera ce refuge spirituel qui le protégera du péché et, par lui, écartera la perspective qu'il sombre à l'heure de sa mort dans l'oubli du néant.

Ces deux scénarii, quoique différents, relèvent cependant d'une même problématique, celle de la continuité de l'être au-delà de la mort. Mais c'est précisément cette hantise de disparaître de la mémoire de ses semblables et de celle de sa lignée qui obsède l'homme biblique. Il est conscient que lui, comme tous ses congénères, périront et qu'aucun ne saurait s'affranchir de cette issue détestable, mais il ne se résout pas à accepter qu'elle soit la fin ultime qui le précipite dans cet abîme ténébreux du néant.

L'argumentation du psalmiste

Versets 4, 5 et 6

> *Seigneur mon Dieu, si j'ai fait cela, si j'ai une injustice (au creux) de mes mains,*
> *si j'ai rendu le mal à celui qui me donnait la paix et, sans raison, j'ai arraché d'un danger celui que je combats,*
> *qu'un ennemi poursuive ma néphesh et qu'il l'attrape, qu'il piétine à terre ma vie et roule mon honneur dans la poussière. Pause*

Les versets 2 et 3 nous ont introduits dans le drame traversé par l'orant. S'il demande au Seigneur de le prendre auprès de lui, que ce soit en raison de l'imminence de sa propre mort, soit à cause de sa hantise de tomber au pouvoir du péché, c'est qu'il craint au plus haut point, à l'image de l'abandon qu'il éprouve dans sa détresse, d'être également délaissé dans sa mort. Il ressent intensément cette éventualité comme une injustice, et il se tourne vers le psalmiste pour l'aider à argumenter auprès du Seigneur afin que celui-ci, après l'examen de sa vie, réponde favorablement à sa requête : celle de ne pas être néantisé par les crocs d'un lion vorace qui ne laisserait plus rien subsister de lui.

Pour convaincre le Seigneur, le psalmiste va lui faire avancer un propos d'une logique, pour ainsi dire, implacable. Celui-ci est fondé sur une malédiction conditionnelle explicite, assortie d'un argument, implicite, dont la réalisation rendra caduque la malédiction initiale :

Argument explicite
Si – j'ai péché – Alors – je dois disparaître à jamais

Argument implicite
Si – je n'ai pas péché – Alors – je ne peux être abandonné au néant

Cette forme est bien connue. On pourra y reconnaître ce que la scolastique nommait, pour l'argument explicite, le modus-ponens et pour l'implicite, le modus-tollens, c'est-à-dire pour le modus-ponens, si le premier terme est vrai alors le second l'est également, j'ai péché donc je dois mourir et disparaître et pour le modus-tollens, si le premier terme est vrai alors le second. Or le premier est faux donc le second ne peut avoir lieu. Ai-je péché ? Non, donc en l'absence de péché pas de néant.

Mais afin de donner plus de poids à sa parole, le psalmiste va l'asseoir sur une triple répétition tant dans sa partie conditionnelle que dans sa partie consécutive :

Si - ….		Que …
Si - ….	Alors	Que …
Si - ….		Que …

Cela ne suffisant visiblement pas à ses yeux, il va la renforcer en tissant autour d'elle une tension dramatique par l'accentuation progressive de l'importance du péché et du châtiment. On remarquera d'ailleurs que cette dynamique n'est pas sans rappeler le mouvement d'engagement dans le péché du premier verset du psaume 1 qui est également rythmé sur une base ternaire au travers de trois verbes et de trois lieux[29].

---

[29] "*Heureux l'homme qui ne se mêle pas des intrigues des méchants, qui n'a pas persévéré à se tenir sur le chemin des égarés et qui n'a pas habité dans la maison des moqueurs*". Ce mouvement s'inscrit dans la succession des trois verbes "se mêler", " persévérer à se tenir " et " habiter ". Le pécheur ne fait d'abord que fréquenter de temps à autres des hommes malveillants en se mêlant plus ou moins à leurs intrigues. Puis, il commence à se tenir souvent auprès d'eux, frayant de plus en plus avec ce qui est mauvais et enfin, il s'installe chez eux, faisant ainsi du péché sa demeure.

Au premier "si" est associé un péché que l'on peut qualifier de commun. Du reste, il eut peut-être été plus approprié, afin de mieux rendre compte de la marche du texte, de traduire le par "si j'ai commis ceci ou cela", c'est-à-dire quelques manquements mineurs. Avec le deuxième "si", il ne s'agit plus de ce type de méfaits ordinaires dont, finalement, le souvenir est vague, au point qu'il est difficile de les citer expressément, mais de fautes suffisamment importants, pour que les mains en gardent la mémoire et par conséquent celui qui les a perpétrées. Toutefois, bien qu'ils relèvent de l'injustice, ils demeurent encore en deçà de ceux évoqués avec le troisième "si", car ces derniers touchent au fondement même du lien au Seigneur et à l'horreur qu'il leur porte. En effet, non seulement il brise, par le mal commis, la relation de paix qui règle l'ordre créé, mais, il va plus loin, car, en arrachant du danger celui que normalement le fidèle du Seigneur doit combattre, c'est-à-dire le pécheur, il protège le péché de sa disparition de la Création. En d'autres termes, l'homme devient son collaborateur, coopère avec lui afin de l'affirmer et le faire grandir.

À ces trois formes du péché, il va faire correspondre trois châtiments qui vont conférer à son argumentaire toute sa puissance.

1 - si j'ai fait cela
    1 - qu'un ennemi poursuive ma néphesh
       et qu'il l'attrape

2 - si j'ai une injustice (au creux) de mes mains,
    2 - qu'il piétine à terre ma vie

3 - si j'ai rendu le mal à celui qui me donnait la paix et,
  que sans raison, j'ai arraché d'un danger celui que je combats,
    3 - qu'il piétine à terre ma vie et roule mon
       honneur dans la poussière.

Au premier genre, qui correspond aux péchés de tous les hommes et qu'il ne peut nier d'avoir commis, il accepte que ses ravisseurs se saisissent de sa néphesh. Cela, pourrait-on dire, ne lui coûte rien, ils peuvent bien la lui prendre, car avec la mort l'homme en est nécessairement séparé. Avec le piétinement de la vie, cause du deuxième type d'errement, là encore, son risque est mesuré. En effet, s'il ne lui fait pas de doute qu'un jour ou l'autre il s'est laissé aller à une injustice, dont il a peut-être même le souvenir au "creux de ses mains", et reconnaît que cette injustice mérite la mort, il ne s'expose pas à un bien grand danger, car celle-ci est le lot de tout homme et une expiation appropriée le délivrera des conséquences néfastes qui pourraient l'affliger. En revanche, avec le troisième genre de faute, la situation est bien plus grave. Effectivement, si l'on venait à prouver qu'il a rendu le mal pour le bien et qu'il a agi en sorte que le péché se propage et grossisse parmi les hommes, alors il est prêt à voir son honneur roulé dans la poussière. Il sait ce châtiment terrible, car, à travers l'honneur, c'est le nom qui est visé et la perte du nom, comme nous l'avons vu au psaume 5 puis au psaume 6, est le risque suprême auquel il est confronté, car avec cette disparition c'est toute la continuité de son être qui est à jamais condamnée et avec elle toute sa lignée. Mais de cela, il se connaît innocent, car il ne s'est jamais fait le collaborateur volontaire du péché. Toute sa "ruse argumentative" réside donc dans ces distinctions. Il est prêt à se reconnaître pécheur, mais pas au point de mériter le néant.

Dès lors, et en suivant la première présentation que nous en avons faite, l'argumentaire du psalmiste peut se résumer de la manière suivante :

> Si j'ai péché de manière commune,
> alors je suis prêt à livrer ma néphesh.
>
> Si j'ai péché en commettant l'injustice,
> alors je suis prêt à mourir.
>
> Si j'ai péché en protégeant le péché,
> alors que mon nom soit effacé de la mémoire des hommes.

Il n'y a plus dès lors de bien grandes difficultés pour établir l'argument implicite : si je n'ai pas protégé le péché alors je ne mérite pas le néant.

Il est alors assez clair qu'en prolongeant sa prière par ce type de déclaration le psalmiste se place de manière délibérée dans un contexte de jugement. Cela n'a rien d'étonnant, car, d'une part, celui-ci appartient aux fondamentaux de la foi d'Israël et, d'autre part, le Seigneur est celui qui a le gouvernement du monde et à ce titre est le juge de tous les hommes. Aussi, après avoir imploré son Dieu de ne point le condamner et lui donner un refuge auprès de lui, il va soutenir de façon explicite qu'il souhaite une ordonnance divine prouvant, que jamais il ne fut un collaborateur actif de la propagation du péché et donc ne mérite pas de disparaître irrémédiablement de la mémoire de ceux qui viendront après lui.

La demande d'ouverture d'un procès au tribunal de Dieu

Verset 7

> *Dans ta colère, lève-toi Seigneur. Dresse-toi contre la fureur de ceux qui m'oppriment. Éveille-toi (ainsi) pour moi, tu ordonneras un jugement.*

Avec le verset 7, nous touchons au point où les opinions des exégètes à propos de la structure du psaume commencent à diverger. Toutefois, s'il y a un problème de cohérence, celle-ci ne s'affirmera vraiment qu'au verset suivant voire même à partir du verset 10. Nous y reviendrons.

En l'état du texte, l'on peut considérer qu'ayant présenté sa supplique, l'orant demande au Seigneur de lui faire justice en ouvrant un procès visant à le justifier vis-à-vis de ses poursuivants ou du péché qui le cerne. La structure tripartite de ce verset, avec ses trois synonymes verbaux qui engage le Seigneur à manifester sa colère, puis de se dresser contre ses ennemis et ordonner un jugement, prolonge l'insistance que la prière avait auparavant mise en avant dans son argumentation précédente. Le temps est compté, il y a urgence, il faut que Dieu se lève à tout prix.

Parmi les trois verbes l'exhortant à se lever, nous avons déjà rencontré le premier קוּם (koum) dans le psaumes 3 et le second נָשָׂא (nasa) au psaume 4 (Ps 4,7). En revanche, le troisième עוּר (our) apparaît pour la première fois. Ces trois verbes possèdent à peu près la même signification, celle de se mettre debout, que ce soit parce que l'on est assis ou couché mais également se réveiller. Nous ne reviendrons pas sur celui que ouvre cette demande, au Seigneur, nous l'avons examiné au psaume 3. Nous y renvoyons notre lecteur.

Nous ne reviendrons pas, également, sur la colère divine qui a été amplement développée lors de notre lecture du psaume précédent. Enfin, la question du jugement va être abordée dans la suite immédiate.

Le tribunal de Dieu

Verset 8 - 9

> *La communauté des nations est autour de toi. Au-dessus d'elle, il siège dans les hauteurs.*
> *Le Seigneur jugera les peuples. Seigneur juge-moi selon ma justice et selon mon intégrité.*

Ces deux versets sont la suite logique du précédent. Si l'orant revendique d'être jugé quoi de plus normal que de tourner son regard vers le tribunal de Dieu. L'orant "voit" alors sur les hauteurs, entouré de la foule des nations et assis sur son trône, le Seigneur qui juge tous les peuples. L'audience est, pour ainsi dire, ouverte et il interpelle alors le Seigneur en l'invitant à satisfaire sa demande de jugement.

Notons cependant que ces deux versets sont l'objet de discussions savantes à propos de leur traduction. La première concerne la "communauté des nations" et la seconde le verbe "siéger".

L'expression וַעֲדַת לְאֻמִּים (va-hadate léhoumime) "la communauté des nations" est un hapax[30] vétérotestamentaire. En effet, si à l'occasion l'on rencontre des formules analogues comme en Gn 35,11 ou bien en Is 13,4, tout comme en Mi 4,11, l'association des deux vocables עֵדָה (héda) pour communauté et לְאֹם (léhom) pour nation ne se trouve que dans ce psaume. Cela a probablement conduit entrains traducteurs à s'interroger et les ont engagé à considérer que le mot לְאֻמִּים (léhoumim pluriel de לְאֹם - léhom - nation) pouvait être confondu, compte tenu d'une consonance similaire, avec אֱלֹהִים (élohim - dieux). Aussi, il ne faudrait pas lire "communauté des nations" ou "assemblée des nations", mais "assemblée des dieux". Pour cela, ils s'appuient sur le premier verset du psaume 82 :

> *Ps 82,1 - Psaume d'Asaf. Dieu se tient dans l'assemblée des dieux. Au milieu des dieux, il juge.*

---

[30] C'est-à-dire un mot ou une expression présentent une seule fois dans le corpus de texte considéré.

Quoique les arguments avancés possèdent une certaine solidité, la plupart des Bibles conserveront "nations" ou "peuples", nous les avons suivis.

La seconde tient au verbe שׁוּב (chouve - retourner). En effet, la traduction littérale du second membre du verset 8 avec "il retourne dans les hauteurs" est bien étrange ! Aussi, et à l'image de la confusion entre les formes conjuguées de שׁוּב (chouve) et de יָשַׁב (yachave - s'asseoir, siéger) en Nb 10,36 et Ps 68,7, certains traducteurs ont considéré que le même type de méprise avait eu lieu au Psaume 7. Ils ont donc jugé nécessaire d'opérer une correction. On notera que celle-ci améliore significativement le sens de ce verset. Nous nous sommes rangés à leur avis.

La plaidoirie du psalmiste - versets 10 à 17

Après avoir appelé le Seigneur à son secours (ver. 2 et 3) et argumenté la légitimité de cette demande (ver. 4, 5 et 6), puis lui avoir adressé une seconde requête visant à ce qu'il le juge promptement afin de le faire échapper à une mort anonyme qui le ferait disparaître de la mémoire des vivants (ver. 7) en se présentant devant le tribunal de Dieu (ver. 8 et 9), l'orant s'engage dans une sorte de plaidoyer dont il n'est pas toujours très facile de saisir le fil conducteur. C'est d'ailleurs ce désordre qui a poussé certains commentateurs à reconnaître ce psaume comme un assemblage de pièces originellement indépendantes. Nous verrons pourtant, comme nous l'avons laissé entendre dans notre introduction, que la situation n'est pas aussi obscure que l'on peut le penser.

Même si le texte est d'un abord difficile, on peut cependant distinguer deux ensembles, chacun composé de deux parties. En effet, on découvre assez aisément que le juste est l'objet des versets 10, 11 et 12a tandis que dans les suivants (12b, 13, 14, 15, 16 et 17) se sont les hommes iniques qui en sont les sujets. De plus, on peut également remarquer, dans l'ensemble consacré aux justes, un premier temps relatif à leur affermissement puis, un second, relatif à leur salut. De même, dans celui qui traite des hommes iniques d'abord le châtiment qui les frappe puis le sort qui leur est réservé. Le texte des versets 10 à 17 peut donc être divisé de la manière suivante :

1 - À propos des justes

    1.1 - *Je t'en prie fait cesser la méchanceté des (hommes) iniques, alors tu affermiras le juste. Celui qui sonde les cœurs et les reins est un Dieu juste.*
    1.2 - *Mon bouclier est auprès du Seigneur, celui qui sauve les cœurs droits*

2 - À propos des hommes iniques

    2.1 - *(C'est) un Dieu jugeant avec justesse, mais un Dieu faisant sentir sa colère en tout temps. S'il ne se repent pas, il aiguise son épée, il bande son arc et se prépare. Pour lui il a préparé des instruments de mort et a fait ses flèches brûlantes.*
    2.2 - *Voici celui qui enfante l'iniquité, il conçoit l'injustice et il engendre le mensonge. Il a creusé un puits, il l'a fait profond et il est tombé dans le piège qu'il a fait. Son injustice reviendra sur sa tête et sa violence tombera sur son crâne.*

Nous conduirons donc notre lecture en nous appuyant sur cette organisation quadripartite du texte.

"Celui qui sonde les reins et les cœurs", versets 10 et 11,

    Je t'en prie fait cesser la méchanceté des (hommes) iniques, alors tu affermiras le juste. Celui qui sonde les cœurs et les reins est un Dieu juste.

Le verset 10 est constitué de deux membres. Si le premier se comprend aisément et la logique qui le commande est assez claire, le second mérite quelques explications.

"Sonder les reins et le cœur" est une expression bien connue de l'Ancien Testament. Cependant, on ignore souvent qu'elle n'y apparaît, en dehors du Psaume 7, qu'une seule fois en Jr 11,20, si l'on excepte les formes approchées de Jr 17,10 et Jr 20,12. Dans le premier cas, en Jr 17,10, le Seigneur examine les reins et sonde le cœur en vue de rétribuer chacun selon sa conduite et dans le second, en Jr 20,12, c'est uniquement le juste qui est sondé par le Seigneur par le regard qu'il porte sur son cœur et sur ses reins. Notons également que l'association "cœur" et "reins" se rencontre à deux occasions dans les Psaumes. D'abord en Ps 26,2, mais où le verbe "sonder" est remplacé par celui de "éprouver" ou "purifier en passant par le feu" et en Ps 73,21 qui mentionne un cœur et des reins aigris. C'est dire qu'en employant cette formule, le psalmiste nous renvoie de manière délibérée, à Jérémie et très probablement au contexte du passage Jr 11,18-20 :

> *Jr 11,18 - Et le Seigneur m'a fait savoir et j'ai su. Alors, il m'a fait voir leurs actes.*
>
> *Jr 11,19 - Et moi, tel un agneau docile qui est conduit à l'abattoir, je ne savais pas qu'ils fomentaient de (mauvais) desseins à mon encontre : "Détruisons l'arbre avec son fruit et qu'il soit retranché de la terre des vivants et que son nom ne soit plus jamais mentionné."*
>
> *Jr 11,20 - Mais le Seigneur des armées, jugeant avec justice, sondant les reins et le cœur, je verrai sur eux (l'œuvre de) ta vengeance, car, c'est à toi que j'ai fait connaître ma cause.*

On ne peut qu'être étonné par le nombre de parallèles que ce texte entretient avec notre psaume. En effet, outre cette formule relative aux reins et au cœur, nous y rencontrons les principaux éléments que nous avons vus s'esquisser depuis le début de notre analyse. Comme Jérémie, l'orant est poursuivi par des hommes qui en veulent à sa vie et qui cherchent à le détruire de manière radicale. Son inquiétude, à propos de la disparition de son nom et l'angoisse qui le saisit dans la perspective de sombrer dans l'oubli du néant, se retrouvent sans conteste au verset 19. De même, l'évocation du Seigneur qui juge avec justice du verset 12 ne peut pas ne pas être mise en relation avec le début du verset 20 de Jérémie. Mais également, cette remise que fait l'orant de sa cause auprès du Seigneur afin qu'il le défende de ses poursuivants est pareillement exprimée à la fin du verset 20. Enfin, comment ne pas rapprocher cette condamnation du psalmiste des versets 16-17 de notre psaume de celle qui touche les ennemis du prophète d'Anatoth.

Tous ces éléments pourraient alors nous engager à lire ce psaume comme la prière d'un homme désespéré qui, à l'image de Jérémie, serait poursuivis par des hommes qui cherchent à le détruire à cause de sa fidélité au Seigneur. Acculé dans une impasse, ne voyant plus aucune issue à sa situation, ce psaume l'invite donc à méditer les épreuves du prophète qui, pareillement à lui, a été l'objet de persécutions acharnées.

> *Jr 12,6 - car même tes frères et la maison de ton père te trahissent. Ils crient plein de choses dans ton dos. Ne te fie pas à eux quand ils te diront de bonnes choses.*
>
> ...
>
> *Jr 12,8 - Mon patrimoine a été pour moi comme un lion dans la forêt. Il a donné sa voix contre moi c'est pourquoi je ne l'aime plus.*
>
> ...
>
> *Jr 12,10 - De nombreux bergers ont détruit ma vigne, ils ont piétiné mon champ et fait de ce champ merveilleux un désert désolé.*

Cependant, il ne doit pas désespérer, car comme en témoigne la parole du prophète, celui-ci ne fut jamais abandonné par le Seigneur et, à l'instar de ce dernier, il est encouragé à faire appel à la justice divine qui "déracinera" ceux qui le persécutent. Nous reviendrons, à nouveau, un peu plus loin, sur ce passage de Jérémie.

Verset 12a, le salut des cœurs droits

> *Mon bouclier est auprès du Seigneur, celui qui sauve les cœurs droits.*

Nous ne nous étendrons pas sur le vocable de "bouclier" que nous avons analysé au psaume 3 auquel nous renvoyons notre lecteur. En revanche, l'expression "cœurs droits" mérite quelques commentaires.

Celle-ci se rencontre pour l'essentiel dans le livre des Psaumes. En effet, sur ses dix-sept occurrences dans la Bible de Jérusalem, treize se trouvent dans cet ouvrage. La compréhension de cette expression ne varie d'ailleurs pas d'un texte à l'autre. Rappelons d'abord, comme nous l'avons vu en lisant le psaume 4, que pour l'homme biblique, le cœur possède une fonction similaire à celle que nous attribuons à notre cerveau. Aussi, avoir un "cœur droit" ne renvoie pas à une quelconque probité sentimentale, mais à une rigueur de l'intelligence, c'est-à-dire à une franchise et une honnêteté dans ses pensées comme dans ses actes. Il ne sera donc pas étonnant que le roi par excellence, David, soit déclaré droit de cœur dans la mesure où son existence est perçue comme dirigée par la justice et la vérité.

> *1 R 3,6 - Salomon dit alors : Toi, tu as traité ton serviteur David, mon père, avec une remarquable fidélité bienveillante et il a marché devant toi dans la vérité, dans la justice et dans la droiture du cœur. Tu lui as gardé cette remarquable fidélité bienveillante et tu lui as donné un fils qui aujourd'hui est assis sur son trône.*

Aussi, vivant dans la justice et la vérité, l'homme au cœur droit est habité par la joie et sa droiture lui donne alors le privilège de contempler la face du Seigneur :

> *Ps 32,11 – (Vous) les justes, réjouissez-vous dans le Seigneur et exultez. Poussez des cris de joie tous ceux qui sont droit de cœur.*

> *Ps 11,7 – Car le Seigneur est juste. Il aime les choses justes. L'homme droit contemplera sa face.*

L'idée exprimée dans ce verset est importante pour notre propos, car elle nous renvoie à ce qui justifie l'argumentaire du psalmiste. Certes, si celui-ci admet sa culpabilité, il a la conviction que son impureté n'a pas atteint les tréfonds de son être et qu'à ce titre il ne saurait être reconnu comme un complice du péché. Aussi, même s'il est sujet à des blâmes de la part du Seigneur, mais quel homme pourrait imaginer être sans reproche, il sait que son cœur est droit, car, de tout temps, il a aspiré à la justice et à la vérité. Dès lors, si son cœur est tel, alors il lui sera possible de se présenter devant le Seigneur pour être jugé, car comment se venir face à son juge s'il est impossible à celui qui demande justice de soutenir son regard sans s'effondrer misérablement.

Versets 12b, 13 et 14, le châtiment de ceux qui refusent de se repentir

> *(C'est) un Dieu jugeant avec justesse, mais un Dieu faisant sentir sa colère en tout temps.*

> *S'il ne se repent pas, il aiguise son épée, il bande son arc et se prépare.*
> *Pour lui, il a préparé des instruments de mort et a fait ses flèches brûlantes.*

Avec ces deux versets, nous quittons la partie consacrée aux justes pour aborder celle relative aux hommes iniques. Sa traduction est assez délicate comme en témoignent les notes critiques qui accompagnent très généralement son commentaire. Cela tient, d'une part, au verbe "chouve" qui peut se traduire par "revenir", mais également par "se retourner" ou par "se repentir" et, d'autre part, à l'expression אִם־לֹא (im-lo), placé devant ce verbe. En effet, cette dernière peut être rendue par une clause conditionnelle : si – ne pas, (ce que nous avons fait) ainsi en Ex 22,7 ou bien par une exclamation emphatique du type "assurément", "à vrai dire" ou "bien entendu", tel que cela se rencontre en Is 5,9. Cela fera dire à Jacobson que l'on ne sait plus très bien qui des impies ou du Seigneur prépare ses armes.

En fait, si l'on prend en compte l'inscription de ce psaume dans l'échange de Jérémie avec le Seigneur, dont nous avons fait mention au paragraphe précédent, la situation est moins complexe qu'il n'y paraît. Il suffit de prolonger la lecture du chapitre pour constater que Jérémie, comme l'orant, après avoir relaté la volonté de ses poursuivants de le détruire et avoir sollicité le jugement de Dieu afin d'être préservé de leur colère, il rapporte, sans ménagement, les paroles du Seigneur relatives à leur anéantissement par l'épée et la famine.

> *Jr 11,21 - C'est pourquoi le Seigneur a ainsi parlé à l'encontre des hommes d'Anatoth, ceux qui te recherchent en disant : "Ne prophétise pas au nom du Seigneur (sinon) tu mourras de notre main".*
> *Jr 11,22 - C'est pourquoi ainsi parle le Seigneur des armées : "J'interviendrais contre eux, les jeunes gens mourront par l'épée, leurs fils et leurs filles mourront par la famine.*
> *Jr 11,23 - Chez eux, il n'y aura aucun survivant lorsque je ferai venir le malheur parmi les hommes d'Anatoth, l'année où ils devront rendre compte.*

On remarquera que le psalmiste est bien plus prolixe que Jérémie à propos des armes que le Seigneur prévoit d'utiliser à l'encontre de ces impies. Sans doute, et afin de donner plus de poids à ses déclarations, s'est-il appuyé sur un passage du livre du Deutéronome qui décrit de manière assez similaire et dans des conditions semblables, l'épée et les flèches du Seigneur.

> *Dt 31,41 - Et bien j'aiguise mon épée foudroyante, ma main se saisit du droit. Je ferai se retourner ma vengeance sur mes adversaires et je paierai en retour ceux qui me haïssent.*
>
> *Dt 31,42 - J'enverrai mes flèches de sang et mon épée dévorera de la chair, du sang des victimes et des captifs, la tête des chefs de l'ennemi.*

Cette allusion au livre du Deutéronome est-elle fortuite ? Cela est peu probable, car comme nous le voir, dès le verset suivant, c'est toute la théologie du péché présente dans ce livre qui est évoquée.

Versets 15 à 17, la rétribution de l'impie

> *Voici celui qui enfante l'iniquité, il conçoit l'injustice et il engendre le mensonge*
>
> *Il a creusé un puits, il l'a fait profond et il est tombé dans le piège qu'il a fait.*
>
> *Son injustice reviendra sur sa tête et sa violence tombera sur son crâne.*

Le verset 15 est constitué de trois membres dont on discerne rapidement l'organisation. Trois synonymes verbaux, "enfanter", "concevoir" et "engendrer" associés à trois formes de péchés, "l'iniquité", "l'injustice" et "le mensonge". Cette forme littéraire nous est bien connue et nous l'avons rencontré à plusieurs reprises. En revanche, ici il s'agit de montrer que l'homme en est le géniteur.

Ce verset est important, car il nous révèle un aspect concernant la genèse du péché qui s'oppose de manière assez radicale à celle que nous livre le second récit de la Création en Gn 2,4-3,24. Si l'homme est pécheur, cela ne tient qu'à lui et lorsqu'il sombre dans cet état calamiteux, cela réfère à une décision individuelle qui germe au fond de son cœur, car c'est lui qui l'enfante, qui la conçoit et qui l'engendre. S'il en est ainsi, cela ne tient ni à Dieu, qui comme nous l'avons vu dans un psaume précédent a horreur du péché, ni à Satan ou un serpent rusé qui l'aurait fait chuter au travers d'une tentation, mais à lui-même. Le livre du Deutéronome l'exprime à sa façon en déclarant que l'homme a devant lui la vie et le bonheur, la mort et le malheur et qu'il ne dépend que de lui de choisir l'un ou l'autre :

> *Dt 30,15 - Regarde, aujourd'hui j'ai mis devant toi la vie et ce qui est bon, la mort et ce qui est mauvais.*
> *Dt 30,16 - Ce que moi je t'ordonne aujourd'hui, c'est d'aimer le Seigneur ton Dieu et d'aller dans ses chemins, de garder ses commandements, ses lois et ses coutumes. Alors tu vivras, tu te multiplieras et le Seigneur ton Dieu te bénira dans le pays dont tu viens de prendre possession.*
> *Dt 30,17 - Mais si tu tournes ton cœur, que tu n'écoutes pas et que tu te laisses entraîner en te prosternant devant d'autres dieux et que tu les sers,*
> *Dt 30,18 - je vous le déclare aujourd'hui, vous périrez certainement, vous ne prolongerez pas vos jours sur le sol dont tu es venu prendre possession en passant le Jourdain.*
> *Dt 30,19 - Aujourd'hui, je prends à témoin, contre vous, les cieux et la terre, la vie et la mort, j'ai mis devant toi la bénédiction et la malédiction. Choisis la vie afin que tu vives toi et ta descendance.*

On retrouvera cette même perspective dans les livres de Sagesse et Ben Sira l'affirmera sans détour jusqu'à dire que si l'impie maudit Satan c'est lui-même qu'il maudit, car c'est en lui-même que s'engendre le péché.

> *Si 21,27 - Quand l'impie maudit Satan, il se maudit lui-même.*

On comprend dès lors toute l'importance que revêt la décision de se tenir loin des pécheurs, car, à travers celle-ci, c'est la volonté d'ériger une sorte de mur défensif qui protège du péché et que le premier verset du premier psaume explicite par ce refus de fréquentation des pécheurs.

Dans ces conditions la suite de ce verset devient plus claire. Si l'homme a choisi la mort et le malheur à l'encontre de la vie et du bonheur, il n'y a rien d'étonnant à ce qu'il soit frappé par toutes sortes de malédictions que le psalmiste illustre par le piège qu'il creuse lui-même et dans lequel il tombera inexorablement.

Aussi, il n'y a pas à considérer que le châtiment qui le touche soit la conséquence d'un jugement divin, car en choisissant la mort, il a désigné la rétribution de son existence. À quoi bon juger et livrer à la mort celui qui a refusé d'embrasser la vie et persiste, par l'endurcissement de son cœur, dans sa décision mortifère ? Celui-ci s'est déjà jugé lui-même et n'a besoin d'aucune sentence additionnelle. Il n'y a donc aucune utilité à ce qu'il se présente, ou soit présenté, devant le Seigneur pour être l'objet un quelconque jugement.

Dans ces conditions, si l'impie est déjà jugé, il ne peut plus y avoir de condamnation divine et le verdict de Dieu ne saurait être autre chose qu'une ordonnance de salut sur ceux qui conscient de leurs fautes se tournent vers lui dans la repentance et l'invite à ne pas les abandonner.

L'on comprend alors sans difficulté l'exigence que le psalmiste engage l'orant à partager, celle d'être jugé par le Seigneur. Cet appel n'a rien d'une demande d'instruction d'un procès en sa faveur et à l'encontre de ses poursuivants, cette demande d'être jugé est une requête de salut, car ce n'est que dans ce "jugement" de Dieu que l'homme trouve le secours auquel il aspire. On voit ici toute l'importance que recèlent ces trois versets et leur position quasi stratégique dans le discours de l'orant, juste avant la louange qu'il fait monter vers le Seigneur.

Conclusion

Verset 18

> *Je célébrerai le Seigneur selon sa justice et je chanterai le nom du Seigneur, le Très-Haut.*

Avec ce verset nous arrivons au terme du psaume 7. Nous ne nous étendrons pas sur celui-ci, tous les vocables qui le composent ont déjà été analysés et leur signification ne soulève plus de problèmes particuliers. Pour la justice de Dieu on se reportera à notre lecture de Ps 4,2 et Ps 5,9, et pour le nom à Ps 5,12. En revanche, il nous paraît plus important de nous attacher à comprendre sa visée générale et le mouvement de la pensée qui portent l'ensemble du texte.

La tâche n'est pas nécessairement facile tant les problèmes d'interprétation se sont succédé. Cela étant, si certains aspects peuvent être reconnus comme assuré, il n'en est pas de même pour d'autres et il y aura donc lieu de bien distinguer ce qui semble plus hypothétique de ce qui apparaît plus sûr. Il faudra maintenir ce qui est certain et valider ce qui l'est moins sur la base de la cohérence d'une pensée et du réalisme de la visée.

Concernant ce que l'on peut considérer comme sûr, il est possible d'avancer les éléments suivants : Il s'agit d'un homme qui confronté à sa mort se tourne vers le Seigneur et le supplie de ne pas l'abandonner à son sort. Après s'être reconnu pécheur, mais en déclarant ne jamais avoir failli à la fidélité qu'il lui doit, il lui demande de le juger, car il le connaît comme un Dieu miséricordieux et, même s'il n'exclut pas qu'il lui fasse expier ses fautes, il sait que son jugement sera une sentence de salut. Aussi, il peut chanter la gloire de son nom et célébrer sa justice.

Parmi les seconds, c'est-à-dire les éléments qui présentent quelques caractères hypothétiques, il y a lieu de distinguer ceux pour lesquels nous avons une confiance justifiée, de ceux pour lesquels celle-ci est plus hésitante.

Celui qui, à nos yeux, est le plus vraisemblable concerne la crainte du psalmiste face à sa mort. Si l'image du lion nous avait engagés à comprendre l'angoisse de l'orant comme la peur de voir ses restes dispersés tels ceux des impies, cette éventualité reçoit sa confirmation dans l'évocation du passage du chapitre 11 de Jérémie et permet par conséquent de préciser le contenu de sa prière. Il s'agit, au seuil de sa mort, d'une demande qui vise à ne pas disparaître dans l'anonymat et ainsi maintenir son nom dans la mémoire des hommes. En d'autres termes, sa requête de jugement s'inscrit dans la crainte que dans sa mort, le Seigneur venant à ne pas faire attention à lui, il sombre dans l'oubli de la Shéol. Nous voyons donc s'esquisser la finalité du psaume. En manifestant cette expérience de la proximité de la mort, le psalmiste offre à tout homme, qui touche à l'extrémité de son existence, une prière à adresser au Seigneur afin de le rassurer face à l'angoisse du néant.

Certains points restent cependant à élucider, d'abord la nature des poursuivants. Qui sont-ils ? On peut évidemment y voir une bande d'individus malfaisants qui pour une raison, non précisée, mais qu'un certain nombre d'auteurs envisagent être une vengeance, pourchassent l'orant. Cela étant, ces individus peuvent également s'interpréter comme le harcèlement dont est l'objet l'homme qui veut demeurer fidèle au Seigneur dans un monde où règne le péché. On remarquera qu'une telle perspective est assez analogue à celle que rencontre le prophète Jérémie qui fut persécuté par les hommes de Juda à cause de sa fidélité au Seigneur. Dès lors, l'emploi du verbe "rasa", "se réfugier", au verset 2 devient compréhensible, car l'enjeu de cette poursuite n'a rien de matériel, mais s'inscrit dans une tension à caractère religieux entre un fidèle du Seigneur et des individus iniques pour qui le Seigneur est probablement un obstacle à la satisfaction de leurs ambitions et de leurs désirs. Nous renvoyons également notre lecteur au psaume 4, à la fin duquel nous nous sommes longuement interrogés sur les "poursuivants".

Un scénario se dessine et la visée du psalmiste que nous avons évoqué un peu plus haut se précise. Mais pourquoi faire part de la présence de cette communauté des nations à son jugement ? Il faut bien saisir que ce jugement divin n'a rien d'un jugement individuel qui l'introduirait dans une vie éternelle, ce jugement c'est la décision et l'annonce à tous les hommes, par celui qui règne, que cet homme mérite la miséricorde divine et donc que son souvenir ne devra pas être effacé de la mémoire des vivants. On comprend ainsi toute l'importance que revêt la présence de cette communauté des nations qui de fait témoigne à l'orant que la décision divine est reconnue par tous les hommes et donc qu'il ne saurait disparaître dans l'anonymat de la mort.

Reste enfin à clarifier la fin du psaume : pourquoi le psalmiste éprouve-t-il le besoin de s'étendre sur le sort des impies en demandant de les réprouver et en même temps déclarer que leur péché les a déjà condamnés ?

Au centre de cette pétition, il y a l'urgence en laquelle l'orant se trouve. Voyant sa mort s'avancer à grands pas, il appréhende que son juge se manifeste trop tard et, dès lors, qu'il descende dans le lieu de l'oubli avant même d'avoir pu être jugé. Aussi n'osant, probablement pas demander à son Dieu de surseoir au châtiment des pécheurs afin de s'occuper en toute hâte de sa requête de jugement, il lui déclare que de toute manière, ils n'échapperont pas à leur propre condamnation, car ils la portent en eux-mêmes. Nous sommes conscients du caractère conjectural de cette interprétation, mais elle a l'avantage de donner de la cohérence à un texte que la plupart des exégètes reconnaissent comme obscur.

Dès lors, il n'a plus qu'à attendre la venue du salut de Dieu et en anticipant l'exaucement de sa prière chanter la gloire du Seigneur.

Avec ce psaume nous franchissons une nouvelle étape du cheminement dans lequel le psalmiste nous avait introduits à propos du salut. Après nous en avoir entretenus comme privilège du Seigneur (Ps 3), nous avoir révélé qu'il ne saurait en priver celui qui lui est fidèle (Ps 4), nous avoir montré qu'il se manifestera nécessairement, car le Seigneur a horreur du péché et ne saurait abandonner ceux qui mettent leur confiance en lui (Ps 5), nous avoir témoigné de la puissance salutaire des larmes dans la prière (Ps 6), le psalmiste nous déclare qu'il n'y a aucune crainte à avoir, car les pécheurs sont déjà jugés et le jugement de Dieu ne peut être qu'une ordonnance de salut. Dès lors, que l'homme ne s'enfonce pas dans le désespoir et la crainte d'une sentence divine qui le rejetterait dans les profondeurs insondables d'un monde fait de silence et d'obscurité et dans lequel il serait plongé dans un oubli éternel, s'il reste fidèle au Seigneur, même dans l'adversité du péché et toute les épreuves de la foi, il connaîtra le salut de Dieu car le Seigneur est un Dieu riche en miséricorde.

Psaume 8

1 לַמְנַצֵּחַ עַל־הַגִּתִּית מִזְמוֹר לְדָוִד׃

2 יְהוָה אֲדֹנֵינוּ מָה־אַדִּיר שִׁמְךָ בְּכָל־הָאָרֶץ אֲשֶׁר תְּנָה הוֹדְךָ עַל־הַשָּׁמָיִם׃

3 מִפִּי עוֹלְלִים וְיֹנְקִים יִסַּדְתָּ עֹז לְמַעַן צוֹרְרֶיךָ לְהַשְׁבִּית אוֹיֵב וּמִתְנַקֵּם׃

4 כִּי־אֶרְאֶה שָׁמֶיךָ מַעֲשֵׂי אֶצְבְּעֹתֶיךָ יָרֵחַ וְכוֹכָבִים אֲשֶׁר כּוֹנָנְתָּה׃

5 מָה־אֱנוֹשׁ כִּי־תִזְכְּרֶנּוּ וּבֶן־אָדָם כִּי תִפְקְדֶנּוּ׃

6 וַתְּחַסְּרֵהוּ מְּעַט מֵאֱלֹהִים וְכָבוֹד וְהָדָר תְּעַטְּרֵהוּ׃

7 תַּמְשִׁילֵהוּ בְּמַעֲשֵׂי יָדֶיךָ כֹּל שַׁתָּה תַחַת־רַגְלָיו׃

8 צֹנֶה וַאֲלָפִים כֻּלָּם וְגַם בַּהֲמוֹת שָׂדָי׃

9 צִפּוֹר שָׁמַיִם וּדְגֵי הַיָּם עֹבֵר אָרְחוֹת יַמִּים׃

10 יְהוָה אֲדֹנֵינוּ מָה־אַדִּיר שִׁמְךָ בְּכָל־הָאָרֶץ׃

1 Du maître de chœur au sujet des pressoirs. Psaume de David
2 Seigneur, notre seigneur, que ton nom est magnifique sur toute la terre, lorsque est célébrée ta majesté, au-dessus des cieux.
3 Par la bouche des nourrissons et de ceux que l'on allaite, tu instaures une force contre ceux qui te sont hostiles, pour détruire celui qui te hait et celui qui est avide de vengeance.
4 Quand je vois tes cieux, ouvrages de tes doigts, la lune et les étoiles qu'ils contiennent,
5 qu'est-ce qu'un mortel pour que tu te souviennes de lui et un fils d'adame pour que tu le châties ?
6 Puis tu l'as as fait manquer de peu d'être Dieu et tu l'as couronné de gloire et de splendeur,
7 Tu l'as fait régner sur les œuvres de tes mains et tu as tout mis sous ses pieds,
8 tout le petit bétail et le gros, ainsi que les bêtes de la campagne,
9 l'oiseau du ciel et les poissons de la mer, (tout) ce qui parcourt les sentiers des mers.
10 Seigneur, notre seigneur, que ton nom est magnifique sur toute la terre.

Lecture du Psaume 8

1 - Suscription, à propos des pressoirs - verset 1
2 - La louange introductive - verset 2
3 - Première séquence, l'homme face au salut de Dieu - verset 3
4 - Deuxième séquence, l'homme face au jugement de Dieu - versets 4-5
5 - troisième séquence, l'homme face à la royauté de Dieu - versets 6-9
6 - Louange conclusive

Avant d'aborder ce psaume, quelques remarques nous semblent nécessaires. En effet, il fait partie des pièces du psautier parmi les plus difficiles à interpréter. D'ailleurs, la plupart des commentateurs ne cachent pas l'inintelligibilité ou l'obscurité de certaines formules et si quelques-uns adoptent un langage assuré, c'est souvent au prix d'une lecture partielle qui oublie les éléments les plus gênants. Cette situation tient à divers problèmes de traduction dont les principales conséquences sont le flottement auquel l'on est soumis sur la délimitation des phrases. En effet, dans certains cas l'on ne sait pas très bien si une proposition est liée à celle qui la précède ou à celle qui la suit. Aussi, les choix que nous avons faits n'ont aucunement la prétention d'être meilleurs que ceux que l'on rencontre ailleurs, ils ne sont que le reflet, d'une part, de notre propre compréhension de ce psaume et, d'autre part, du souci d'offrir le texte le plus intelligible possible, même si, parfois, ce fut au prix de décisions que certains pourront considérer comme contestables.

Gérer toutes ces difficultés nous conduira à une lecture relativement longue. Qu'on nous le pardonne, mais une analyse détaillée est nécessaire au risque de passer à côté de l'essentiel.

Comme dans les précédents (4, 5 et 6), cette œuvre débute en référant au maître de chœur et au roi David. Cependant cette ressemblance ne perdure guère, car, dès le second verset, chacun reconnaîtra que la perspective qui prévalait jusque-là se trouve bouleversée. Il ne s'agit plus d'un individu tourmenté et angoissé qui implore le Seigneur de le secourir d'un malheur imminent, mais d'un homme qui pousse un cri de louange admiratif dans lequel il manifeste, à son Dieu, sa puissance et la magnificence de son nom. À ce titre, il est considéré comme inaugurant toute une série de psaumes que l'on classe habituellement dans la catégorie des louanges (Ps 19 ; 29 ; 100 ; 103 ; 104 ; 111 ; 135 ; 136 ; 145 ; 150).

À peu près tous les commentateurs sont d'accord sur le fait qu'il est constitué de trois séquences encadrées par une acclamation introductive et conclusive. Certes, les opinions peuvent diverger dès qu'il s'agit de préciser les délimitations de chacune, mais la présentation que nous en faisons ci-dessous ne déroge guère de l'avis général, même si elle propose des choix qui, pour certains, peuvent paraître singuliers.

Plan des séquences du psaume 8

Titre :
> *Du maître de chœur au sujet des pressoirs. Psaume de David*

Louange introductive :
> *Seigneur, notre seigneur, que ton nom est magnifique sur toute la terre lorsque ta majesté est célébrée au-dessus des cieux.*

Première séquence :
> *Par la bouche des nourrissons et de ceux que l'on allaite, tu instaures une force, à cause de ceux qui te sont hostiles, pour détruire celui qui te hait et celui qui est avide de vengeance.*

Deuxième séquence :
> *Quand je vois tes cieux, ouvrages de tes doigts, la lune et les étoiles qu'ils contiennent, qu'est-ce que l'homme pour que tu te souviennes de lui et un fils d'adame pour que tu le châties ?*

Troisième séquence :

> *Mais tu l'as fait manquer de peu d'être Dieu et tu l'as couronné de gloire et de splendeur. Tu l'as fait régner sur les œuvres de tes mains et tu as tout mis sous ses pieds, tout le petit bétail et le gros, ainsi que les bêtes de la campagne, l'oiseau du ciel et les poissons de la mer, (tout) ce qui parcourt les sentiers des mers.*

Louange conclusive :

> *Seigneur, notre seigneur, que ton nom est magnifique sur toute la terre.*

Ce schéma commandera donc notre lecture en six parties. La première traitera de la suscription davidique (verset 1), la deuxième de la louange introductive puis, les trois suivantes, concerneront les trois séquences que nous avons évoquées ci-dessus, en précisant pour chacune les difficultés de traduction qu'elles présentent. Enfin, la sixième s'attachera à la formule conclusive (verset 10).

Psaume de louange, il peut aussi bien être compris comme une pièce destinée à une liturgie collective que comme la méditation, empreinte d'une certaine solennité, d'un homme seul que par commodité nous désignerons par le "psalmiste" même si cette œuvre avait, très probablement, vocation à permettre à son lecteur de s'approprier le questionnement auquel il répond.

La suscription, à propos des pressoirs

Verset 1

> *Du maître de chœur au sujet des pressoirs. Psaume de David*

En évoquant un pressoir, cette suscription s'écarte de celles que l'on trouve généralement dans nos Bibles. Cela tient à une difficulté que l'on ne peut, d'ailleurs, éviter de citer, tant à cause de son ancienneté que par les conséquences qu'elle peut avoir sur la compréhension du texte qui la suit. Elle concerne le mot גִּתִּית (guittite) que nous rencontrons par ailleurs dans les psaumes 81 et 84.

Généralement, et sur le témoignage du Targum, ce vocable est considéré comme étant le nom d'un instrument de musique, une harpe originaire de la ville de Gat en pays Philistin. Aussi, ce verset est souvent traduit par "*Du maître de Chœur sur la guittite. Psaume de David*". Toutefois, les soixante-dix sages d'Alexandrie ne l'on pas compris ainsi, puisque nous trouvons pour rendre l'hébreu עַל־הַגִּתִּית (al guittite) l'expression "ὑπὲρ τῶν ληνῶν" (uper tonne lénonne) c'est-à-dire "au sujet des pressoirs". En effet, en hébreu, cet appareil viticole se dit גַּת (gat) et son pluriel est גִּתּוֹת (guittote) dont la graphie dans un texte non accentué est très proche de גִּתִּית (guittite). Mis à part les mentions référant à un pressoir physique, ce terme renvoie chez Isaïe (Is 63,2), chez Joël (Jl 4,13) ou dans les Lamentations (Lm 1,15), à un jugement divin visant à punir les méchants en les foulant aux pieds, à l'image d'un vigneron pressant le raisin dans une cuve :

Jl 4,13 - Envoyez la faucille, car la moisson est mûre. Venez, foulez, car le pressoir est plein. Les cuves débordent, car le mal est abondant.

Notons par ailleurs que pour le Midrash Tehillim, c'est-à-dire un ancien commentaire juif des Psaumes, ce vocable n'est également pas compris comme un instrument de musique. En effet, au Ps 81, il référera au verset 4,13 du livre de Joël, que nous venons de citer, et, pour le quatre-vingt-quatrième, il renverra à celui d'Isaïe (Is 63,2). Enfin, remarquons que dans l'interprétation de ce dernier psaume, il est précisé que quiconque en a une vision entonne un chant de louange à Dieu. Cela n'est d'ailleurs pas tout à fait étonnant, car, si ce passage d'Isaïe décrit le Seigneur qui, dans sa colère, foule les peuples dans un pressoir duquel un jus rouge, sang du péché, gicle sur ses vêtements, celui-ci se termine par un chant de célébration du prophète qui monte vers lui :

Is 63,1 - Qui est celui venant depuis Edom, les habits cramoisis, de Borça, magnifique dans son manteau, tendu par la grandeur de sa force. Moi, (je suis celui) parlant avec justice (et) grand pour sauver.
Is 63,2 - Pourquoi du rouge sur ton vêtement et tes habits comme un fouleur de pressoir
Is 63,3 - Moi seul j'ai foulé la cuve et parmi les peuples personne n'était avec moi. Et je les ai foulés dans ma colère et dans ma fureur je les ai piétinés. Leur jus a éclaboussé mes habits et tous mes vêtements ont été salis.
…

> *Is 63,7 - Je rappellerai la fidélité du Seigneur, les louanges du Seigneur à propos de tout ce par quoi le Seigneur nous a sevrés, ainsi que l'abondance de bien pour la maison d'Israël dont il l'a sevré selon sa miséricorde et selon l'abondance de sa fidélité.*

On comprendra donc qu'en interprétant ce vocable dans le sens de pressoir, au lieu d'un instrument de musique, on introduit le lecteur dans une perspective qui valorise sa dimension laudative au travers de la colère de Dieu et de son salut. Nous avons fait ce choix, car il nous semble mieux correspondre à notre intelligibilité de ce psaume comme nous le verrons par la suite.

La louange introductive

Verset 2a

> *Seigneur, notre seigneur, que ton nom est magnifique sur toute la terre lorsque ta majesté est célébrée au-dessus des cieux.*

Au premier abord, cette exclamation admirative pourrait être considérée comme une forme conventionnelle ouvrant à la prière. Toutefois, le fait de la retrouver, en partie, dans le dernier verset doit éveiller notre attention. Aussi, cette double présence doit nous engager à ne pas trop rapidement les traiter telles des formules rituelles de circonstance. En d'autres termes, si elles encadrent le texte alors c'est que, d'une manière ou d'une autre, elles participent à situer sa problématique et sa visée.

Seigneur, notre seigneur

L'expression qui l'introduit, יְהוָה אֲדֹנֵינוּ (Adonaï adonénou) est bien connue des écrits bibliques. Le premier terme, יהוה, correspond au tétragramme. En l'absence de vocalisation celui-ci se prononce "Adonaï", pluriel de majesté de "adone" que nous traduisons par "Seigneur". Le second, אֲדֹנֵינוּ (adonénou) est ce même mot, "adone", mais pris en tant que substantif et suffixé à la première personne du pluriel (terminaison en "nou" donc adone + nou = adonénou), c'est-à-dire "notre seigneur". Toutefois, dans la mesure où il fallait le distinguer du tétragramme qui le précède, nous avons préféré lui ôter la majuscule.

Cette association du tétragramme et du vocable "adone" est assez fréquente dans les livres bibliques quoiqu'au sens strict, c'est-à-dire "Seigneur, notre seigneur", elle ne se rencontre qu'en Neh 10,30 :

> *Neh 10,30 - se joignirent à leurs frères les plus considérés et s'engagèrent par la promesse et le serment à marcher selon la Torah de Dieu qui a té donné par la main de Moïse, le serviteur de Dieu. À garder et à observer tous les commandements du <u>Seigneur, notre seigneur</u>, ainsi que ses ordonnances et ses préceptes.*

On la retrouvera avec "Seigneur, mon seigneur" en Ps 110,1 ou dans une forme approchée dans le livre de Josué en 3,13 avec "le Seigneur, le seigneur de toute la terre". C'est cependant l'inversion des deux termes : "Le seigneur, le Seigneur" (Am 9,5 ; Ex 23,17 ; Ps 73,28…) qui est la plus fréquente, en particulier chez les prophètes, avec "Le seigneur, Seigneur des armées" ou "Le seigneur, le Seigneur tout-puissant" (Is 3,1 ; 50,7 ; Jr 50,25 ; Za 9,14…).

La récurrence de cette formulation n'est pas un hasard, car, bien au-delà d'une clause de style, cette parole affirme cette présence/absence de Dieu que nous avons déjà évoqué à plusieurs reprises. Elle est l'expression de la foi d'Israël dans ses fondements théologiques les plus essentiels, c'est-à-dire référant à l'inaccessibilité divine manifestée par le tétragramme (יהוה) et au témoignage, au travers du pronom "notre", de sa présence au milieu de son peuple.

Ton nom est magnifique

Si le vocable אַדִּיר (adir), que l'on traduit généralement par "magnifique" parfois par "majestueux" ou "puissant", n'est pas rare dans les écrits vétérotestamentaires, en revanche l'expression "ton nom est magnifique" est unique, même si l'on rencontre des formules comparables avec "ton nom est élevé" ou comme dans la TOB "ton nom est sublime". Toutefois, et comme pourraient nous y porter nos habitudes langagières, il n'a pas le sens de "beau" ou "admirable", mais renvoie à la puissance et à la domination et, par extension, à la majesté. Ainsi en 1 S 4,8 à propos des Philistins qui sont impressionnés par l'arrivée de l'arche d'Alliance dans le camp des Hébreux et qui s'inquiètent sur l'issue du combat à venir :

> *1 S 4,8 - Malheur à nous ! Qui nous délivrera de la main de dieux aussi puissants que ceux-ci. Ce sont les dieux qui ont frappé de toutes sortes de coups l'Égypte dans le désert.*

Cela étant, c'est sans doute au chapitre 15 du livre de l'Exode, dans le cantique de Moïse après le passage de la mer, que sa récurrence en fait un lieu essentiel pour sa compréhension. En effet, on le rencontre en Ex 15,6 puis 15,10 et enfin 15,11 :

> *Ex 15,6 - Ta (main) droite, Seigneur, (est) majestueuse. Par la puissance de ta (main) droite, Seigneur, tu écrases l'ennemi.*
> ...
> *Ex 15,10 - Tu as exhalé et par ton souffle la mer les a recouverts. Ils ont coulé comme le plomb dans les eaux puissantes.*
> *Ex 15,11 - Qui (est) comme toi parmi les dieux, Seigneur. Qui comme toi se montre majestueux par la sainteté, que l'on ne loue qu'en tremblant et faisant des prodiges.*

En disant que le nom du Seigneur est magnifique, il s'agit donc, pour le psalmiste, non seulement, de glorifier sa force qui écrase l'ennemi, mais également d'affirmer l'intensité et la profondeur de sa fidélité qui dans sa sainteté établit et guide son peuple vers sa sainte demeure, car lui est le seul vrai Dieu et aucun autre ne peut rivaliser avec son salut.

> *Ex 15,13 - par ta fidélité tu as conduit le peuple que tu as racheté, tu l'as amené par ta force vers la demeure de ta sainteté.*

Verset 2b, "lorsque ta majesté est célébrée au-dessus des cieux"

Le second membre du verset 2 n'est pas sans soulever d'énormes difficultés qu'Évode Beaucamp n'hésitera pas à qualifier de "désespérées". Il s'agit des deux termes de l'expression אֲשֶׁר תְּנָה (acher téna).

Le relatif אֲשֶׁר (acher) correspond le plus souvent à nos pronoms relatifs "que" ou "qui", ainsi en Nb 13,31 :

Nb 13,31 - Mais les hommes <u>qui</u> étaient montés avec lui dirent : "Nous ne pourrons attaquer ce peuple, car il est plus fort que nous."

Toutefois, dans le cadre de notre verset, certains l'interpréteront comme une conjonction exclamative (Chouraqui), tandis que d'autres l'ignoreront, à l'instar de la Bible Segond que nous citons ci-dessous. Le "x" entre parenthèses correspond à la place du relatif dans le texte hébreu.

Ps 8,2- L'éternel, notre Seigneur ! Que ton nom est magnifique sur toute la terre ! (x) Ta majesté s'élève au-dessus des cieux.

Cependant son sens ne s'arrête pas là, car il peut également être traduit par des conjonctions de subordination exprimant une condition, comme "lorsque", ou pour souligner un lien de causalité avec "parce que" :

Dt 11,26 - Regardez, je mets, aujourd'hui, devant vous, la bénédiction et la malédiction.
Dt 11,27 - La bénédiction <u>lorsque</u> vous écouterez les commandements du Seigneur votre Dieu que, moi, aujourd'hui, je vous ordonne.

1 R 15,13 - Et aussi, il priva sa mère, Maaka (du titre) de reine mère <u>parce qu</u>'elle avait fait une infamie d'Ashera et Asa supprima son infamie et la brûla dans la vallée du Cedron.

Dès lors, on est conduit à envisager deux cas. Selon le premier, la proposition qu'introduit le "lorsque" peut être la subordonnée du début du verset 2 et l'on obtient : *"Seigneur, notre seigneur, que ton nom est magnifique sur toute la terre lorsque ta majesté est célébrée au-dessus des cieux"*.

Pour le second, elle est liée au début du verset 3, et donc indépendante du début du verset 2. On a alors :

"Lorsque ta majesté est célébrée, au-dessus des cieux, par la bouche des nourrissons et de ceux que l'on allaite...".

Le second membre du verset 2 devient alors la subordonnée de la principale : "tu instaures une force contre ceux qui te sont hostiles", du verset 3.

Les deux solutions sont parfaitement conformes au plan grammatical. Cependant, on objectera qu'en reliant "lorsque ta majesté est célébrée, au-dessus des cieux" à la magnificence du nom, on brise la symétrie entre les deux louanges introductive et conclusive, ce que certains commentateurs n'acceptent pas. Leur choix n'est pas, comme nous venons de le dire, illégitime, mais dans ce cas, on est confronté à une difficulté concernant le sens de la phrase "Lorsque ta majesté est célébrée, au-dessus des cieux, par la bouche des nourrissons et de ceux que l'on allaite, tu instaures une force contre ceux qui te sont hostiles…". Il faut donc supposer que la louange de nourrissons dans les cieux incite le Seigneur à détruire ceux qui lui sont hostiles. La chose paraît pour le moins assez curieuse. Nous renvoyons d'ailleurs notre lecteur au psaume 6 dans lequel nous avons évoqué cette question de la louange de l'homme pour voir que celle-ci ne saurait être un motif d'intervention divine. C'est la raison pour laquelle nous avons tendance à choisir la première alternative.

Toutefois, les difficultés ne s'arrêtent pas là. La situation à propos du verbe "téna", qui vient immédiatement après le pronom relatif "acher", est également assez compliquée. Dans un premier cas, certains traducteurs estiment que nous avons affaire à une forme du verbe נָתַן (natane) qui généralement signifie "donner", "accorder" ou "rendre" (ce sera l'option prise par A. Chouraqui), mais qui peut aussi avoir le sens de "mettre", "placer" ou "établir". Aussi, on trouve dans certaines Bibles, à quelques variantes près, la formule suivante : "Ta majesté est établie au-dessus des cieux."

Une seconde catégorie de traducteurs y voit le verbe תָנָה (tana) qui lui aussi peut occasionnellement signifier "donner", mais dont l'autre acception est "célébrer", ainsi en Jg 5,11.

Jg 5,11 - A la voix de ceux qui font le partage des abreuvoirs, là, ils <u>célébreront</u> les actes de justice du Seigneur; les actes de justice de ses chefs pour Israël. Alors le peuple du Seigneur descendra aux portes de la ville.

Ceux qui choisiront la première des deux options le justifieront sur la base du texte grec de la LXX :

> *Ps 8,2* (LXX) - *Seigneur, ô notre Dieu, que votre nom est admirable sur toute la terre ! Car votre magnificence est élevée au-dessus des cieux.*
> *Ps 8,3* (LXX) - *Vous avez mis la parfaite louange dans la bouche des enfants à la mamelle, à cause de vos ennemis, pour confondre le haineux et le vindicatif.*

D'autres prendront le parti de la seconde, c'est-à-dire dans le sens de "célébrer" ou "chanter", mais en adoptant un agencement qui leur est propre. Ainsi, Jean-Luc Vesco choisira le verbe "célébrer", mais en repoussant le "lorsque" au début de la seconde partie du verset 3, ce qui nous renvoie au problème de sens que nous avons évoqué un peu plus haut :

> *8,2 - Seigneur, notre seigneur, qu'il est magnifique ton nom sur toute la terre. Je veux célébrer ta majesté au-dessus des cieux,*
> *8,3 - plus que ne le fit la bouche des enfants à la mamelle, des nourrissons, lorsque tu as fondé une forteresse contre tes adversaires pour supprimer l'ennemi et le vengeur.*

Louis Jacquet se rangera également à cette solution, mais ne tiendra pas compte du relatif "acher" :

> *8,2 - O Seigneur, notre seigneur, que magnifique est ton nom sur toute la terre. Ta splendeur sur les cieux est chantée*
> *8,3 - par la bouche des enfants et des nourrissons. Tu as fondé, contre tes ennemis, une puissance pour réduire l'adversaire et le vengeur.*

Ce sera aussi la décision de J.L. Mays qui n'hésitera pas à dire que nous sommes, de toute façon, devant un texte incertain. D'ailleurs, sans doute par prudence, John Goldingay proposera les deux variantes.

Nous avons choisi la seconde solution qui a l'immense mérite de conférer à ce passage un sens qui, généralement, est particulièrement confus dans nombre de traductions et cela d'autant plus que la difficulté que nous avons évoquée à propos du verset 3 va militer en sa faveur.

Conclusion concernant le verset 2

Comme nous venons de le voir, le verset 2 est constitué de deux propositions qui réfèrent aux cieux et à la terre. Si le nom de Dieu, qui règne dans les cieux, est imprononçable et inaudible à l'homme, en revanche, celui-ci, au travers de l'ardeur de la louange qui célèbre sa majesté, dans sa résidence supracéleste, se répand sur toute la terre lui permettant ainsi d'en reconnaître et entendre son écho et d'en mesurer sa force et sa puissance.

Première séquence, l'homme face au salut de Dieu

Verset 3

> *Par la bouche des nourrissons et de ceux que l'on allaite, tu instaures une force contre ceux qui te sont hostiles, pour détruire celui qui te haït et celui qui est avide de vengeance.*

Le fait que ce verset soit repris par le Christ, engagera bon nombre de commentateurs à asseoir leur analyse sur la base de Mt 21,15-16. En effet, à la suite de l'épisode des marchands chassés du Temple (Mt 21,12-13), Jésus se met à guérir des aveugles et des boiteux. Voyant cela, des enfants commencent à crier "Hosanna au Fils de David". Heurtés par ce tumulte, les grands prêtres et les scribes demandent à Jésus d'intervenir. C'est alors qu'il leur répond en citant Ps 8,3a " *N'avez-vous jamais lu ce texte : Par la bouche des tout-petits et des nourrissons, tu t'es préparé une louange ?* ". Dès lors, le rapprochement avec les tout-petits de Mt 11,25 est presque naturel et permet d'argumenter, en anticipant la déclaration de Paul en 2 Co 12,9-10 à propos de la puissance de Dieu qui s'accomplit dans la faiblesse et qu'ils illustrent par la phrase devenue proverbiale *"car quand je suis faible, c'est alors que je suis fort"*. Notons que dans ce cas on considère que "par la bouche des nourrissons et de ceux que l'on allaite" est à relier à "tu instaures une force" et non pas à la louange introductive.

Sauf que si l'on examine d'un peu plus près le vocabulaire du texte, la situation est bien plus complexe, au point d'ailleurs que les questions grammaticales que nous venons d'évoquer dans le paragraphe précédent sont presque secondaires.

Dans cette séquence le psalmiste use de deux termes, le verbe יָנַק (yanak) "sucer" ou "téter" et par extension "nourrir au sein", que nous avons traduit par "allaiter" et עוֹלֵל (holelle), qui signifie "nourrisson". Reconnaissons que de prime abord, le sens de chacun de ces vocables étant très proche, le fait qu'il les ait juxtaposées peut être considéré comme une figure de style visant à accentuer la grandeur de la faiblesse vis-à-vis de la force.

Malheureusement, quoique ces deux mots entretiennent une proximité évidente, leurs emplois dans les textes vétérotestamentaires sont fort différents. En effet, le second, ne se trouve utilisé que dans des situations particulièrement dramatiques et que les deux versets suivants extraits du livre des Lamentations et de celui d'Osée expriment avec une brutalité à donner la nausée et pourtant représentative de son usage :

> *Os 14,1 - Samarie est coupable, car elle s'est rebellée contre son Dieu. Ils tomberont par l'épée. Ses <u>nourrissons</u> seront écrasés et ses femmes enceintes seront éventrées.*

> *Lm 2,20 - Vois Seigneur et regarde : qui as-tu ainsi maltraité. Est-ce possible que des femmes dévorent leur fruit, des <u>nourrissons</u> qu'elles affectionnent de tous leurs soins ? Que des prêtres et des prophètes soient égorgés dans le sanctuaire du Seigneur ?*

Comprenons bien qu'il ne s'agit pas de dire que le vocable "holelle" signifie un nourrisson supplicié, mais que, pour un auditeur ou un lecteur de l'époque, ce mot, employé dans un contexte cultuel, de prière ou de méditation, lui renvoyait très probablement, au travers de ses mentions dans l'Écriture, une image de mort ignoble et écœurante.

Et si un doute pouvait subsister sur cette perspective, il suffirait de faire l'inventaire des versets dans lesquels ces deux termes sont utilisés conjointement 1 S 15,3 ; 1 S 22,19 et Jr 44,7 :

> *1 S 22,19 - Et il frappa Nov, la ville des prêtres. (Il passa) au fil de l'épée les hommes ainsi que les femmes, <u>les nourrissons ainsi que ceux que l'on allaite</u>. (Il passa) au fil de l'épée le bœuf, l'âne et l'agneau.*

> *Jr 44,7 - Et maintenant ainsi parle le Seigneur, le Dieu des armées, le Dieu d'Israël : Pourquoi faites-vous un mal aussi grand à vous-même, en exterminant, au sein de Juda, homme et femme, <u>nourrisson et celui que l'on allaite</u>, de sorte qu'il ne subsiste plus de vous aucun reste.*

Doit-on mettre ce choix de vocabulaire sur le compte du hasard ou d'une négligence de l'auteur ? Cela paraît assez peu probable. Le psalmiste aurait-il voulu frapper son auditoire ou émouvoir l'orant dans sa prière ? Nous ne pouvons écarter cette éventualité. Mais pourquoi ? En tout état de cause on ne peut balayer cette image d'un revers de main, d'autant qu'elle vient à l'appui de l'option que nous avons prise dans le paragraphe précédent. En effet, nous avons déjà montré toute la difficulté à donner du sens à 2b+3a, mais si l'on rajoute à cela le fait que les nourrissons qui chantent dans le ciel les louanges du nom de Dieu sont des enfants écrasés sous un rocher ou passés au fil de l'épée, il faut reconnaître que la visée de notre auteur, en formulant une telle phrase, devient particulièrement obscure.

La force

Prolongeant la lecture du verset nous rencontrons le substantif "force" qui est la traduction du mot hébreu עֹז (oze). Celui-ci peut à l'occasion signifier "forteresse", "appui" ou "solidité" voire également "gloire" ou "majesté". Ainsi en Jg 9,51 et en Ps 78,61 :

> *Jg 9,51 - Une tour <u>fortifiée</u> se trouvait au milieu de la ville. C'est là que tous les hommes et les femmes se réfugièrent ainsi que tous les notables de la*

> *ville. Après avoir refermé (la porte) derrière eux, ils montèrent sur la terrasse de la tour.*
>
> *Ps 78,61 - Il a rendu captive sa gloire et (remis) son honneur dans la main de l'ennemi.*

Notons cependant qu'il possède un assez grand nombre de synonymes et l'on ne sera pas étonné que la TOB traduise vingt-huit vocables hébreux différents par "force". Avec celui-ci, les plus importants sont חַיִל (rhaylle) qui est généralement employé à propos des forces militaires et que l'on trouve souvent pour "troupe" ou "guerrier".

> *Jr 34,6 - Le prophète Jérémie prononça toutes ces paroles devant Sédécias, le roi de Juda, à Jérusalem*
> *Jr 34,7 - alors que les forces du roi de Babylone attaquaient Jérusalem...*

Le second, כֹּחַ (korha), renvoie à la force physique ou à la virilité de l'homme. Ainsi en Jg 16,5 à propos de celle de Samson dont les princes Philistins cherchent à découvrir l'origine auprès de Dalila :

> *Jg 16,5 - Et les princes des Philistins montèrent vers elle et lui dirent : "Séduis-le et vois pourquoi sa force est si grande et comment nous l'emporterons sur lui...*

Enfin, le troisième, "gévoura" est surtout utilisé pour désigner la vaillance et les prouesses (1 R 15,23 ; Za 10,7) particulièrement au combat ainsi en Jr 49,35 :

> *Jr 49,35 - Ainsi parle le Seigneur des armées : "Me voici. Je vais briser l'arc d'Elam, la source de sa force.*

Cependant, si ces trois vocables participent à exprimer la force et la puissance dans ses différentes formes, il est rare de les voir employés pour signifier celles du Seigneur ou celles que l'homme a reçues de lui. Inversement, l'on éprouvera la même difficulté à trouver le mot "oze" pour évoquer la force, la vaillance ou la puissance humaine sauf si celle-ci est explicitement mentionnée comme don de Dieu. Ainsi en Ps 29,11 :

> *Ps 29,11 - Le Seigneur donnera la force à son peuple. Le Seigneur bénira son peuple dans la paix.*

On ne sera donc pas étonné de retrouver ce mot au début du cantique de Moïse après la traversée de la mer en Ex 15,2 pour exprimer cette force que le Seigneur a manifestée à l'encontre des armées de Pharaon pour délivrer son peuple de l'esclavage égyptien. Force de libération, c'est une force qui sauve et protège l'homme et c'est en ce sens qu'elle apparaît dans de nombreux psaumes :

> *Ps 28,7 - Le Seigneur est ma force et mon bouclier. Mon cœur a confiance en lui et je suis soutenu. Aussi, mon cœur jubilera et je le célébrerai par mon chant.*
> *Ps 46,2 - Dieu est pour nous un refuge. Il est la force et le salut que l'on trouve toujours dans les détresses.*

Cette double analyse, des vocables "hollele" (nourrisson) et "oze" (force), permet alors de mieux cerner la visée de l'auteur. Ce texte est gouverné par trois idées. La première qui introduit la séquence et deux qui la déterminent. Il s'ouvre par la manifestation de la puissance divine qui depuis les cieux se répand sur toute la terre. Ensuite, la seconde réfère d'abord à la mort, si ce n'est de nouveau-nés, du moins d'enfants en bas âge, à l'image de ceux qui sont massacrés au plus fort de la prise d'une ville par des ennemis, puis à une force, telle celle de la main de Dieu, qui s'abat sur ceux qui le haïssent.

Le rapprochement avec l'épisode de la libération de l'esclavage égyptien s'induit alors de manière presque naturelle. Ces nourrissons, dont on a pu voir la gravité de leur destin, ne nous renvoient-ils pas à ces premiers-nés du pays d'Égypte dont la mort est le signe par lequel le peuple du Seigneur sera délivré du joug égyptien ? Et cette force qui brise l'ennemi ne nous remémore-t-elle pas la destruction de Pharaon, de ses chars et de ses cavaliers que Moïse exaltera dans son cantique après le passage de la mer et que nous avons cité un peu plus haut à propos de magnificence du Seigneur.

> *Ex 15,6 - Ta (main) droite, Seigneur, (est) majestueuse. Par la puissance de ta (main) droite, Seigneur, tu écrases l'ennemi.*

Enfin, ce même discours de Moïse ne célèbre-t-il pas le nom du Seigneur et ne chante-t-il pas sa gloire pour avoir manifesté sa force face aux puissances hostiles qui s'opposent à ses desseins.

> *Ex 15,1 - Alors, Moïse chanta avec les fils d'Israël ce chant pour le Seigneur et il dirent : "Je chanterai pour le Seigneur, car il s'est élevé très haut. Il a jeté à la mer le cheval et son cavalier.*
>
> *Ex 15,2 - Ma force et mon chant (c'est) le Seigneur. Pour moi il a été le salut. C'est mon Dieu et je le louerai, le Dieu de mon père, et je l'exalterai.*

Nous retrouvons donc dans ce texte de la libération du pays d'Égypte et du chant de Moïse, qui le suit, toutes les composantes du début de ce psaume. Ainsi de l'affirmation de la puissance et de la majesté du nom de Dieu qui, au travers du cri de ces nouveau-nés emportés dans la mort, abat, en Pharaon, ceux qui lui sont hostiles et qui s'opposent à son dessein de salut. Aussi cette première séquence nous engagerait à penser cette louange à la lumière de la Pâque du Seigneur, c'est-à-dire l'expérience du passage de son salut libérateur. Nous sommes alors invités à voir dans l'écho de cette célébration du nom au-dessus des cieux, la manifestation de la présence de cette puissance de salut parmi les hommes.

Deuxième séquence, l'homme face au jugement de Dieu

Versets 4-5

> *Quand je vois tes cieux, ouvrages de tes doigts, la lune et les étoiles qu'ils contiennent, qu'est-ce qu'un mortel pour que tu te souviennes de lui et un fils d'adame pour que tu le châties ?*

Avec ces deux versets, nous rencontrons à nouveau l'obstacle de la délimitation des phrases. Doit-on estimer que le sixième verset, qui vient à la suite des deux mentionnés ci-dessus, ou au moins son premier membre *"Tu lui as fait manquer de peu d'être Dieu"*, appartient à ce petit ensemble ou bien doit-on le relier avec la séquence relative au pouvoir de l'homme sur les animaux de la Création ? Il est bien évident que selon le choix qui sera fait, l'interprétation du psaume s'en trouvera affectée. Toutefois, en général, on n'évoquera pas ce problème de délimitation tant les deux questions *"qu'est-ce qu'un mortel ?"* et *"qu'est-ce qu'un fils d'adam ?"* ont prit le pas sur toutes autres considérations, brouillant ainsi les pistes et poussant les commentateurs à ne regarder ce psaume que comme *"un petit recueil d'anthropologie biblique"*. Il est vrai que la mention des sphères célestes mises en correspondance avec la petitesse de l'homme peut effectivement y engager. D'ailleurs, certains n'hésiteront pas à aller jusqu'à rappeler le mot de Pascal *"Qu'est-ce que l'homme dans l'infini ? "*. Notons cependant qu'en adoptant une telle perspective le lien avec la première séquence est loin d'être évident. Il suffit de lire quelques commentaires pour voir tout l'effort qui est déployé afin de l'établir et certains, tel Maillot et Lelièvre, abrégeront, voire passeront même sous silence, son analyse devant les difficultés qu'ils rencontreront pour le maintenir. Mais avant d'aborder ces questions, nous commencerons par nous interroger sur ce que l'homme biblique entend par "cieux".

À propos des cieux

L'homme de l'Antiquité, comme nous d'ailleurs, n'a pas échappé à ce sentiment chargé de crainte et d'admiration à la vue des sphères célestes. Cependant, les livres bibliques, et tout particulièrement celui du Deutéronome, le mettent en garde vis-à-vis de cette fascination qui risque, par la magnificence de son éclat, de l'envoûter et le conduire à l'idolâtrie :

> *Dt 4,19 - De peur que tu lèves les yeux vers les cieux et que voyant le soleil, la lune, les étoiles et toute l'armée des cieux, tu te laisses entraîner et te prosternant devant eux, tu les serves eux que le Seigneur ton Dieu a donné en partage à tous les peuples qui sont sous les cieux.*

Il est vraisemblable que cette exigence prudentielle n'était pas étrangère à la séduction que les nations environnantes exerçaient sur Israël. En effet, n'était-il pas tenté à la vue de leur puissance et de leur richesse, d'abandonner le Seigneur pour adorer les astres ? Aussi, la Bible ne nous livre que peut de choses concernant le ciel, le soleil, la lune et les étoiles et les mentions qui en sont faites relèvent bien plus de la métaphore poétique que d'une quelconque observation des cieux.

Qu'en est-il de sa vision du cosmos ? Notons d'abord que l'homme biblique ne dispose pas de mot pour le désigner et use d'un mérisme constitué des deux termes "cieux" et "terre" pour l'exprimer. Il appréhende les cieux (שָׁמַיִם - chamaym) comme contenus à l'intérieur d'une voûte immense qu'il nomme le firmament. Celui-ci repose sur des colonnes (Jb 26,11) et le Seigneur y a fixé ou suspendu le soleil, la lune et les étoiles pour illuminer la terre :

> *Gn 1,16 - Puis Dieu fit deux grands luminaires, le grand pour présider le jour et le petit luminaire pour présider la nuit ainsi que les étoiles.*
> *Gn 1,17 - Et Dieu les mit dans la voûte des cieux pour éclairer la terre.*

Cette voûte est pourvue de fenêtres par lesquelles, sont déversées, sur le sol, les eaux "d'en haut" (Gn 1,7).

> *Gn 7,11 - Dans la six centième année de la vie de Noé, au deuxième mois, au dix-septième jour du mois, ce jour là, toutes les sources du grand abîme et toutes les fenêtres des cieux s'ouvrirent.*
> *Gn 7,12 - Alors la pluie tomba sur la terre quarante jours et quarante nuits.*

Mais, au-dessus de cette voûte céleste, au-delà de ce firmament qui surplombe l'homme, il y a les "cieux des cieux", la résidence du Seigneur. Là, siégeant sur son trône, il domine le monde.

> *Ps 103,19 - Le Seigneur, dans les cieux, a installé son trône et sa royauté domine sur tout.*

Assis sur celui-ci, il voit toutes les œuvres de ses créatures, celles des bons comme celles des mauvais à qui il réserve ses châtiments :

> *Ps 33,13 - Depuis les cieux le Seigneur regarde. Il voit tous les fils des hommes.*

> *Ps 11,5 - Le Seigneur éprouve le juste, mais il a en aversion le méchant et celui qui aime la violence.*
> *Ps 11,6 - Il fait pleuvoir sur les méchants des pièges de feu, du soufre et un vent brûlant, la part de leur coupe.*

En conséquence, lorsque l'homme biblique tourne ses yeux vers le ciel avant même d'en mesurer l'immensité ou d'être saisi d'admiration par l'ordonnancement des astres, comme nous le sommes, c'est le regard du Seigneur qu'il croise et, à travers lui, c'est moins sa petitesse que son injustice qui le plonge dans la crainte. On devra donc faire preuve de la plus grande prudence vis-à-vis d'une interprétation qui ne verrait dans ce psaume qu'un "petit traité d'anthropologie biblique". Il paraît bien plus probable que le psalmiste, par cette mention du firmament céleste, veuille nous inviter à ouvrir nos yeux sur la justice divine, sur sa bonté comme sur ses châtiments.

Qu'est-ce que l'homme ... ?

Aussi, ce que nous venons de dire pourrait conduire notre auteur à engager l'orant a évoquer ce regard porté sur lui et ses semblables, mais, curieusement, il le fait s'adresser au Seigneur pour lui poser deux questions qui réfèrent à la relation qu'il entretient avec eux. En effet, on a trop tendance à ne s'intéresser qu'à la première partie de chacune d'elles oubliant que l'une et l'autre comportent une proposition subordonnée qui en détermine le motif.

Or, ces deux subordonnées renferment un sujet destinataire du questionnement ainsi que deux verbes. S'il est assez évident que le sujet "tu" désigne le Seigneur Dieu, il n'en est pas de même concernant le motif que portent les deux verbes. Pourquoi cela ?

Si le premier des deux זָכַר (zakar) ne pose pas de problème particulier dans la mesure où son sens "se souvenir" ou "se rappeler", "ne pas oublier" (Ps 137,6) ou "être attentif" (Ps 103,18) est bien attesté, il n'en est pas de même pour le second פָּקַד (paquade) dont le sens peut varier très sensiblement, et même radicalement, d'un emploi à un autre.

Dans un premier sens, "paquade" renvoie au fait de compter et donc au dénombrement. Ainsi on le trouvera à l'état de substantif dans le livre des Nombres avec le terme "effectif" ou dans celui de Samuel, à la forme verbale, avec "recenser", "dénombrer" ou "compter" :

> *Nb 1,21 - Les effectifs de la tribu de Ruben, quarante-six mille cinq cents.*
> *2 S 24,2 - Alors le roi dit à Joab, le chef de l'armée qui était avec lui : "S'il te plaît, parcours toutes les tribus d'Israël, depuis Dan jusqu'à Béer-Shéva, et <u>recense</u> le peuple afin que je connaisse le nombre (de membres) du peuple."*

Par extension, il signifiera donc "inspecter", "demander des comptes", "enquêter" jusqu'à être utilisé pour exprimer le fait de "visiter" ou "s'inquiéter" et par conséquent "prendre soin" ou "veiller" :

> *Jg 15,1 - Alors que l'on été à l'époque de la récolte des blés, Samson <u>visita</u> sa femme (en apportant) un chevreau. Il dit "Je veux aller vers ma femme dans la chambre à coucher". Mais son père ne lui permit pas de la rejoindre.*

> *Jr 15,15 - Toi Seigneur, tu sais. Souviens-toi de moi, <u>veille</u> sur moi et venge-moi de mes poursuivants. N'écoute pas la lenteur de ta colère, sache qu'à cause de toi, je supporte l'insulte.*

Toutefois il est également utilisé dans le sens de "sévir", "punir", "poursuivre" ou "châtier" et cela tout particulièrement dans le livre de Jérémie ou celui d'Isaïe :

> *Jr 44,16 - Et je <u>sévirai</u> contre ceux qui habitent l'Égypte comme j'ai sévi contre Jérusalem, par l'épée, par la famine et par la peste.*

> *Is 13,11 - Alors je <u>punirai</u> le monde pour sa malice et les méchants pour leur iniquité. Je mettrai fin à l'orgueil des arrogants et j'abaisserai l'orgueil des puissants.*

Enfin, dans ce verset de l'Exode il fait l'objet d'une répétition avec les deux sens de "visiter" et "punir".

> *Ex 32,34 - Et maintenant va, conduit le peuple vers le pays dont je t'ai parlé. Voici mon messager marchera devant toi et au jour où je le <u>visiterai</u>, je le <u>punirai</u> de leur péché.*

On comprendra donc toute la difficulté en laquelle se trouvent les traducteurs pour opérer un choix parmi cet ensemble de signification et le risque qu'ils courent, à cause de cette polysémie, de modifier le sens de l'interrogation. En effet, il est clair que "(qu'est-ce que ce) fils d'adame pour que tu le visites" ou "que tu en prennes soin" n'a pas le même sens que "(qu'est-ce que ce) fils d'adame pour que tu sévisses contre lui".

Face à cette difficulté, bon nombre d'entre eux se sont tournés vers la Septante et trouvant, pour traduction de "paquade", le verbe grec ἐπισκέπτομαι (episkeptomai) qui signifie "examiner" ou "visiter", ils opteront généralement pour "visiter" (Jérusalem, King James). Il va sans dire que le poids de ce témoignage est important et que l'on peut être enclin à adopter cette solution.

Si ce choix revêt un certain confort, en s'appuyant sur une tradition plus que bimillénaire, et à laquelle nous-même avons eu souvent recours, elle ne peut malheureusement pas être acceptée aussi facilement que cela. En effet, il faut relever que l'emploi simultané des verbes "zakar" et "paquade" n'est pas particulier à ce psaume et se retrouve chez Osée (Os 8,13 ; 9,9), chez Jérémie (3,16 ; 14,10 ; 15,15) et dans le psaume 106 (Ps 106,4). Si parmi ses six occurrences, dans trois cas le verbe "paquade" signifie, "remarquer" (Jr 3,16), "intervenir en faveur" (Jr 15,15) et "veiller" ou "prendre soin" (Ps 106,4), en revanche, dans les trois autres (Jr 14,10 ; Os 8,13 ; Os 9,9), il a le sens de "châtier" ou "punir". Mais, chose pour le moins étonnante, nous nous trouvons devant trois phrases identiques : "*Il se souviendra de leurs fautes et il les punira de leurs péchés*". Aussi, même si le psalmiste ne la reprend pas pareillement à Jérémie ou Osée, il est peu vraisemblable qu'il eut été ignorant de cette association ni de la possibilité que son lecteur fasse ce rapprochement. Dans ces conditions, si son intention avait été de le renvoyer vers l'idée de "se soucier", de "visiter" ou "prendre soin", il aurait probablement utilisé un verbe moins ambigu, tel בָּקַר (baquare).

Mais de plus, si l'on examine le contexte de ces six versets, on remarquera qu'ils s'inscrivent tous dans un dénie de justice. Ainsi de Juda vis-à-vis du Seigneur en Jr 3,16 ou de Jérusalem à l'égard de Jérémie au chapitre 15 et dans une conjoncture encore plus manifestes en Ps 106,4.

Dès lors, et au-delà du problème de traduction, l'enjeu de ces deux verbes semble bien renvoyer à des circonstances référant à la justice et dont on ne peut nier la cohérence avec l'évocation de ce regard que le Seigneur porte sur l'homme depuis les cieux des cieux qui surplombent le firmament du ciel. Il devient alors manifeste que cet homme mis en présence du regard de son Seigneur et plongé dans cette obscurité nocturne, image des ténèbres du péché, dans laquelle brille à l'horizon la lumière divine, soit confronté au mystère de sa justice et s'adresse au Seigneur afin qu'il lui fasse toucher du doigt le prodige de son origine.

Aussi, la question de la traduction du verbe "paquade", sans être secondaire, devient bien moins prégnante, encore qu'il est possible de s'interroger sur le fait que son ambiguïté, cette tension qu'il entretient entre le "prendre soin" et le "punir", soit à l'origine même de la puissance évocatrice de cette séquence.

C'est précisons ayant été faites, il reste à examiner le sens des deux vocables utilisés à propos de l'homme.

L'adame et l'énosh

L'homme vis-à-vis duquel le psalmiste pousse l'orant à interroger le Seigneur est mentionné au travers de deux vocables : celui de אָדָם (adame) et celui de אֱנוֹשׁ (énoche).

En fait, l'hébreu dispose d'au moins quatre termes pour designer l'homme et outre les deux que nous venons de citer, il y a אִישׁ (iche) et גֶּבֶר (guéverre).

Adame, quoique le plus connu n'est pas nécessairement le plus fréquent. On le rencontre cinq cent quarante-huit fois dans l'ensemble des écrits bibliques dont cinquante-deux fois dans les onze premiers chapitres de la Genèse :

> *Gn 1,26 - Et Dieu dit : faisons l'homme (adame) à notre image, selon notre ressemblance et qu'il commande sur les poissons de la mer et sur les oiseaux du ciel, sur les bêtes et sur toute la terre, sur toutes les bestioles qui bougent sur la terre.*

Dès lors, même s'il peut être employé dans des conditions qui ne réfèrent pas fatalement à l'acte créateur de Dieu, il lui est bien difficile de s'en exonérer.

Aussi, en dehors du nom propre "Adam", bien moins présent que l'on pourrait le penser, il désigne l'homme en tant que créature divine, façonné par les mains de Dieu et animé par son souffle :

> *Gn 2,7 - Puis le Seigneur Dieu façonna l'homme (adame) avec de la poussière venant du sol (adama) et il souffla dans ses narines une haleine de vie et l'homme (adame) devint une néphesh vivante.*

L'origine du vocable est incertaine. Généralement, on considère qu'il dérive, par un jeu de mots, de "adama" (terre) qui lui-même proviendrait, selon Flavius Josèphe (1er siècle ap. J.C.), d'un terme signifiant "roux" ou "rouge" : " *... cet homme fut nommé Adam qui en hébreu signifie roux, parce que la terre dont il le forma était de cette couleur qui est celle de la terre naturelle et que l'on peut appeler « vierge ».* " À ce titre, André Chouraqui le traduira par le "glébeux".

On comprendra donc que l'adame ne saurait se penser comme une réalité immatérielle cachée sous une enveloppe matérielle, l'adame ne se conçoit que dans une union intime et indissoluble de sa réalité tangible issue de la terre et de la vie divine qui, dans son souffle, l'irrigue jusque dans les profondeurs les plus insondables de son être.

Toutefois, l'adame n'est pas homme au sens ordinaire du terme, car, comme le mentionne le verset 27 du premier chapitre de la Genèse, il est mâle et femelle : זָכָר (zakar) et נְקֵבָה (néquéva):

> *Gn 1,27 - Et Dieu créa l'homme selon son image, à l'image de Dieu il le créa, mâle et femelle, il les créa.*

Aussi, bon nombre de traductions utiliseront le mot "humain" signifiant ainsi que ce vocable réfère à l'espèce et non à l'individu.

En revanche, pour rendre le sens courant de "homme" et de "femme", l'hébreu use des deux appellations אִישׁ (iche) et אִשָּׁה (icha). Le premier, "iche", désigne l'homme adulte dans ses dimensions sociohistoriques et tout particulièrement familiales, à la fois membre de la communauté humaine et l'époux de la femme. C'est d'ailleurs à partir du moment où le "adame" reconnaît la compagne que le Seigneur lui a fait, que le rédacteur du livre de la Genèse le nommera "iche" :

> *Gn 2,23 - Et l'adame dit : Voici cette fois les os de mes os, et la chair de ma chair. Pour cela elle sera appelée "femme" (icha), car d'un homme (iche) celle-ci a été prise.*

Les vocables גֶּבֶר (guéverre) et אֱנוֹשׁ (énoche), bien plus rares que les précédents, se trouvent essentiellement dans les Psaumes, le livre de Job et chez les prophètes Jérémie et Isaïe. Ils entretiennent une certaine proximité de sens, mais sans toutefois être totalement superposables.

"Guéverre" se dit généralement d'un individu ignorant, au comportement quelque peu primitif et qui ne se confie que dans la chair :

> *Jb 38,3 - Comme un homme (guéverre) ceins tes reins. Alors je te demanderai et tu m'instruiras !*
>
> *Jb 38,4 - Où étais-tu quand je fondais la terre ? Dis-le si tu possèdes l'intelligence !*
>
> *Jr 17,5 - Ainsi parle le Seigneur : "Maudit soit l'homme (guéverre) qui met sa confiance dans l'homme (adame) et fait de la chair sa force et détourne son cœur du Seigneur.*

Son ignorance en fait donc un être révolté et désemparé devant la vie qui comme Job maudit le jour de sa naissance :

> *Jb 3,3 - Que périsse le jour où j'ai été enfanté et la nuit qui a dit : "un homme (guéverre) a été conçu".*

Le "énoche" n'est guère différent du "guéverre" quoiqu'il semble renvoyer plus à la finitude qu'à la révolte. Cela conduira un certain nombre de traducteurs à adopter le terme "mortel" à son propos et nous les avons suivi :

> *Ps 103,14 - Car lui il sait comment nous avons été faits, que nous sommes poussière.*
> *Ps 103,15 - Les jours de l'homme (énoche) sont comme l'herbe, il fleurit comme la fleur des champs.*

Aussi son inculture et son peu de valeur en fait un être incapable de discerner la justice :

> *Jb 25,4 - Comment un homme (énoche) sera-t-il juste devant Dieu et comment celui qui est enfanté d'une femme sera-t-il pur ?*

Et qui, dès lors, est atteint par la honte et l'opprobre :

> *Is 51,7 - Ecoutez moi, vous qui connaissez la justice, peuple (qui porte) la torah dans le cœur. Ne craignez pas la honte de l'homme (énoche) et ne vous sentez pas anéantis par leurs injures.*

Il ne faudrait cependant pas croire que ce que nous venons de dire à propos de ces différents termes soit aussi tranché. La situation est autrement plus complexe, nous aurons l'occasion d'y revenir.

Conclusion

Si à la fin du paragraphe intitulé "Qu'est-ce que l'homme" la visée de la séquence prenait corps autour du thème de la justice divine, nous étions encore suspendus à une interrogation concernant le mystère et l'origine de l'homme qui nous empêchait de formuler de manière claire la problématique soulevée dans cette séquence. Nous avons donc été conduits à approfondir les deux termes de "adame" et "énoche" qui, pour ainsi dire, commandaient les deux questions du psalmiste.

Même si cette analyse nous a engagés à ne pas trop accentuer les marques caractérisant le "adame" et le "énoche", il n'en demeure pas moins qu'il serait douteux que le psalmiste n'ait pas voulu, en les associant à une forme interrogative, mettre en contraste deux aspects de l'homme : sa part lumineuse comme animation du souffle de Dieu et sa part obscure comme agent du péché. Cette vision duelle n'a d'ailleurs rien de particulièrement audacieux ni de singulier, il suffit de parcourir quelques livres de Sagesse, mais également les Psaumes, pour mesurer l'importance de cette configuration existentielle que l'homme biblique exprime au travers du sage et de l'insensé.

De plus, notons que cette ambiguïté touchant à la nature de l'homme, reflète de manière très fidèle les récits des origines dans lesquels la descendance de l'adame initial, Adam, pourtant façonné à la ressemblance du Seigneur, plonge immédiatement dans la folie de la jalousie et du crime (Gn 4,1-16).

Aussi, conscient de sa situation, il est compréhensible que l'homme, pour peu qu'il n'ait pas sombré dans le non-sens en se détournant résolument du Seigneur, éprouve toutes les peines du monde, face à sa violence et son délire, à soutenir le regard de Dieu. Dès lors, il ne peut échapper à la question de la nature de celui qui l'a fait. Quel est donc ce Dieu qui, quoique sa créature soit chargée d'opprobre et de honte, pratiquant plus facilement l'injustice que la justice, se souvienne de lui et conserve sa présence en sa mémoire ? Quel est ce Dieu qui l'ayant pourtant façonné à son image, n'hésite pas à le châtier ? Dieu paradoxal qui punit celui qui lui ressemble et garde celui qui transgresse son dessein. Cette interrogation qui l'habite ne la doit-il pas à sa difficulté à penser la justice divine ? À son incapacité à mesurer la distance qui sépare la sienne de celle de son Créateur.

Aussi cette séquence, loin de nous convier à réfléchir à l'essence de l'homme, nous invite d'abord à méditer sur la nature de Dieu et de sa justice, car l'enjeu de son existence est bien là, dans cette rencontre de la justice de Dieu qui l'ouvre, en reconnaissant ses volontés, à découvrir ce pour quoi le Seigneur l'a fait.

Troisième séquence, l'homme face à la royauté de Dieu

Versets 6, 7, 8 et 9

> *Puis tu l'as as fait manquer de peu d'être Dieu et tu l'as couronné de gloire et de splendeur;*
> *Tu l'as fait régner sur les œuvres de tes mains et tu as tout mis sous ses pieds,*
>
> *tout le petit bétail et le gros, ainsi que les bêtes de la campagne,*
>
> *l'oiseau du ciel et les poissons de la mer, (tout) ce qui parcourt les sentiers des mers.*

La troisième séquence est constituée de quatre versets qui sont structurés en quatre propositions, chacune commandée par un verbe dont le sujet est le Seigneur et l'objet est l'homme : Il lui a "fait manquer", il l'a "couronné", il l'a fait "régner" et il a tout "mis sous les pieds". L'analyse de ces différents verbes conduira donc notre lecture.

Tu l'as fait manquer de peu d'être Dieu

La proposition qui introduit cette troisième séquence a fait couler beaucoup d'encres et mérite quelques éclaircissements. En effet, l'expression,

וַתְּחַסְּרֵהוּ מְעַט מֵאֱלֹהִים
(vatérhasirou méhatte mé-elohim),

que nous avons rendu par "Puis, tu lui as fait manquer de peu d'être Dieu" est sujette à un certain nombre de variantes qui gravitent autour du choix concernant la traduction du vocable אֱלֹהִים (Elohim) qui se trouve dans sa partie terminale.

Notons d'abord que ce vocable est celui par lequel, dans le premier verset du premier chapitre de la Genèse, est désigné le Créateur :

> *Gn 1,1 - Au commencement, Dieu (Elohim) créa les cieux et la terre.*

Ce terme est le pluriel (désinence en "im") du mot/ אֱלוֹהַּ (Eloha - Dieu) qui, lui-même, dérive de אֵל (El - Dieu).

> *Is 44,8 - Ne soyez pas terrifiés et n'ayez pas peur. Ne l'ai-je pas fait entendre et ne l'ai-je pas raconté depuis longtemps ? N'en êtes-vous pas mes témoins ? Y a-t-il un dieu (eloha) en dehors de moi ? Je ne connais aucun (autre) rocher.*

On retrouve d'ailleurs en 2 S 22,32 l'emploi simultané de "El" et "Elohim" :

> *2 S 22,32 - car qui est Dieu (El) sinon le Seigneur et qui est un roc sinon notre Dieu (elohim)*

Cela étant le terme "Elohim" servira également à désigner les idoles que le Décalogue interdit d'adorer :

> *Ex 20,3 - Pour toi, il n'y aura pas d'autres dieux (Elohim) en face de moi.*

et dont le Psaume 135 mentionne l'impuissance devant le Seigneur :

> *Ps 135,5 - Car moi je ne connais de grand que le Seigneur* (יהוה - tétragramme) *et notre seigneur (adonaï) est plus que les dieux* (élohim).

Qu'en est-il de la position des différents traducteurs vis-à-vis de cette expression ? Certains choisiront de rendre "Elohim" par Dieu avec une majuscule (Bible Segond, La Colombe, New American Standard [God]) se référant ainsi à son emploi le plus fréquent dans les textes tandis que d'autres hésiteront, jugeant la formule trop hardie, ils la supprimeront (Bibles TOB, Maredsous, Jérusalem). Cette réticence n'est cependant pas nouvelle. Considérant, sans doute, cette formule trop audacieuse, les "soixante dix sages" la traduiront par ἄγγελος c'est-à-dire "anges" ou "messager". Certaines conserveront cet usage et on le rencontre aujourd'hui dans des Bibles tels la Darby, la King James Version, ou la New International Version. D'autres adopteront le vocable de "divin" (International Standard Version) comme moyen terme entre "Dieu" et "ange".

L'emploi de la majuscule est-il vraiment aussi hardi que l'on pourrait le penser et relève-t-il d'un certain sans-gêne à l'égard du Seigneur ?

S'il faut reconnaître que cette formule est unique dans l'ensemble de l'Ancien Testament, l'idée qui la porte n'est peut-être pas aussi étrangère à la perception que les textes bibliques nous renvoient de l'homme et l'idée, à laquelle elle s'applique, nous est même particulièrement familière. En effet, on la retrouve en Gn 1,26-27 avec l'homme créé à l'image de Dieu. Mais si l'homme est à son image, qu'il lui ressemble, alors rien n'interdit de dire qu'il y a peu de choses qui les séparent :

> *Gn 1,26 - Puis le Seigneur dit : "Faisons un homme (adame) à note image, à notre ressemblance. Qu'il ait autorité sur le poisson de la mer et sur l'oiseau des cieux, sur la bête et sur toute la terre sur toute bestiole qui bouge sur la terre.*
> *Gn 1,27 - Alors Dieu créa l'homme (adame) à son image. À l'image de Dieu il le créa. Mâle et femelle il les créa.*

Dans ces conditions, et ainsi compris, traduire "Élohim" par "Dieu" est tout à fait recevable. Que doit-on penser du choix "dieu" ou plus précisément "un dieu" ? Il doit être reçu avec une grande prudence car il laisse envisager que le psalmiste reconnaît l'existence de dieux que le Seigneur aurait créés et avec lesquels l'homme entretiendrait un rapport étroit qu'il est facile d'assimiler à une ressemblance. Dès lors, il ne serait plus l'image de Dieu, mais celle d'un dieu parmi les dieux. On voit aisément toute l'ambiguïté qui surgit par l'emploi de cette formule. Cela étant, elle n'est pas tout à fait illégitime dans la mesure où la religion d'Israël a été longtemps monolâtre. Aussi, elle pourrait se comprendre par l'acceptation par notre auteur d'une sorte d'équivalence entre l'homme et les dieux. Toutefois, cette option a une conséquence dont on ne mesure peut-être pas toujours l'importance. En effet, dans ce cas, il ne devient plus possible de considérer que l'homme biblique réfère à Dieu en parlant de sa Création, car, de fait, on renverrait l'homme à ces dieux qui ne sont que des images, c'est-à-dire des idoles, et toute la théologie issue du premier récit de la Genèse n'aurait plus aucun sens.

Enfin, le vocable d'Elohim n'a jamais été employé dans les écrits vétérotestamentaires à propos des anges ou pour quelques êtres intermédiaires entre le Seigneur et l'homme. Notons d'ailleurs que, comme dans le cas précédent, ce choix rentrerait en contradiction avec ce qui est déclaré dans le premier récit de la Création. L'on peut alors comprendre toute la réserve à laquelle une telle formule peut engager. Aussi, c'est sans doute "Dieu" avec une majuscule qui est la traduction qui permet d'éviter de pénétrer dans un domaine d'interprétations hasardeuses et dont les conséquences théologiques ne sont peut-être pas toujours évaluées à leur juste mesure.

Ce point étant éclairci, le sens de cette proposition ne soulève pas de difficultés particulières dès lors que celle-ci est rapprochée du récit de la Création de l'homme dans lequel il est dit à l'image, ou à la ressemblance, de son créateur. Notons cependant que celle-ci n'en fait pas Dieu, il n'en est que l'image et ne possède donc aucun des attributs divins à l'instar de la photographie d'un l'homme qui n'est qu'une représentation visuelle et que nous ne considérons jamais comme un homme véritable, même si son identité visuelle est parfaite. Dès lors, il serait bien téméraire de penser que par cette mention le psalmiste tenterait de dire que l'homme possède "presque" tous les attributs divins, comme nous allons le détailler ci-dessous.

Tu l'as couronné

Quoique l'homme ait été fait à l'image de Dieu, cette ressemblance ne saurait faire de lui un "dieu". D'ailleurs, le premier récit de la Genèse précise aussitôt que cette image, qui n'est rien d'autre qu'un peu de terre, ne prend vie que par le souffle que le Seigneur infuse dans ses narines. L'homme n'est homme que par la volonté divine manifestée par l'agilité de ses doigts et d'un mouvement de sa respiration. L'auteur de notre psaume n'évoquera pas cette insufflation divine, mais référera au couronnement dont il va expliciter, dans les deux propositions suivantes, la nature.

À lire le verset 6 l'on est tenté de considérer que, par son couronnement, l'homme a été fait roi et cela d'autant plus que dans celui qui suit, le psalmiste mentionne que le Seigneur l'a fait régner sur les œuvres de ses mains, les animaux aussi bien du ciel, de la terre que de la mer. Cette tentation n'a rien d'anormal, sauf que le couronnement comme signe de l'accession à la royauté est une pratique étrangère à Israël. En effet, si elle peut se rencontrer chez les peuples environnants, comme le suggère 2 S 12,30 à propos du royaume de Ammon, il est bien plus délicat d'en trouver des attestations assurées dans les écrits bibliques. Le rite de l'intronisation royale, que ce soit dans le royaume d'Israël ou de Juda, est essentiellement constitué par l'onction :

> *1 R 1,34 - Et le prêtre Sadoq et le prophète Natan lui feront l'onction comme roi sur Israël. Puis vous sonnerez dans la trompe et vous direz "Que vive le roi Salomon".*

Cela étant, on trouve deux cas qui mentionnent, non une couronne, mais un diadème. D'abord en Ex 29,6, mais il ne s'agit pas d'une intronisation royale, mais sacerdotale, celle du grand prêtre Aaron, puis en 2 R 11,12 à concernant Joas :

> *2 R 11,12 - Alors ils firent sortir le fils du roi et ils mirent sur lui le diadème et (la table) du témoignage. Ils le firent roi et l'oignirent. Ils frappèrent alors des mains et dirent "Que vive le roi".*

Il faut cependant bien remarquer que Joas est fait roi par l'onction tandis que le diadème est associé avec les Tables de la Loi et à ce titre est à comprendre comme son investiture sacerdotale, tel que l'évoque Ex 29,6 avec Aaron. Rappelons que les rois des monarchies préexiliques, à l'instar de David, participent activement au culte, et cela à la différence de ceux de la dynastie hérodienne. Ils doivent donc recevoir les signes de cette charge, notamment pour leur fonction sacrificielle.

En outre, comme le relève Roland Étienne, si le diadème est bien attesté dans les régions hellénisées, il ne se rencontre jamais dans les rites d'intronisation orientaux, en particulier pour la dynastie achéménide.

Cela étant précisé, le vocable de "couronne", sans être fréquent, est loin d'être absent des textes bibliques de l'Ancien Testament. De manière très générale, il sera le signe décerné à une personne à propos d'une qualité qui lui fait honneur ou d'un attribut qui le fait tenir en grande d'estime. Ainsi la dignité que confèrent les cheveux blancs des vieillards (Pr 16,31 ; Si 25,6), le savoir (Pr 14,18) ou une femme bonne (Pr 12,4) :

> *Pr 14,18 - La stupidité est l'héritage des naïfs et la connaissance couronne les hommes avisés.*

> *Pr 12,4 - Une femme de valeur est une couronne pour son mari et comme une carie dans ses os si elle lui fait honte.*

Toutefois, cet honneur n'est pas quelque chose d'acquis de manière définitive, car le péché fait tomber la couronne de la tête de l'homme :

> *Lm 5,16 - La couronne est tombée de notre tête. Malheur à nous, car nous avons péché.*

Par cette image du couronnement de gloire et de splendeur, le psalmiste affirme donc qu'au-delà de son statut de créature divine, le Seigneur lui a conféré quelque chose qui le dépasse et lui fait acquérir une valeur particulière. Dès lors, si l'homme est porteur de cette transcendance et qu'il a du prix, alors cela l'oblige, d'une part, à reconnaître sa valeur et, d'autre part, à accorder également cette valeur à tout homme, car tous, comme lui, ont été couronnés par le Seigneur.

Tu l'as fait régner

Pour traiter cette question de l'élévation de l'homme à la royauté, il est essentiel de commencer par préciser la manière dont Israël la conçoit. Nous avons déjà abordé ce sujet durant notre lecture du psaume 5 à propos de celle de Dieu. Toutefois, ici il ne s'agit plus de la royauté divine, mais de celle de l'homme, même si celle-ci, comme nous allons le voir, ne peut se penser qu'en union intime avec celle de Dieu.

C'est sans nul doute au chapitre 17 du livre du Deutéronome, dans sa partie législative (Dt 12 à 26), que cette fonction royale est explicitée de la façon la plus détaillée :

> *Dt 17,14 - Quand tu iras vers la terre que le Seigneur ton Dieu t'a donné, que tu en auras pris possession et que tu l'habiteras, tu diras : "Je veux établir au-dessus de moi un roi comme toutes les nations (qui sont) autour de moi."*
>
> *Dt 17,15 - Tu établiras au-dessus de toi un roi que le Seigneur ton Dieu aura choisi. Le roi que tu établiras au-dessus de toi sera issu du milieu de tes frères. Tu ne pourras mettre au-dessus de toi un homme étranger qui n'est pas ton frère.*
>
> *Dt 17,16 - Surtout qu'il ne cherche pas à multiplier les chevaux, ni à faire revenir le peuple en Égypte afin de multiplier les chevaux. Le Seigneur vous a dit : "Vous ne reviendrez pas à nouveau sur ce chemin".*
>
> *Dt 17,17 - Il ne multipliera les femmes et ne détournera pas son cœur. Il ne cherchera pas à multiplier l'argent et l'or.*
>
> *Dt 17,18 - Quand il sera assis sur le trône royal, alors il écrira, lui-même, un livre, une copie de la Torah, à partir du livre qui est chez les prêtres lévites.*
>
> *Dt 17,19 - Elle sera avec lui et il la lira, pour lui, tous les jours de sa vie afin qu'il apprenne à craindre le Seigneur son Dieu en gardant toutes les paroles de cette Torah et ses prescriptions pour les mettre en pratique.*
>
> *Dt 17,20 - Pour que son cœur ne s'élève pas loin de ses frères et pour qu'il ne se détourne pas loin de ses commandements, ni à droite, ni à gauche, afin qu'il prolonge, pour lui et ses enfants, sa royauté au milieu d'Israël.*

Au-delà des clauses comportementales relatives à la paix, aux femmes et aux richesses, ce texte précise les trois composantes qui caractérisent la royauté en Israël.

- D'abord le roi n'est institué qu'au travers de la volonté de la communauté d'Israël ou, dit en d'autres termes, le roi ne s'impose pas à son peuple, il est appelé par le peuple.

- Ensuite concernant son choix, même si Israël désire établir un roi sur lui, il revient à Dieu, et à lui seul, de le désigner parmi son peuple. Dès lors, bien que nommé par le Seigneur, il n'est qu'un homme pris en son sein. Aussi, il ne saurait être considéré comme un dieu, ou un quelconque demi-dieu, comme cela se rencontre souvent dans l'Orient Ancien. Il s'en suit que l'association du désir de la communauté et du choix divin font que la fonction royale est totalement désacralisée. Toutefois, cela n'empêche pas le roi de participer activement au culte, même en matière sacrificielle comme nous l'avons évoqué un peu plus haut.

- Enfin, le roi ne saurait se considérer comme tout-puissant. Non seulement il est désigné par le Seigneur, mais sa pratique du pouvoir doit nécessairement s'inscrire dans la volonté divine exprimée dans la Loi et les commandements. Aussi, au cœur de celui-ci il y a la veille permanente du respect des clauses de l'Alliance. Son autorité temporelle n'est donc qu'au service de cette mission et il ne peut prétendre qu'à la gérance des biens que le Seigneur a bien voulu lui confier. Dans ces conditions, il ne saurait considérer le peuple d'Israël comme son bien propre, celui-ci appartient au Seigneur et ses membres sont par conséquent les "frères" du roi.

On retrouvera assez aisément ces trois composantes constitutives du pouvoir royal exprimées en divers lieu des textes de l'Ancien Testament. Ainsi en 1 S 8,4-5 à propos de la demande que font les anciens d'Israël à Samuel d'avoir un roi :

> *1 S 8,4 - Et tous les anciens d'Israël se rassemblèrent et allèrent chez Samuel à Rama*
> *1 S 8,5 - Et ils lui dirent : "Voilà, tu es devenu vieux et tes fils ne sont pas allés sur tes chemins. Maintenant, établis sur nous un roi pour nous juger comme tous les peuples.*

À propos du choix fait par le Seigneur en 1 S 16,1 :

> *1 S 16,1 - Et le Seigneur dit à Samuel : "Jusqu'à quand garderas-tu le deuil de Saül alors que moi je l'ai rejeté de la royauté d'Israël ? Remplis*

> *ta corne d'huile et va. Je t'envoie chez Jessée le Bethléémite, car j'ai vu parmi ses fils un roi pour moi."*

Enfin, l'exigence d'observer les commandements, dans la réponse du Seigneur faite à Salomon à la suite de sa demande d'avoir le discernement pour gouverner son peuple :

> *1 R 3,14 - Enfin si tu vas sur mes chemins en gardant mes prescriptions et mes commandements, ainsi que l'a fait ton père David, alors je prolongerai tes jours.*

Dès lors, si l'on reprend chacun des principes qui ordonnent la conception que se fait Israël du l'autorité royale, il s'en suit que le règne auquel le psalmiste fait référence doit se comprendre au sein d'une élection divine dans laquelle celui qui est élu est appelé à veiller à toujours agir, vis-à-vis des choses sur lesquelles il a reçu pouvoir, selon les directives et les commandements de son Seigneur. Mais de plus, il doit avoir pleinement conscience que l'ensemble des œuvres de la Création ne sont pas sa propriété, mais celle de Dieu. Aussi, toute tentative de se considérer le maître tout puissant de ce monde, qu'il a pourtant reçu en gérance, le conduira, tel Saül, a être rejeté et sombrer dans la mort.

"Tu as tout mis sous ses pieds"

Quoique bien connue pour sa présence dans l'épître aux Hébreux, cette expression est cependant assez rare dans les livres de l'Ancien Testament. En effet, on ne la rencontre, outre le psaume 8, que trois fois, en 1 R 5,17, 2 R 9,13 et Ps 47,4. En 1 R 5,17, il s'agit des ennemis de David qui ont été mis sous la plante de ses pieds, en 2 R 9,13, des manteaux des serviteurs de Jéhu qu'ils disposent sous ses pieds alors que ce dernier vient de recevoir l'onction de la part d'Élisée et enfin en Ps 47,4 des peuples et des nations de la terre que le Seigneur a placés sous ses pieds.

Sa signification est assez claire, elle réfère au pouvoir de celui qui met sous ses pieds et à l'allégeance de celui qui est placé en dessous. Dans le psaume 8, cette expression souligne l'assujettissement des animaux de la terre, des airs et des mers au pouvoir de l'homme. Toutefois, ce pouvoir doit se comprendre en lien avec son élection royale et donc en corrélation avec les devoirs qui lui sont attachés comme nous l'avons précisé dans le paragraphe précédent.

Conclusion relative à la troisième séquence

Comme nous l'avons précisé en débutant la lecture de cette troisième séquence, celle-ci est commandée par quatre verbes dont le sujet est Dieu et l'objet est l'homme. Si le Seigneur lui a donné gloire, splendeur et pouvoir, celui-ci doit comprendre ces dons au sein d'un ensemble de devoirs. D'abord, au travers de la ressemblance divine et de la gloire dont le Seigneur l'a couronné, c'est un devoir de reconnaissance de sa valeur qui est affirmée, et qui transcendant son existence terrestre, l'appelle à vivre dans la proximité de celui qui lui a fait advenir à la vie. Ensuite, dans le don de la royauté et du pouvoir sur les choses de la Création, c'est la reconnaissance de l'Alliance qui l'unit à son Seigneur et qui à ce titre l'oblige à respecter les exigences que celle-ci lui impose et à se penser comme simple régent des œuvres de son Créateur. Dès lors, l'homme doit se découvrir tel un être tendu entre la gloire et l'humilité, la gloire par cette couronne de la vie dont il a été comblé et l'humilité dans son existence, signe de son élection divine. Mais s'il est, dans cette gloire et cette humilité, image de Dieu alors c'est Dieu lui-même qui manifeste l'une et l'autre, une gloire qu'il affirme dans ses œuvres et dans ses actes, son humilité dont il témoigne par sa présence au milieu de son peuple. Au-delà d'une méditation sur la nature de l'homme, cette séquence nous engage à nous recueillir sur la nature de Dieu, dans la mesure où c'est à travers lui-que l'homme marche vers son Seigneur et le reconnaît.

Louange conclusive

> *Seigneur, notre seigneur, que ton nom est magnifique sur toute la terre.*

Avec ce verset, qui reprend celui qui avait ouvert le psaume, nous touchons au terme de notre lecture et donc à sa conclusion. Trois questions se posent, voire quatre. La première concerne la cohérence du texte, c'est-à-dire qu'elle est l'idée qui assure la liaison entre les trois thèmes évoqués, celui du salut, celui de la justice et enfin de la royauté ? La seconde relève de sa visée. Qu'est-ce que le psalmiste poursuit en traitant ces trois sujets. Ensuite, pourquoi encadrer ces trois séquences par ces deux acclamations célébrant le nom de Dieu ? Et enfin, accessoirement devrions-nous dire, peut-on à partir de cette conclusion avancer les raisons qui ont motivé notre choix de traduction du mot "guittite".

À propos de la cohérence

Comme nous avons pu l'analyser en détail, le thème du salut domine dans la première séquence, celui de la justice dans la seconde et enfin celui de la royauté dans la troisième. Or, cette triple thématique ne nous est pas étrangère, nous l'avons déjà rencontré en citant Is 33,22 lors de notre lecture du psaume 5.

> *Is 33,22 - Car le Seigneur est notre juge, le Seigneur est celui qui nous gouverne, le Seigneur est notre roi, lui il nous sauve.*

Dès lors, cette difficulté, que nous avons rappelée à deux occasions, à propos du lien entre les différentes séquences, trouve ici sa réponse. Chacune évoque l'un des trois aspects par lesquels le Seigneur se manifeste à l'homme et, par voie de conséquence, permettent d'articuler la cohérence de ce psaume.

La visée du psaume

L'observation précédente doit donc nous inciter à examiner le passage d'Isaïe auquel ce verset Is 33,22 appartient.

> *Is 33,17 - Tes yeux regarderont le roi dans sa beauté et ils verront les pays lointains.*
> *Is 33,18 - Ton cœur rugira d'épouvante. Où est celui qui compte ? Où est celui qui pèse ? Où est celui qui compte les tours ?*
> *Is 33,19 - Tu ne verras plus le peuple insolent, le peuple à la lèvre profonde inaudible, balbutiant une langue inintelligible.*
> *Is 33,20 - Regarde Sion, la cité de nos rencontres. Tes yeux verront Jérusalem, un pâturage paisible, une tente que l'on ne démontera plus dont on n'arrachera plus les piquets et dont on ne dénouera plus les cordages.*
> *Is 33,21 - Car c'est là, que pour nous, le Seigneur est magnifique. Un lieu de fleuves, de canaux aux larges rives, sur lesquels n'iront pas les bateaux à rames et un navire magnifique n'y passera pas.*

> *Is 33,22 - Car le Seigneur est notre juge, le Seigneur est celui qui nous gouverne, le Seigneur est notre roi, lui il nous sauve.*
> *Is 33,23 - Tes cordages sont détendus. Ils ne maintiennent plus fermement la base de leur mât. Ils ne déploient plus l'étendard.*
> *Alors la dépouille de la proie sera partagée. Le boiteux pillera abondamment le butin.*
> *Is 33,24 - Aucun habitant ne dira plus : "Je suis malade". Le peuple qui y habitera sera pardonné de ses péchés.*

Ce texte est, nous l'accordons, assez difficile, et même, pour certains de ces versets, assez obscurs. Nous ne nous engagerons pas dans son commentaire, car cela nous conduirait bien trop loin car il porte, à nos yeux, une charge théologique de toute première importance, en revanche, nous nous contenterons d'en présenter une interprétation sommaire, mais suffisante pour comprendre l'importance qu'il revêt à l'égard de notre texte.

Ce passage précède ce que l'on nomme habituellement "la petite apocalypse d'Isaïe" et fait suite à une série d'oracles de malheur et de salut. Il s'ouvre sur l'annonce de la vision future du Seigneur dans toute sa beauté. Le jour de cette vision sera celui de la consommation d'un ancien monde et ceux qui le vivront prendront ainsi conscience de sa laideur, empli qu'il était de l'insolence des hommes[31]. Le prophète convie alors ses auditeurs à tourner leur regard vers Jérusalem. Là, ils pourront découvrir un pâturage paisible où toutes les clameurs de cet ancien monde, précaire et versatile, auront disparu. Mais ce regard porté sur Jérusalem leur révélera également toute cette magnificence de Dieu qui avait ébloui leurs yeux. Ils connaîtront alors celui qui juge, règne et sauve, et ainsi s'ouvriront à la vraie liberté. Tous les liens qui, dans le monde ancien, les empêchaient de se mouvoir se distendront, et même le boiteux, dont son affection entravait la marche, retrouvera toute mobilité. C'est que la maladie du péché aura disparu, car le Seigneur aura absous tout le peuple de cette Jérusalem du salut.

Arrivé à ce stade l'on est en droit de s'interroger sur la motivation qui conduit le psalmiste à évoquer ce passage d'Isaïe, mais également à ce demander ce qu'il

---

[31] Nous renvoyons notre lecteur à l'analyse du vocable de salut à la suite du psaume 4.

poursuit à l'égard de l'orant pour avoir abordé ce sujet d'un Dieu, sauveur, juge et roi ?

La réponse à la première des deux questions que nous venons de poser ne soulève pas de difficultés particulières. Ce texte nous ouvre à la vision du temps du salut, en nous faisant voir ce monde nouveau d'où le péché aura été éradiqué et où ses habitants ne seront plus atteints par la maladie dans laquelle celui-ci les plonge. Dès lors, en référant à ce passage, ce psaume s'inscrit dans la continuité des précédents qui depuis le psaume 3 nous font découvrir la nature de ce salut divin. Ainsi, après nous avoir montré qu'il appartient à Dieu seul, le psalmiste nous avait engagés, ainsi que l'orant, à découvrir que ce salut se manifestera nécessairement à celui qui est fidèle au Seigneur, car outre que ce dernier a horreur du péché, il éprouve envers l'homme une tendresse inépuisable (Ps 5 et 6) qui lui interdit d'être sourd à sa supplication et à ses larmes (Ps 7). Si cette réponse pouvait rassurer l'orant, elle ne balayait cependant pas tous ses doutes aussi le psalmiste veillait à les apaiser en lui déclarant qu'il n'avait aucune inquiétude à avoir dans la mesure où les impies se sont déjà jugés eux-mêmes et par conséquent que le jugement de Dieu ne peut être qu'un jugement de salut (Ps 7). Ainsi, il ouvrait le fidèle à ce jour et à ce monde nouveau où il lui deviendra dorénavant possible de découvrir, dans toute sa magnificence, le salut de Dieu, au travers de la beauté rayonnante de son visage. Ce que celui-ci cherchait, en guettant à la porte de sa sainte demeure (Ps 4), sera alors témoigné aux yeux du monde et de toutes les nations sur lesquelles le Seigneur règne comme un roi juste et libérateur. Ce psaume apparaît donc comme la conclusion du cycle d'ouverture du psautier consacré au salut de Dieu.

Cette réponse, aussi satisfaisante qu'elle puisse paraître, laisse cependant en suspens la seconde question concernant la visée du psalmiste. En effet, que celui-ci ait choisi ce texte d'Isaïe pour faire découvrir à l'orant le salut de Dieu, quoi de plus légitime, en revanche la forme dans laquelle il le présente peut laisser interrogatif. En effet, ne lui suffisait-il pas de renvoyer directement son lecteur à Isaïe en calquant son psaume sur le mouvement spirituel et théologique de ce passage ? Tout était réuni dans cet oracle prophétique pour lui fournir des images et des thèmes qui auraient pu lui permettre de faire une œuvre profonde dans son fond et élégante dans sa forme. Or, il fait le choix de ne s'attarder que sur les trois attributs divins, de salut, de jugement et de règne, et encore de manière très singulière, à propos du premier, en évoquant la Pâque du Seigneur, du deuxième, en le conviant à croiser le regard du Seigneur en tournant le sien vers le ciel et enfin, en l'incitant à reconnaître cette insigne faveur dont l'a gratifié son Créateur en lui conférant un pouvoir royal sur les animaux de la terre.

En fait le psalmiste engage l'orant à procéder à une sorte de transfert. Manifestement sa visée n'est pas tant de montrer à l'homme que le Seigneur est sauveur, juge et roi, cela l'Écriture le lui avait déjà révélé, mais bien de répondre à la question, pour le moins légitime, qu'il se pose, au travers de cette triple titulature. Peut-il être assuré de la venue de ce jour du Seigneur et de la réalisation de son espérance de vivre dans ce pâturage paisible baigné par des canaux dont aucun bateau ne viendra troubler la limpidité de leurs eaux ?

En effet, l'orant est angoissé et s'interroge. Aussi pour effacer le doute qu'il éprouve vis-à-vis de ce salut dont il a le sentiment qu'il ne pourra jamais venir, le psalmiste le convie à se tourner à nouveau vers l'Écriture. La Pâque du Seigneur n'est-elle pas la preuve qu'il est un Dieu sauveur ? Si, comme ses pères le lui ont raconté, il a sauvé Israël de Pharaon, de ses chars et de ses cavaliers, n'est-ce pas le gage qu'il est un dieu sauveur ? Mais bien plus, qu'il se tourne vers lui-même alors il verra que tout en lui témoigne de cette vérité. En effet, comment pourrait-il être ici et maintenant face à sa sainte demeure à guetter sa venue s'il avait mis en doute cette parole ? De même, lorsqu'il regarde l'immensité du ciel, la splendeur de la lune et des étoiles n'est-il pas pris de ce sentiment profond qu'il croise le regard du Seigneur et dès lors que, toute créature divine qu'il soit, ce regard divin le met face à cet être obscur et endurci au péché qui règne au fond de lui-même ? Comment pourrait-il découvrir cette sombre réalité si elle n'était mise à jour par la lumière éclatante de la justice de Dieu ? Enfin, lorsque l'Écriture lui a dit que le Seigneur, Créateur et maître des cieux et de la terre, lui a donné en gérance sa Création afin de la faire croître et multiplier, est-ce inexact ? Ne fait-il pas chaque jour l'expérience de ce pouvoir sur la Création de Dieu ? Dès lors, comment pourrait-il mettre en doute le fait que le Seigneur soit sauveur, juge et roi ? Mais s'il reconnaît cela, alors comment le jour de la venue de son salut ne serait-il pas inéluctable ? Dorénavant toute incertitude peut quitter son cœur, son angoisse s'est évanouie et, emplie de joie, il peut chanter la gloire de Dieu, car, maintenant, il sait que, par sa fidélité, il vivra dans ce monde nouveau illuminé par la beauté de son Seigneur.

À propos deux acclamations du nom de Dieu

Que l'orant ouvre et ferme sa méditation sur la venue du salut de Dieu par cette louange au nom paraît maintenant naturelle. Mais pourquoi préciser que celle-ci s'adresse au nom de Dieu et non pas à Dieu lui-même ? Il suffit de revenir sur cette notion de nom divin. Ce Dieu qui est à la fois, sauveur, juge et roi, ne peut se réduire au Dieu d'Abraham, d'Isaac et de Jacob, il est aussi ce Dieu inaudible qui se manifeste dans une parole de silence (1 R 19,12) et que personne ne peut voir sans mourir (Ex 33,20). Mais que l'homme ne pense pas que la vision de Dieu lui soit à jamais interdite. Un jour viendra où Dieu révélera sa divinité dans toute sa profondeur. Ce jour sera celui de la manifestation de son salut car ce jour-là ce péché qui l'aveuglait aura été vaincu, ouvrant ainsi son regard à cette beauté royale, salvatrice et emplie de justice qu'aucun mot humain ne peut décrire. Cette beauté ne peut donc être que celle du nom dans lequel réside l'incommensurabilité de sa divinité et pour nous chrétiens dans le nom qui est au-dessus de tous les noms : Christ-Jésus (Ph 2,9).

La question de la guittite

Enfin que le psalmiste évoque le pressoir au début de son psaume devient plus cohérent avec son message. Le pressoir n'est-il pas cet instrument par lequel le Seigneur éradique le péché du monde et, par lui, fait disparaître le monde ancien pour faire naître ce monde nouveau dont tout fidèle du Seigneur attend fiévreusement la manifestation prochaine au seuil de sa demeure ? Aussi, que le psalmiste, ou plus probablement l'éditeur de cette partie du psautier ait jugé opportun de l'évoquer paraît, pour ainsi dire, évident.

Bibliographie

Biblica Hebraica Stuttgartensia, 5° édition révisée, 1977

Westminster Leningrad Codex {4.02], http://www.tanach.us/Tanach.xml

Bible du Rabbinat Traduction française sous la direction du Grand-Rabbin Zadoc Kahn, Hébreu/Français

Bible de Jérusalem, Ed. Du Cerf Paris 1978

Bible Crampon, http://jesusmarie.free.fr/bible_crampon_plan.html

La Sainte Bible, Maredsous, 1956

Bible T.O.B. Alliance biblique universelle, le Cerf, 1977

Bible Segond, https://www.biblegateway.com/

Bible Chouraqui, André Chouraqui, Desclée De Brouwer 1987 - https://nachouraqui.tripod.com/id91.htm

Différentes versions en langues étrangères, https://www.biblegateway.com/

JOÜON Paul, Grammaire de l'Hébreu Biblique deuxième édition, Institut Biblique Pontifical, Rome, 1947
GESENIUS Wihlem, *A hebrew and English lexicon ot the Old Testament with an appendix containing the biblical aramaic,* https://archive.org/details/hebrewenglishlex00browuoft

JASTROW Marcus, *Dictionary of Targumim, Talmud and Midrashic Literature,* 1903/1926, http://www.tyndalearchive.com/TABS/Jastrow/

SANDER Nataniel Philippe et TRENEL Isaac, *Dictionnaire hébreu-Français,* Slatkine Reprints, Genève, 1987.

BAILLY Anatole, *Dictionnaire Grec Français,* Hachette, 2000.

LEON-DUFOUR Xavier (dir.), *Vocabulaire de théologie biblique,* Cerf, 1962.

PREVOST Jean-Pierre (dir.), *Nouveau vocabulaire biblique,* Bayard, 2004.

VOM ALLEM Jean-Jacques, *Vocabulaire biblique*, Delachaux & Niestlé, 1954.

BOTTERWECK Johannes – RINGGREN Helmer – Traduction WILLIS John, Theological Dictionnary of the Old Testament, Eerdmanns Publishing Company Grand Rapids, Michigan, 1975

BARTHELEMY Dominique, Critique Textuelle de l'Ancien Testament Tome 4, Psaumes, Academic Press Fribourg 2005

ALTER Robert, The Book of Psalms Norton & Company Inc. New York, 2007

BEAUCAMP Emile, Le Psautier, Ps 1-72, Gabalda, Paris, 1972

BRUEGGEMANN Walter, BELLINGER William Jr, Psalms, New Cambridge Commentary

DeCLAISSE-WALFORD Nancy, JACOBSON Rolf, LANNEL TANNER Beth, The Book of Psalms, Eerdmans Publishing, 2014.

DELCOR Mathias, Le passage du temps prophétique au temps apocalyptique [article], Annuaires de l'École pratique des hautes études Année 1983 92 pp. 39-75.

DIESSLER Alphonse, Le livre des Psaumes, Beauchesnes, Paris, 1966

GERSTENBERGER Erhard, Psalms Part I with an introduction to cultic poetry, Eerdmans Publishing Co., Michigan, 1988

GIRARD Marc, Les Psaumes redécouverts, Bellarmin, 1997

GOLDINGAY John, Psalms, Vol 1, Ps 1-41, Baker Academic, 2006

JACQUET Louis, Les psaumes au cœur de l'homme, Cerf, Paris, 1975

KIDNER Derek, Psalms 1-72 An introduction and commentary ob books I and II of the palms, Tyndal press, England, 1973.

KRAUS Hans-Joachim, Theology of the psalms, translated by Keith Crim, Fortness Press Minneapolis, 1992.

LAROGE Tim, Die psalmen 1-72, BoD 2017

MAILLOT Alphonse, LELIEVRE André, Les Psaumes Ps 1-50, Labor Fides Genève, 1962

ROSS Allen, A commentary on the Psalms, vol 1, 1-41, Kregel Publication, 2011

SABOURNIN Léopold, Le livre des Psaumes, Bellarmin/Cerf, 1988

VESCO Jean-Luc Le Psautier de David, Ed. Cerf, Paris, 2006

Sommaire

Avant propos	page 4
À propos de la langue hébraïque	page 16
Psaume 3	page 21
Psaume 4	page 45
Psaume 5	page 91
Psaume 6	page 127
Psaume 7	page 167
Psaume 8	page 199
Bibliographie	page 243